선상 문화교섭의 이해

바다 위의 삶

최진철 지음

신아사

최진철

독일 뮌헨에서 문화인류학과 문화 간 커뮤니케이션을 공부했다. 다국적기업 Continental 社 독일본사에 근무하며 기업 조직 내 다양한 문화정체성의 만남과 조우 현상을 관찰하고 분석하였다. 현재 한국해양대학교 교수로 재직하며 학생들에게 문화다양성 시대의 소통과 협상에 대해 강의하고 있다. 국내외 기업 실무자들을 대상으로 다양성 관리, 異문화 이해, 해외주재원 파견교육 등의 강의도 진행하고 있다.

다양성의 시대 행복한 소통을 위하여

선상 문화교섭의 이해: 바다 위의 삶

초판 1쇄 발행 _ 2020년 7월 15일
2쇄 발행 _ 2024년 3월 11일

저　　자 • 최진철
발 행 인 • 정현걸
발　　행 • 신아사
인　　쇄 • 대명프린팅
출판등록 • 1956년 1월 5일 (제9-52호)
주　　소 • 서울시 은평구 통일로 59길 4 (2F)
전　　화 • 02)382-6411 · 팩스 02)382-6401
홈페이지 • www.shinasa.co.kr
E-MAIL • shinasa@daum.net

ISBN 978-89-8396-378-9 (93300)
저자와의 협의로 인지를 생략합니다.

정가 17,000원

"배 타기 전 바다가 한없이 넓은 줄 알았다. 그런데 배를 타보니 바다처럼 좁고 꽉 막힌 곳도 없다는 생각이 든다."

- 어느 항해사 -

프롤로그 – 기린과 코끼리

업무와 삶의 공간에서 함께 고군분투하는 이 세상의 수많은 기린과 코끼리들을 위하여

우화 <기린과 코끼리>

동물도시 외곽의 작은 지역에서 기린이 가족에게 맞는 새집을 지었습니다. 높은 천장과 큰 현관문을 갖춘, 기린에게는 더할 나위 없이 좋은 집이었습니다. 높은 곳에 나 있는 창문은 볕이 잘 들었고, 가족의 사생활이 노출되지 않으면서 전망도 좋았습니다. 좁은 복도는 공간을 절약하면서도 편리하였습니다. 집은 아주 잘 지어져 그해의 전국 기린주택상을 받았고 집주인인 기린은 당연히 자랑스러워했습니다. 하루는 지하실에 있는 최첨단 작업장에서 일하고 있던 기린이 우연히 창밖을 보게 되었습니다. 코끼리가 길을 걷고 있었습니다. 기린은 '아는 친구인 걸'하고 생각했습니다.

"학부모협의회에서 함께 활동한 적이 있어. 저 친구도 뛰어난 목수지. 그에게 새로운 작업장을 보여줘야겠어. 몇 가지 프로젝트는 함께 할 수도 있을 거야."

그래서 기린은 창문으로 머리를 내밀어 코끼리에게 들어오라고 말했습니다. 코끼리는 기린과 함께 일하는 것을 좋아했고, 기린을 더 잘 알고 싶었기 때문에 기린의 제의가 매우 기뻤습니다. 게다가 코끼리는 작업장에 대한 소식을 듣고 있었기 때문에 그곳이 보고 싶었습니다. 그래서 코끼리는 지하실문 쪽으로 가서 문이 열리기를 기다렸습니다.

"들어오세요, 어서요."

기린이 말했습니다. 하지만 문제가 있었습니다. 코끼리가 문 안으로 머리를 들이밀 수는 있었지만 더 이상은 들어갈 수 없었던 것입니다.

"작업장비들이 들어올 수 있도록 이 문을 넓히는 게 좋겠군요."

기린이 말했습니다.

"제가 문을 넓힐 동안 잠깐만 기다리세요."

기린은 코끼리가 들어올 수 있도록 통나무와 널빤지를 치웠습니다.
기린과 코끼리가 즐겁게 목공일에 대한 의견을 나누고 있을 때 기린의 아내가 지하실 계단으로 고개를 내밀며 기린을 불렀습니다.

"여보, 전화예요. 당신 사장님이에요."

"올라가 봐야겠습니다."

기린이 코끼리에게 말했습니다.

"편안히 쉬고 계세요. 시간이 좀 걸릴 겁니다."

코끼리는 주위를 둘러보다 구석에 있는 선반 테이블에 반쯤 마무리 된 프로젝트가 있는 것을 보고는 그것을 더 자세히 살펴봐야겠다고 생각했습니다. 그러나 그쪽으로 나 있는 문을 통과하려 할 때 뿌지직하는 기분 나쁜 소리가 들렸습니다. 코끼리는 물러서서 난처한 표정으로 머리를 긁었습니다. 코끼리는 '위층으로 가서 기린을 만나 보는 게 좋겠어.'하고 생각했습니다. 하지만 코끼리가 계단에 올라서자마자 계단이 부서지기 시작했습니다. 그는 계단에서 뛰어내려 벽에 등을 기댔습니다. 벽도 무너지기 시작했습니다. 코끼리가 당황한 채 엉거주춤 앉아 있을 때 기린이 계단으로 내려왔습니다.

"도대체 무슨 일입니까?"

"제 집처럼 편안하게 생각하려 했습니다."

코끼리가 대답했습니다.
기린은 주위를 둘러보았습니다.

"알겠습니다. 뭐가 문제인지 알겠군요. 문이 너무 좁군요. 당신이 살을 좀 빼시는 게 좋겠습니다. 근처에 에어로빅 강습소가 있습니다. 그곳에서 얼마간 에어로빅 강습을 받고 나면 몸무게를 좀 줄이실 수 있을 겁니다."

"그럴까요?"

코끼리는 자신 없는 표정으로 중얼거렸습니다.

"그리고 계단이 너무 약하군요."

기린이 계속해서 말했습니다.

"저녁에 발레 교습을 받으시면 발끝으로도 가볍게 서실 수 있을 겁니다. 그렇게 됐으면 좋겠군요. 여기서 당신과 함께 시간을 보내는 것은 즐거운 일이거든요."

"그럴 수도 있겠죠."

코끼리가 말했습니다.

"하지만 사실대로 말씀 드리면, 대대적인 개조를 하지 않는 이상 기린을 위해 지어진 이 집이 현실적으로 코끼리인 저에게는 맞지 않을 것이라고 생각합니다."

출처 : 루스벨트 토머스(2002): 다양성을 추구하는 조직이 강하다, 채계병 옮김, 이지북, pp. 27-30.

우화 속 배경이 되는 집은 기린이 가족을 위해 직접 만든 기린 소유의 집이다. 이 집에는 기린의 작업장도 함께 딸려 있어 기린에게 이 집은 거주의 공간인 동시에 업무의 공간으로써 역할을 하고 있다. 따라서 기린은 이 집을 지은 건축가이자 집주인이며, 기린의 요청으로 기린의 집을 방문한 코끼리는 외부자이다. 그러한 관점에서 기린의 집이라는 공간 안에서 기린은 주류이고, 코끼리는 비주류라고 볼 수 있다. 기린과 코끼리는 서로에게 호감을 느끼고 있으며, 특히 자신들의 직업분야인 목공일에서 꼭 함께 작업해보고 싶다는 의지가 두 인물 모두에게서 강하게 느껴진다. 둘은 이웃에 살고 있으며, 이미 학부모협의회 등에서 만나 서로에게 호감을 가지고 있고 친구이자 동업자가 되고 싶어 한다. 특히 기린은 같은 목수로서 코끼리와 함께 다른 프로젝트를 진행하고 싶어 한다. 기린은 어쩌면 전국 기린주택협회상을 뛰어넘어 다른 건축 프로젝트를 통해 전국 동물주택협회상을 목표로 하고 있는지도 모르겠다. 그러하기에 코끼리가 기린의 작업장에 들어선 이후에 일어난 일련의 일들이 우리에게 더욱 안타깝게 다가온다. 두 인물이 함께 프로젝트를 진행하여 공동의 목표를 달성하기 위해서는 기린과 코끼리가 가진 유무형의 차이로 인해 발생하는 여러 가지 어려움을 어떤 식으로든 해결할 필요가 있어 보인다. 예를 들어, 두 인물은 몸집의 크기, 체중, 외형, 성격, 취향, 가치관, 식습관, 거주형태 등에서 상당한 차이를 가지고 있다.

그렇다면 우화 속 기린과 코끼리처럼 함께 일하고 생활할 의지가 있는 사람들이 서로가 가지고 있는 '차이'의 발현으로 인해 발생하는 복잡한 문제들을 어떻게 해결해나가야 하는 것일까? 아니면 도대체 이 둘 중 누가 보다 주도적으로 이러한 문제를 해결하기 위해 노력해야 하는 것일까? 우화 속에 기술된 상황만으로 본다면, 기린(고용인)이 코끼리라는 능력 있는 목수와 함께 일하기 위해서 자신의 집에, 아니 자신의 작업장에 코끼리를 초대한 (기업조직의 상황으로 이야기를 바꾸어본다면, 기린이 새로운 직원을 채용한 행위임) 것이니 코끼리(피고용인)는 에어로빅 강습과 발레교습을 받아 몸무게를 줄이라는 고용인의 지시에 따르는 것이 옳은 것일까? 아니면 우수한 인력을 '스카우트'한 작업장의 책임자인 기린이 코끼리가 가진 뛰어난 능력을 최대한 발휘할 수 있는 작업환경을 만들어주는 것이 옳은 것일까? 이야기는 우리에게 수많은 질문을 던지고 있다.

누군가는 이 작업장이 기린이 설계한 기린의 공간에서 기린이 만든 규칙을 코끼리에게 요구하는 것이며, 그에 따른 책임은 기린이 진다라고 본다면, 기린(주류)의 요구에 코끼리(비주류)가 순응하는 것이 당연하다고 할지도 모르겠다. 또 다른 이들은 인재영입을 통해 새로운 가치창출을 희망하는 기린이라는 고용인이 유능한 인재 코끼리에게 적합한 작업환경을 만들어주는 것이 당연한 것이라고 말할 수도 있을 것이다. 결국 고용인/피고용인, 주류/비주류 등의 물리적인 관계설정 배경을 떠나 기린과 코끼리 두 인물이 서로 함께 설정한 공동 목표의 달성을 위해서는 갈등보다는 이해, 차이로 인한 오해보다는 원활한 소통이 담보될 수 있는 협업과 공동의 생활 조건이 보장되어야 할 것이다. 그러기 위해서는 둘 중 어느 한쪽만 일방적으로 희생하거나 누군가에게 맞추어가는 것이 아니라 서로의 차이를 배려하고 인정하는 접근이 필요하다. 따라서 이 상황처럼 다양성의 공존으로 인해 발생하는 문제를 해결하기 위해서는 기존의 공간이나 업무방식 등을 개선하는 것 뿐 아니라 필요시 새로운 공간이나 새로운 업무방식이 만들어져야 할지도 모른다.

우리는 이 우화를 읽자마자 우화가 어떤 교훈을 던져주려고 하는지 쉽게 파악할 수 있다. 몸집의 크기, 체중, 외향, 성격, 취향, 가치관, 식습관, 거주형태 등과 같이 인간 개개인이 가지고 있는 각자의 정체성의 차이에 기인하는 다양성과 그로 인해 발생할 수 있는 갈등, 오해, 짜증에 직면하여 우리는 어떻게 대처해야 할 것인가에 대한 성찰의 함의를 던지고 있다. 하지만 누구나 이해할 수 있는 이러한 이야기, 아니 우리가 살아가는 일상 속에서 늘 직면하게 되는 의견차이, 업무방식의 차이, 사고방식의 차이, 가치관의 차이, 성격 차이 등으로 인한 문제에 대한 대처방안이 그저 학창시절 배웠던 도덕교과에 나오는 교과서적인 교훈으로 해결될 수 있으리라는 믿음을 이 우화가 우리에게 제시하고 있다고 우화를 그냥 읽어 넘기는 것이 과연 바람직한 것일까. 여기서 말하는 도덕 교과서적인 흔한 함의 도출이란 결국 '서로의 차이 이해, 인정, 존중', '역지사지', '감정이입' 정도가 아닐까 싶다. 하지만 '차이에 대한 인정과 존중'이 실제 기린과 코끼리가 만나서 동일한 공간 안에서 살아가야 하는 상황에서는 너무나도 이상적인 도식적 강요는 아닐는지 생각해본다. 어쩌면 공동의 업무공간에서 어떤 식으로든 목표를 달성해야하는 기린과 코끼리에게는 잔인한 요구는 아닐까. 다시 말해, 현실 속에서 발생한 문제와 이로 인해 참아 내거나 감내해야할 불편함과 짜증스런 상황이 불 보듯 뻔 한 다양성의 혼합 상황을 그저 '이해하라', '인정하라', '존중하라', '인내하라'는 식의 도식적 대처방안으로 덮어버리는 것은 아닌지 생각해봐야 할 것이다.

영어에는 기린과 코끼리 우화의 내용과 유사한 시사점을 담고 있는 '방 안에 있는 코끼리 the elephant in the room'이라는 표현이 있다. 한번 상상해보자. 우리 회사 사무실 안에 커다란 코끼리가 한 마리 들어와 있다. 회사 구성원들은 모두 코끼리의 압도적인 크기와 외형에 눌려 말문이 막힐 것 같다. 하지만 어느 누구도 섣불리 코끼리를 어떻게 하면 좋을지 쉽게 말하지 못한다. 왜냐하면 코끼리라는 존재가 사무실 공간 안에서 당장 나에게 피해를 주지는 않기 때문이다. 다시 말해, 코끼리가 나에게 직접적으로 문제를 일으키지 않는 한, 내게 코끼리는 업무공간을 물리적으로 조금 답답하게 인식하게끔 하지만 그렇다고 내 업무에 방해되지는 않는다. '방 안에 있는 코끼리'라는 표현은 이처럼 누가 보더라도 명백하거나 같은 공간 안에 있는 구성원 모두가 공공연히 알고 있는 사실임에도 불구하고 아무도 이에 대해 언급하거나 언급하고 싶어 하지 않는 상황을 비유적으로 표현한 말이다. 우리는 어쩌면 일상생활의 현실 속에서 인지적으로는 나와 맞지 않는 상대방의 성향이나 의견을 이해하고 인정해야지 하면서도 정작 행동의 영역에서는 그러지 못함을 거의 매일 경험하며 살아간다. 우리는 기린과 코끼리의 이야기에서처럼 각자가 가진 권력이나 직책의 힘을 빌려 일방적으로 한쪽의 주장을 관철시키는 방식으로 다양성의 충돌상황을 해결하고 있다. 즉, 이상적인 문제해결의 과정이란 너무도 지난하기만 하니, 결국 어느 한쪽은 포기하거나 봐도 못 본 척 구체적인 문제의 언급을 회피하는 방식을 택하는 것이다. 방에 코끼리가 덩그러니 서 있지만, 그렇다고 못 지나다닐 정도는 아니니 그냥 참는 것이다. 오히려 이것이 바로 기린과 코끼리라는 우화가 우리에 전하는 핵심이다.

인간이 평생 피할 수 없는 숙명 중 하나는 다른 사람과 공존해야 한다는 것이다. 이것은 우리 개인이 산 속이나 무인도에서 '자연인'처럼 혼자 살아가지 않는 이상, 집단생활, 협업, 협력, 공동체의 삶을 싫어하건 좋아하건, 또 그럴 준비가 되어 있건 없건 상관없이 인간 모두에게 주어진 운명 중의 하나이다. 더욱이 통신과 이동 기술의 발달로 물리적 거리가 인간의 이동의 자유를 더 이상 제한하지 못하는 오늘날의 현대사회에서 어떤 식으로든 나와는 다른 타자와 공존하지 않고서는 우리의 삶은 유지되지 않는다. 그러한 관점에서 기린과 코끼리의 이야기는 그들의 이야기가 아니라 나의, 우리의 이야기이다.

다양성의 시대 우리 인간의 소통 문제를 다루고 있는 이 책은 크게 4개의 장으로 구성되어 있다. Ⅰ장에서는 개인의 성장과정과 살아온 환경에 따라 세상을 바라보는 관점이 다르게 조건화 되는 현상을 우리가 일상생활에서 무심코 사용하는 '문화'라는 개념과 연관시켜 설명한다. 이를 통해 개인의 개성과 개인이 속한 집단의 문화적 성향은 어떤 관련이 있으며, 타자와 만나 소통하는 행동맥락에 따라 '차이'에 대한 논의가 어떻게 달라질 수 있는지 고민한다. 나아가 이러한 논의와 고민을 바다 위 업무 공간인 상선의 사례를 통해 구체적으로 살펴본다. Ⅱ장에서는 조건화된 인간의 관점과 선택적 인지로 인해 바라보지만 제대로 보지 못하는 인간의 한계로 쉽게 '차이'가 '차별'이 되는 현상을 이야기한다. 이러한 인지능력의 한계에 대한 성찰을 기반으로 타자와의 소통과정에 작용하는 다양한 구성요소들에 대해 구체적인 사례를 통해 살펴본다. 마지막으로 일상의 소통과정에서 방해요인으로 작용하는 심리적 기제와 커뮤니케이션 스타일의 차이에 대한 이해를 기반으로 행복한 소통을 위해 필요한 요소들을 생각해본다.

Ⅲ장에서는 특수한 업무와 생활 조건인 바다를 터전으로 하는 선박 조직 내 갈등양상과 갈등원인의 분석을 통해 문화접촉 공간으로서의 상선의 의미를 이야기한다. 여기서 나열하는 갈등사례들은 실제 선박에서 일어난 상황들이며, 특히 최근 국내 기업 조직에서 부각되고 있는 '세대차이'를 상선 사관들의 목소리를 통해 조명해본다. 끝으로 Ⅳ장에서는 앞서 논의된 내용을 기반으로 행복한 인간관계를 위해 개인에게 필요한 소통역량에 대해 고민한다. 타자와의 소통과정에서 상대를 단정 짓고 예단하는 기제는 결국 단일층위에만 기반한 소통에 기인한다. 이 부분에서는 이를 극복할 수 있는 대안으로 다층위 기반 소통모델을 제안하고, 이를 바탕으로 개인과 개인의 접촉과 소통과정에 작용하는 다양한 층위의 정체성에 대한 성찰을 권장하며 나아가 상대와 공유할 수 있는 문화적 층위를 생성시키는 역량을 기르는 것이 우리에게 필요한 소통역량임을 이야기한다.

이 책은 8여년의 유럽 살이 후 지난 10년 간 필자가 한국사회에서 재적응을 시도하면서 얻게 된 타자와의 소통에 대한 깨달음이다. 아울러 이 책은 2016년부터 현재까지 한국해양대학교 해사대학에서 강의하고 있는 <선상문화교섭의 이해>라는 교과목과 국내 해운선사 및 선박관리회사에서 상선사관들을 대상으로 진행한 선내 문화 관련 직무교육의 결과물이다. 이 자리를 빌려 부족한 강의와 교육을 열심히 들어준 학생들과 사관님들께 감사의 인사를 전한다. 이 책에 등장하는 사례들은 모두 이들 수업과 교육 시간에 참가자들로부터 수집한 것이며, 등장인물과 상황은 익명화하였다. 그리고 고달픈 업무 상황에서도 선내 인력관리에 대해 고민을 함께 나눠주신 각 해운선사 관계자들께도 진심으로 감사드린다. 이 모든 분들이 없었다면, 이 책은 세상에 나오지 못했을 것이다.

이 책의 목적은 상선이라는 업무조직의 사례를 바탕으로 우리 일상의 업무와 생활 속에서 부딪히게 되는 타자와의 소통에 대해 독자와 함께 고민하는 것이다. 거창할지 모르나 이러한 고민을 통해 우리가 접하는 물건과 상품의 90% 이상을 바다를 통해 가져다주고 우리 무역의 99%를 책임지고 있는 대한민국 해운의 최선봉에서 고생하시는 선원들이 조금이나마 행복한 선상생활을 할 수 있기를 기대한다.

부족하지만 필자의 문화학적 지식을 바탕으로 이 책에 기술된 선내 갈등이나 상황에 대한 해석과 설명은 필자의 지극히 개인적이고 주관적인 관찰의 결과임을 미리 밝힌다. 혹여 필자의 해석과 설명에 잘못된 부분이나 부족한 부분이 있다면, 이는 전적으로 필자의 책임이자 무지의 소치일 것이다. 아울러 우리나라 해운산업이 더욱 발전하기를 바라는 진심어린 애정으로 이해해주시길 바란다. 이 책이 완성되게끔 끝까지 인내해주신 신아사 한규갑 상무님과 출판사 관계자들께 진심으로 감사를 드린다.

마지막으로 이 책을 사랑하는 아내와 예쁜 두 딸 비주, 유주 그리고 병마와 싸우고 계신 아버지께 바친다.

2020년 초여름 영도 조도에서

저자 최진철

일러두기

이 책은 해운산업 분야 상선(商船)의 사례를 통해 조직 내 인적 다양성으로 발현되는 소통의 문제를 조명하고 있다. 이 분야에 익숙하지 않은 독자를 위해 선내조직과 업무에 대해 참고할 만한 사항을 알려드린다.

선박이라는 제한된 장소와 특수한 환경에서 생활하게 되므로 운항에 종사하는 선원들은 항상 정신적·육체적 긴장감과 피로감에 노출되어 있다. 이러한 특수한 선박의 업무와 생활·환경에도 불구하고 모든 위험을 자력으로 극복하여 선박을 안전하게 운항하기 위해 선내조직과 업무는 명확히 위계적으로 분업화되어 있다.

선내조직은 화물선, 여객선, 어선, 기타 특수 임무를 수행하는 선박 등 선박의 종류와 특성에 따라 매우 상이하며, 이 책에서는 원양상선을 그 대상으로 한다. 일반적으로 선내 조직은 갑판부(Deck), 기관부(Engine), 조리부(Cooking)로 나뉘며 선내 직급에 따른 조직도는 아래 그림과 같다.

'선원'은 선장, 해원(해기사와 부원), 예비원(승선 중이 아닌 선원)을 포함하는 용어이며, 여기서 '해기사'는 해기면허를 소지한 선박직원을 말하며 선박에서 선장, 항해사, 기관장, 기관사, 전자기관사, 통신장, 통신사, 운항장, 운항사의 직무를 수행하는 사람을 지칭한다. 일반적으로 해기사는 항해사와 기관사를 통칭하는 용어로 사용된다. '부원'은 해기면허 없이 승선 가능한 직급으로 대개 각부의 직원과 함께 선내 지원업무를 수행하며 선박의 크기 및 종류에 따라 직무내용과 인원수가 각각 다르다. 대개 갑판부원, 기관부원, 사주부원으로 나뉜다.

이미지 출처: 한국선원복지고용센터 https://www.koswec.or.kr

부서 및 직급별 업무내용

갑판부(Deck)

화물 선적 및 접안관련 기기의 보수정비와 선체 외판의 보수 유지 및 항해 또는 정박 당직업무를 수행한다.

선장 (Master, Captain)

선장은 선박의 최고 지휘자의 직무를 수행하고, 선박과 인명의 안전을 위해 선원법에 의한 공법상의 의무와 권한이 있다. 선장은 해원을 지휘, 감독하며, 배 안에 있는 자에 대하여 선장의 직무를 수행하기 위하여 필요한 명령을 할 수 있다. 그리고 이 명령은 해원뿐만 아니라, 여객 기타 선내에 있는 모든 사람에게 미치며 지휘 명령권은 선박권력의 핵심이다.

1등 항해사(Chief Officer)

1등 항해사는 갑판부의 책임자로서 선장을 보좌하여 갑판부 승무원을 지휘감독한다. 특히, 선내 규율, 선박의 안전, 항해사 및 부원의 교육훈련, 하역의 총감독, 선체의 정비, 항해당직 및 항해일지의 작성 등을 이행하며, 출입항시에는 선수에 위치하여 선장의 명령 아래 계류(mooring) 및 묘박(anchoring) 작업을 지휘한다.

2등 항해사(Second Officer) / 3등 항해사(Third Officer)

2등 항해사와 3등 항해사는 각각 정해진 시간의 항해당직 및 항해일지의 작성을 이행하며, 일반적으로 1등 항해사의 감독 하에 항해·하역 설비의 정비, 해도의 정리, 비품이나 소모품류의 청구와 정돈, 하역작업의 감독 등의 업무를 한다. 또한 출입항시에는 2등 항해사는 선미에서 작업을 지휘하며, 3등 항해사는 선교에서 선장이 출입항 조건을 원활하게 실행할 수 있도록 보좌한다.

기관부(Engine)

선박 운항 시 동력을 제공하는 주기관 가동과 주변기기인 발전기, 보일러, 냉동기 등 주로 엔진의 정비보수 업무를 수행한다.

기관장(Chief Engineer)

기관장은 기관부의 책임자로서 선장을 보좌하여 기관부 전반의 지휘를 행할 권리와 의무를 지닌다. 선장에게 기관에 관계된 쾌적하고 원활한 운항을 위하여 협력한다. 기관부의 역할은 기관의 운전, 기관실 내의 제반 기계류의 조작, 보수 및 수리, 기관일지의 작성, 전기 계통 및 갑판 기계의 보수·정비 등이다.

1등 기관사(First Engineer)

1등 기관사는 기관장을 보좌하여 기관부의 지휘에 임하고, 주기관과 이에 관련된 기기 관리와 기관부의 인사관리 등의 업무를 한다.

2등 기관사(Second Engineer) / 3등 기관사(Third Engineer)

2등 기관사와 3등 기관사는 연료유나 윤활유의 관리, 보일러, 발전기, 각종 보조기관 등을 분담하여 점검, 정비 업무를 진행한다. 기관사들의 항해당직은 항해사의 경우와 같이, 그 직제와 같은 시간대에 해왔으나 기관실 무인화선이 출현함에 따라, 주간에는 일과업무를 하고, 야간의 기관실 내는 무인상태로 하고 있는 선박들이 많다.

조리부(Cooking)

전체 선원의 건강 유지를 위해 주·부식 관리와 배식업무를 수행한다.

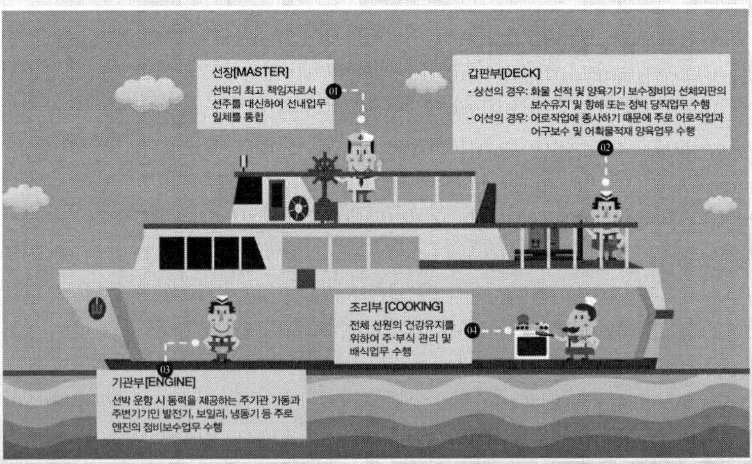

이미지 출처: 한국선원복지고용센터 https://www.koswec.or.kr

선내 당직체계

항해당직

입출항 또는 악천후 등 위험이 예상될 경우 항해당직은 전원 배치(All stand by)가 원칙이며, 기타 일반적인 항해인 경우에는 보통 3직제로 오전, 오후 4시간 교대로 1일 8시간의 당직 근무를 시행한다.

정박당직

정박당직은 항해당직이 끝남과 동시에 시작하여 항해당직이 시작될 때까지 진행한다. 갑판, 기관의 각 직원 1명과 필요한 부원이 정박당직을 서며, 그 중 특히 갑판부의 조타수 1명은 현문(Gangway) 당직자로서 교대 근무를 한다.

당직시간	당직명	선교당직	기관당직
04 – 08시	Morning Watch	C/O, Q/M(C)	1/E, Oiler(C)
16 – 20시	Evening Watch		
08 – 12시	Forenoon Watch	3/O, Q/M(A)	3/E, Oiler(A)
20 – 24시	First night Watch		
00 – 04시	Mid night Watch	2/O, Q/M(B)	2/E, Oiler(B)
12 – 16시	Afternoon Watch		

I. 정신의 프로그래밍 '문화'

입사 후 목표 – 우리는 왜 승선하는가?

LNG선 승선 20년 경력의 강 선장은 얼마 전 새로 승선한 한국해양대 출신 김모 3항사와 면담을 하게 되었다. 여러 가지 다양한 이야기를 나누던 중, 강 선장은 3항사에게 앞으로의 꿈을 물어봤다. 동일한 질문을 선원들에게 자주 건네는 편인 강 선장은 "1항사나 선장까지 배를 타고 싶어요." 라거나 "하선 후 육상에서 선박관리 전문가가 되어 10년 후에는 선박관리 회사를 차리고 싶어요."와 같은 대답을 예상했다.

강선장이 기대했던 대답은 아마 이런 정도였을 것이다.

1) 선장님, 저는 바다에 뼈를 묻을 겁니다. 이 회사에서 가장 빨리 진급한 선장이 되고 싶습니다.
2) 선장님, 저는 배를 열심히 타서 40세에 꼭 도선사가 되고 싶습니다.
3) 선장님, 저는 의무승선 3년 타고 하선해서 육상직 근무하겠습니다. 그게 뭐일지는 아직 모르겠습니다.
4) 선장님, 저는 Ship Sale and Purchase Broker가 되어 반드시 선주가 되고 싶습니다.
5) 선장님, 도저히 배는 저와 안 맞는 것 같습니다. 군 문제만 끝내고 공무원 시험 치겠습니다.

하지만 신임 3항사의 대답은 너무 놀라웠다. 뭐라고 대답했을까?
90년대생 신임 3항사의 대답은 이러했다.

1) 아직 모르겠습니다. 일단 의무승선 끝나는 승선 3년 후 내려서 좀 쉬면서 생각해 보려고요.

2) 가능하면 당장이라도 좀 더 일하기 편한 배를 승선해서, 배타는 것도 어려운데 맘 편히 지내고 싶습니다.
3) 의무승선 3년 마치고 바로 해양수산부 공무원 시험 칠 겁니다. 그래서 지금 짬짬이 오프시간에 시험공부 열심히 하고 있습니다.
4) 의무승선 기간 동안 모은 돈으로 하선해서 시골에서 멋진 전원주택 지어서 귀농하여 편하게 살 겁니다.
5) 원래 영화에 관심이 많았는데 바다 경험을 바탕으로 해양관련 영화감독이 되는 게 꿈입니다.
6) 선장님! 모르셨습니까? 이거 우리 아버지 뱁니다!

일반적으로 항해사가 되기 위해 입학한 학생들은 승선근무예비역[1] 기간을 기준으로 한 3년이라는 단기적인 목표 외 중장기적인 입사 후 목표가 없는 것이 현실이다. 다른 분야의 취업자들만큼 많은 에너지와 시간을 동원하여 취업을 준비하지 않는 편이라 승선이 나의 장래와 관계가 별로 없다는 막연한 인식을 가지고 있다. '배' 아니면 '육상'이라는 이분법적 사고가 학교생활에서부터 뿌리 깊게 각인되어 무조건 '조기에 하선하는 것이 성공한 삶'이라고 생각하는 경향이 고착화되어 있다. 그렇다면 이러한 현재의 현실적인 상황을 개선하기 위해 개인, 학교, 선사, 사회는 어떻게 하여야 할 것인가?

위 상황은 우리 원양상선에서 진행된 대화이긴 하지만, 아마도 현재 우리나라 기업조직에서 가장 흔히 볼 수 있는 90년대생으로 대변

1 승선근무예비역은 전시·사변 또는 이에 준하는 비상시에 국민경제에 긴요한 물자와 군수물자 수송을 위한 업무 등의 지원을 위하여 소집·승선근무하여 군 복무를 대신하는 제도이다. 대체·전환복무제도가 아닌 현역병에 속하는 승선근무예비역은 한해 1,000명이 복무하고 있으며, 해양수산부장관이 지정한 학교를 졸업하고 자격을 갖추면 해당자는 3년 간 지정된 선박에서 복무하고 이후 60세까지 전쟁, 국가 재난 등 유사시 강제로 국가필수선박에 운항요원으로 차출되는 제도이다. 3년이 지나 복무해제가 되면 다른 대체 복무와 달리 유사시 특별한 의무가 부가되는 현역병사이다.

되는 신세대 신입사원과 기성세대 선배직원 간의 대화 상황이라고 봐도 무방할 것이다. 이처럼 우리는 살아온 환경과 조건에 따라 세상을 서로 다르게 보도록 조건화되어 있다. '세상을 보는 관점의 조건화' 이것을 이 책에서는 '문화'라는 개념으로 접근해보고자 한다. 다음은 우리 일상에서 발견되는, 그리고 무의식적으로 사용하는 '문화'나 '문화차이'와 관련된 이야기들이다.

일상생활 속 '문화'와 '문화차이'

'선상 살인 사건'이 발생한 광현803호(138t)의 참극은 문화차이에서 비롯된 것으로 드러났다. 4일 부산해양경비안전서에 따르면 지난달 19일 오후 광현호에서 베트남인 선원 B(32)씨와 V(32)씨 등 외국인 선원들이 갑판 위에서 작업 중이었다. 이에 한국인 선장 양모(43)씨는 선원들을 격려하기 위해 양주 5병과 수박 등을 내놓고 외국인 선원들과 선상 회식을 준비했다. 회식 도중 B씨와 V씨는 베트남어로 "요~요"라고 했고 선장은 이를 자신에게 욕을 한다고 생각해 화를 냈지만 해당 뜻은 '건배'를 의미하는 말이었다. [···]

출처: 한강타임즈 2016년 7월 4일자.

나는 20살 때 처음 미국 땅을 떠나 한국이라는 낯선 나라에서 살아보는 경험을 하게 되었다. 첫 외국생활이라 그런지 당시 어디를 가건 무엇을 보건 모든 것이 낯설고 기이하게 느껴졌지만, 얼마 되지 않아 한국 사람들과 한국 문화의 매력에 빠져들게 되었다. 그리고 한국 문화가 내게 익숙한 미국 문화와는 다름을 인식하기 시작했고, 다르다는 것을 계속 머릿속에서 잊지 않으려 노력했던 것 같다. 하지만 어느 날 외출하기 위해 내가 살던 아파트 엘리베이터에서 내리던 순간, 나는 평소 알고 지내던 한국인 친구 중의 한명과 마주치게 되었다. 우리는 서로 짧게 인사를 건넸고, 그런 후 그녀는 그날 유독 별로였던 나의 안색을 언급하면서 “Wow, your face has gotten worse!”라고 말하는 것이었다. 나는 순간 너무 당황한 나머지 어떻게 반응해야할지 몰라 잠시 고민하다 정중히 미소를 지으며, 엘리베이터를 오르는 그녀에게 “Yeah ... Have a nice day.”라는 인사를 건넸던 기억이 난다. 당시 그녀는 분명 나와 친한 한국인 중 한명이었고 내 감정을 상하게 하려고 일부러 그런 말을 내게 한 것이라고 생각지는 않았지만, 그 순간 너무도 당황스러웠던 기억이 난다. 그 이후로도 이 일을 잊으려 했지만, 쉽게 잊혀지진 않았다. [...]

출처: 어느 미국인 블로그 글

김민규 3항사는 어느 날 선교에서 오전당직(Forenoon Watch) 근무를 마치고 낮 12시경 다음 당직자인 인도네시아 출신 2항사 발라드라프를 기다리고 있었다. 하지만 2항사는 30여분이 지나서야 나타나서는 자신이 이슬람교 신자라 매일 정해진 시간에 기도를 해야 해서 조금 늦었다고 말한다. 3항사는 이런 경우가 한두 번이 아니었기 때문에 매번 종교적인 핑계를 대는 인도네시아 사관의 이런 무책임한 행동을 도무지 이해할 수가 없었다.

출처: 어느 상선에서의 일화

이 세 가지 이야기들의 공통점은 뭐라고 꼭 집어서 설명할 수는 없지만, 어렴풋이 우리가 ‘문화’라는 용어를 빌어 설명하는 일상 속의 상황들이다. 여기서는 ‘문화’라는 용어를 어떻게 정의하고, 그 특징은 무엇이며, 그리고 이 이야기들 속의 화자들처럼 ‘문화’라는 개념을 일상생활 속에서 사용하거나 어떤 상황의 원인을 특정집단이나 특정사회의 문화적 성향에서 찾으려고 할 때 유의해야할 것은 무엇인지에 대해 살펴보겠다.

1. 문화와 개성 사이

문화의 어원

문화(Culture)는 '토지의 경작(the tilling of land)'을 의미하는 라틴어인 'colere'에서 파생되었다. 영어의 'cultivating', 'agriculture'도 라틴어 'cultura'에서 유래한 표현이다. 'Cultura'는 근대 초기 많은 유럽어에서 중요한 개념으로 등장하기 시작하는데, 초기에는 '돌봄, 보호, 재배, 경작(tend, guard, cultivate, till)'이라는 의미로 사용되다가 16세기 초부터 이 같은 본래 의미가 점차 농업경작의 영역에서 인간 문명의 발전과정(the intellectual side of civilization)으로까지 확대되어 사용되었다. '문화(Culture)'의 개념이 오늘날 우리가 사용하는 의미로 쓰이게 된 때는 18세기 말과 19세기 초 정도일 것이다. 결국 문화(culture)라는 단어는 농경활동에서 시작되었고, 농경활동이 시작되기 전 인간 역시 그저 자연(nature)의 일부였다. 그러나 농업을 시작하면서부터 터를 닦고 가꾸고 농산물을 수확하기 시작하였고, 농업의 결과는 잉여물을 낳았고 인간은 그러한 잉여물들을 보관할 도구들을 필요하게 된다.

인류학의 고전적인 핵심 개념인 '문화' 개념에 대한 논쟁은 다양한 문화적 정체성이 교차하는 상황을 분석할 때 상당히 중요한 의미를 지닌다. 그 이유는 '문화차이'에 대한 관찰과 그 차이를 문화가 다른 개인 간의 만남에 미칠 수 있는 잠재적인 위험으로 분석하는 것이 바로 조직 내 다양성과 관련한 연구의 본질이기 때문이다. 그래서 연구자들 역시 '문화'에 관한 한 여러 가지 입장을 보이고 있다. 일반적으로 학문적인 문화개념 논쟁에서 발견되는 문화개념과 관련한 입장은 크게 세 가지 정도로 정리해 볼 수 있을 것이다.

가장 대표적인 입장이 정적인 문화개념을 담고 있는 '본질주의적인(essentialistic) 입장'이다. 이 관점은 명확한 실체와 특징을 가진 '국가문화(national culture)', '조직문화(organizational culture)', '직업문화(professional culture)' 등과 같은 특정 집단의 문화라는 것이 명확한 실체로 존재하며, 상이한 각 국가문화는 국경선의 경계만큼이나 명확하게 구획되어질 수 있다는 입장이다. 그 다음은 동적인 문화개념을 담고 있는 '포스트모던(post modern) 입장'이다. 이 관점은 문화를 단수가 아닌 복수로 바라보며, 문화는 국적, 성, 지역, 학력, 직업, 나이 등과 같이 다양한 범주와 밀접히 연관되어 각 범주를 상징하는 커뮤니케이션 방식과 형태를 담아내는 열린, 역동적인 그리고 이질적인 시스템이라는 것이다. 마지막으로 위 두 가지 입장이 지나치게 '문화'의 역할을 강조하고 있으며 이로 인해 사회를 탈 정치화시키고 있다고 비판하는 '문화주의(culturalism)' 또는 '문화 결정론(cultural determinism)'에 대한 비판적인 관점이다.

이 세 가지 입장 모두 나름 저마다의 논리와 학문적 근거를 지니고 있기에 어느 입장이 맞다라고 단정 짓기는 어렵다. 더욱이 우리가 살아가는 세상은 학자들의 연구담론 보다 훨씬 더 빠르게 변화하고 전개되기 때문이다. 그래서 상황적 맥락에 맞게 이 세 가지 입장을 이해할 필요가 있다. 이 책은 문화에 대한 심오한 학술적인 담론을 상술하는데 그 목적이 있지 않다. 그래서 여기서는 우리들이 살아가고 일하는 공간에서 타자와 나를 이해하는 하나의 수단으로 '문화'를 정의하려고 한다. 특히 다양성이 발현하는 업무와 생활공간에서 우리에게 유용한 문화의 개념을 정리할 것이다.

문화의 사전적 의미는 매우 다양한데, 구미 언어에서 '문화'는 대개 '문명(civilization)' 또는 '정신의 세련화(refinement of the mind)'를 뜻한다. 특히 이러한 세련화의 결과로 생기는 교육, 음악, 예술, 문학 등 협의의 문화를 의미한다. 이에 반해 광의의 개념으로서 문화는 온갖 형태의 생각, 느낌, 행동을 포괄하는 단어이다. 정신을 세련화하는 활동뿐만 아니라 일상생활의 평범하고 사소한 일들, 예를 들어, 인사, 식습관(선호하는 음식, 음주습관), 커뮤니케이션 스타일, 시간관념, 감정 표현 또는 억제, (나이, 직급 등이 다른 구성원 간) 인간관계 형성, 업무 공간 내 동료와의 물리적인 거리, 선호하는 업무 스타일, 성적 정체성 등 인간의 모든 활동을 포함하는 개념이다.

이러한 협의와 광의의 개념과 유사하게 미국의 문화 간 커뮤니케이션 학자 밀턴 베넷(Milton J. Bennett)은 문화를 크게 대문자 'C' - Culture (객관적인 문화 objective culture)와 소문자 'c' - culture (주관적인 문화 subjective culture)로 구분하였다. 주로 지역연구(area studies)에서 사용되고 있는 사회·경제·정치·언어 체계를 포함하고 있는 사회과학적인 문화개념인 '객관적인 문화'는 실제 커뮤니케이션 상황에서 문화적 정체성이 다른 개인들 간의 상호작용 상황에 활용하는 데에는 한계가 있음을 지적하고 있다. 즉, 특정 지역이나 국가의 역사, 정치구조, 예술 등의 '객관적 문화'를 안다고 해서 커뮤니케이션 능력이 자연스럽게 생성되는 것은 아니기 때문이다. 따라서 특정 지역이나 특정 사회집단의 제도적인 차원보다는 해당 지역 사람들의 일상생활 속 사고와 행동방식을 규정짓는 심리학적인 특징들을 지칭하는 '주관적인 문화' 개념이 필요하다는 것이다. 그러면서 베넷은 '주관적인

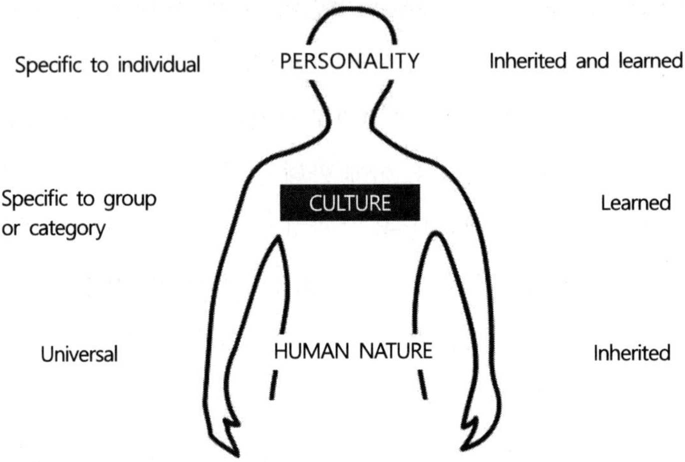

인간 정신의 세 가지 층위

문화'를 특정 사회 속에서 '상호작용하는 구성원 사이에 집단적으로 학습되고 공유된 신념, 행동, 가치관의 패턴'이라고 정의하고 있다. 결과적으로 이 두 가지 문화개념이 함께 연구되었을 때 진정한 지역 연구가 가능하다는 것이다.

이 책에서 언급되는 '문화'는 이러한 광의의 문화, 베넷의 개념으로는 '주관적인 문화' 개념에 입각한 문화개념에 대해서 다루며, 특히 '상선(商船)'과 같은 다양성이 조우하는 업무와 생활공간에서 다양한 문화적 배경과 정체성을 가진 구성원 사이의 업무와 생활 속에서 문화가 어떻게 작용하는지 살펴볼 것이다.

특정 집단이나 사회 구성원들의 공동의 지배적 성향으로 문화를 바라보는 본질주의적 문화개념을 사용한 대표적인 학자는 네덜란드의 조직인류학자인 헤르트 홉스테드(Geert Hofstede)이다. 홉스테드는 문화를 컴퓨터 소프트웨어에 비유하여 '정신의 집단적 프로그래밍(the collective programming of the mind)'이라고 정의하고, 문화가 한 집단이나 범주의 구성원들을 다른 집단이나 범주의 구성원들과 구별하는 역할을 한다고 언급한다.: "It (Culture) is the collective programming of the mind which distinguishes the members of one group or category of people from others." 여기서 홉스테드가 말하는 '집단(group)'이란 서로 접촉하고 있는 여러 사람들의 집합을 뜻하며, '범주(category)'란 반드시 서로 접촉하고 있을 필요는 없지만, 어떤 공통점을 지니고 있는 사람들로 구성된다. 예를 들어, '모든 여성 상선 사관', '1970년 이전에 태어난 모든 선장', '부산태생 부산시민'과 같은 것을 일종의 범주라고 할 수 있다.

홉스테드는 인간의 정신세계를 앞선 그림 '인간 정신의 세 가지 층위'와 같이 세 가지 구성요소로 구분하고 있다. 먼저 '인간본성(human nature)'은 지구상 어느 곳에 있든 인간이라면 누구나 공유하는 것으로 태어나면서 자연스럽게 유전을 통해 갖게 되는 성향이다. 예를 들어, 기본 욕구(식욕, 성욕 등)를 충족하려는 성향, 분노·사랑·기쁨·슬픔 등의 감정과 같이 인간의 기본적인 심리와 신체의 기능을 결정짓는 체계라고 할 수 있다. 하지만 이러한 인간본성에 접근하는 방식이나 표현의 방식은 개인이 속한 집단의 환경 그리고 이를 통해 습득한 개인의 문화적 성향에 강하게 영향을 받게 된다. 즉, '분노의 감정'이란 인간이면 누구나 가질 수 있는 것이지만, 이 감정을 어떻게 표출하고 처리하느냐는 그 개인이 속한 집단의 문화적 성향과 개인의 성격과 기질에 따라 달라지는 것이다.

홉스테드에 따르면, '문화(culture)'는 학습되는 것이지 유전되는 것은 아니며, 개인의 사회적 환경에서 파생되는 것이지 출생과 함께 공유되는 유전적 성질을 갖지 않는다. 하지만 문화의 개념을 어떻게 정의하느냐에 따라 문화의 학습되는 속성뿐만 아니라 유전적인 속성도 있음을 생각해볼 수도 있다. 예를 들어, 한국에서 태어나자마자 북유럽의 어느 나라로 입양되어 그곳에서 사회화된 개인에게서 우리는 때로는 한국인의 피가 흐르고 있음을 그의 행동방식 등에서 느끼는 경우가 있다. 물론 이를 정확히 말로 표현할 수는 없지만 말이다. 만일 문화가 학습되는 성질의 것으로만 정의한다면, 이러한 현상은 어떻게 설명할 수 있을까. 그럼에도 불구하고 우리 정신세계의 중요한 구성요소 중의 하나인 '문화'는 사회화 과정을 통해 학습되는 것이라는 것이 중론이다. 현재까지 '문화'의 정의는 수백여 개 이상 존재한다. 문화는 '인간이 만든 어떤 것' 또는 '공유된 의미 체계'로 정의되기도 한다. 문화는 인간에게 사회 구성원으로서 사회에서 이루어지는 '게임'에 대한 '암묵적 법칙'을 제공한다. 인간은 자신이 만나는 사람들과 상호작용하는 과정에서 이 '게임규칙'을 이용한다. 인간은 어떻게 자신이 속한 문화의 일원으로 이 '게임법칙'을 사용하는지 부모, 학교 교사, 종교기관, 동료, 대중매체 등을 통해 배우게 된다. 이를 '사회화(socialization) 과정'이라고 한다. 그리하여 문화는 규범과 규칙을 통해 인간의 행동에 직접적으로 영향을 미치며, 다른 사람들과 상호작용하는 과정에서 우리의 행동을 지배하게 된다.

그렇다면 그림에서처럼 과연 인간본성과 문화 사이, 또는 개성과 문화 사이의 명확한 경계나 구분은 가능한 것일까. 만일 우리가 타인의 이해할 수 없는 언행으로 인해 상처받고 그 상대방과 갈등상황에 놓이게 된다면, 상대방 행동의 원인을 그가 속한 '문화'에서 찾을 것인지 아니면 그만의 독특한 '개성'에서 찾을 것인지 모호해진다. 앞서 인용한 광현호 선상 살인사건에 대한 기자의 관점은 사건의 원인이 베트남인 선원과 한국인 선원 사이에 존재하는 국가 간의 언어 문화적 차이라고 단정 지으면서 기술하고 있다. 하지만 이렇듯 특정 개인의 행동 원인을 단순히 국적에 기반 하는 국가 문화적 층위에서 찾으려는 시도는 대단히 위험해 보인다.

그럼 인간 개인이 가지고 있는 '개성(personality)'에 대해 이야기해 보자. 우리가 지닌 개성을 심리학적으로 살펴보면, 기질과 성격으로 다시 세분할 수 있다. 현대 심리학에서 신뢰도가 높은 성격 검사로 인정받는 TCI(The Temperament & Character Inventory) 검사라는 것이 있다. 이 검사는 네 가지 기질과 세 가지 성격을 측정한다. '기질(temperament)'[2]은 '어떠한 자극이 왔을 때 나타나는 자동적인 정서적 반응 성향'을 말한다. 이는 부모로부터 물려받아 유전적으로 타고나는 것이며, 일생 동안 안정적으로 유지되는 경향이 있다. 즉, 한 개인을 구성하는 기본적인 틀이라고 할 수 있다. 이에 반해 성격(character)[3]은 타고난 기질(T)을 바탕으로 환경과의 상호작용을 통해서 형성되는 것이다. 따라서 성격은 개인이 사회화되는 과정에서 노출되는 환경과 만나게 되는 주위 사람들과의 상호작용 과정 안에

---

2 기질의 4가지 차원 - 자극추구 Novelty Seeking, 위험회피 Harm Avoidance, 사회적 민감성 Reward Dependence, 인내력 Persistence

3 성격의 3가지 차원 - 자율성 Self-Directedness, 연대감 Cooperativeness, 자기초월 Self-Transcendence

서 일생의 전 과정에 걸쳐 만들어지고 변화한다. 이렇듯 성격의 형성 과정을 우리는 일종의 학습의 과정(learning process)이라고 볼 수 있다. 성격은 개인이 추구하는 목표와 가치에 따라 개인에 따라 차이가 날 수밖에 없는 것이다. 성격(C)은 타고난 기질(T)로 인해 작동하는 자동적인 정서 반응을 조절해주는 일종의 장치라고 할 수 있다. 여기서 말하는 성격(C)은 결국 앞서 기술한 개인이 속한 집단이나 주위 환경으로부터 학습되는 '문화'라는 구성요소와도 밀접히 연관되어 있다. 즉, 심리학적으로 분석한다면, 내가 어떤 상황에 대해 반응하거나 발화할 때, 그 최초의 반응은 일반적으로 나의 선천적으로 타고난 기질(T)에 의해 결정되지만, 최종적인 반응은 성격(C)에 의해 조정된다고 할 수 있다. 기질이 무의식적 반응이라면, 성격은 의식적 선택 반응이다. 이러한 성격(C)과 기질(T)이 결합하여 한 개인의 고유한 개성(personality)이 된다. 결국 이 두 가지의 오묘한 조합의 결과로 나라는 사람이 결정되는 것이다.

그렇다면 '문화'와 '개성'은 서로 밀접하게 맞물려 있다. 우리 개인의 말과 행동방식은 나만의 고유한 개성을 반영하고 있는 것이지만, 그 개성은 부모로부터 물려받은 기질과 내가 속한 집단으로부터 학습된 성격이 함께 작용하여 만들어진 것이다. 그러므로 특정 개인의 행동을 분석함에 있어 그가 속한 집단의 문화적 성향을 이해하는 것은 매우 중요한 과정이다. 이상에서 살펴본 내용을 정리하면, 우리 인간의 행동은 타고난 '인간본성'과 '기질'에 기반하여 사회화 과정과 주변 환경으로부터 학습하고 습득한 게임규칙인 '문화'와 그것을 나만의 방식으로 소화한 '개성'에 의해 구현된다고 할 수 있다. 그러므로 소통의 과정에서 문화가 작용하는 메커니즘은 아래와 같이 설명할 수 있을 것이다.

우리는 '문화'라는 거대하고 복잡한 용어를 방패삼아 우리 삶 속에서 일어나는 개인 간, 집단 간, 직급 간의 차이로 인해 발생하는 문제들을 섣불리 설명하려 한다. 따라서 광현호 사건처럼 다양성이 공존하는 공간 안에서 일어난 사건을 단순히 베트남과 한국의 언어 문화적 차이로 원인을 해석하는 것이 아니라 어선이라는 특수한 공간에서 우연히 만나 함께 일하게 된 사람과 사람 사이의 관계 형성과정에서 나타나는 인간의 본성적인 권력다툼의 결과로 우발적인 상황이 일어났고, 그 권력다툼의 과정에서 서로 다르게 학습된 게임규칙과 각 개인의 개성이 빚어낸 참극으로 해석해야 할 것이다.

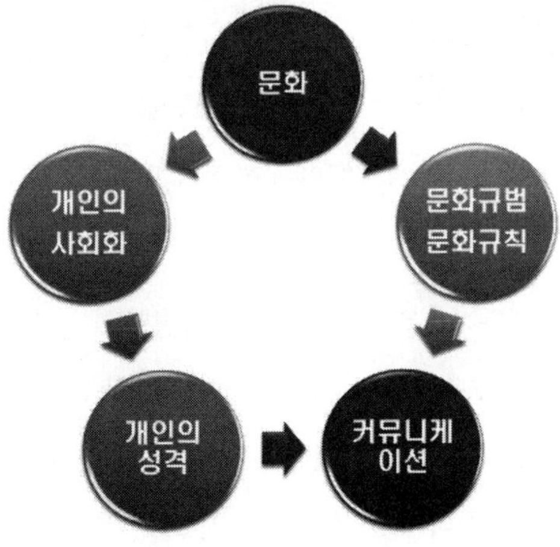

문화가 커뮤니케이션에 미치는 영향

2. 양파 같은 문화

아래 10가지 대상물 중 3개를 선택하여 해당 대상물과 문화가 가지고 있는 공통된 속성을 5개씩 정리해 보시오.

휴대전화, 지도, 양파, 컨테이너, 책, 배낭, 마트, 강, 빙하, 문어

앞서 살펴보았듯이, '문화'는 특정 사회집단의 층위에서 해당 집단의 구성원들이 상호작용하면서 확립된 보이지 않는 규칙이며, 그러한 관점에서 해당 집단의 구성원들을 결속시켜주는 기능을 한다. 그리고 문화는 개인의 타고난 기질을 기반으로 역시 사회화 과정에서 형성된 각 개인의 성격과도 밀접히 연관되어 있음을 알 수 있다. 한 개인의 고유한 성격은 결국 동일한 집단 내 구성원들을 구분시켜 주

는 역할을 하는 것이다. 그럼에도 불구하고 동일한 집단에서 사회화 과정을 경험한 구성원들은 해당 집단이 암묵적으로 공유하고 있는 고유한 속성을 어느 정도는 내재하고 있다. 물론 그 공유의 정도는 개인에 따라 편차가 있을 수밖에 없다.

문화는 두 가지 상반된 특징을 가지고 있다. 우선 문화가 가진 중요한 힘 중의 하나는 특정 집단의 구성원들을 하나로 묶어주는 역할을 한다는 것이다. 이를 문화의 '합일의 힘(unifying force)'이라고 칭한다. 즉, 특정 사회집단 내에서 이루어지는 광범위한 상호작용을 통해 구성원 전체를 아우르는 공통점이 생성된다. 예를 들어, 한국사회 내 존재하는 개인 및 집단 간의 엄청난 차이에도 불구하고, 한국인들은 전체적으로 일본인들 보다 한국인들과 소통하고 상호작용하는데 더 많은 시간을 보낸다. 동일한 정치·법·교육 체계 아래 동일한 언어로 된 언론과 매체를 소비하며 한국이라는 지리적 공간 안에서 상호작용한다. 따라서 다른 나라 사람들과는 다른 한국인들만이 공유하고 이해하는 한국인의 국민성(national character)이 생겨난다. 하지만 한국 사회 내에는 다양한 문화들이 공존한다. 다양한 문화들을 하위문화(subculture)라고 명명한다면, 연령, 성(gender), 종교, 사회계층, 학력, 출신지역, 직업, 성적 정체성 등 여러 가지 범주를 기반으로 다양한 하위의 문화적 층위가 존재한다. 예를 들어, 우리나라에서 지역적으로는 수도권과 지방은 그 발달의 정도만큼이나 각 구성원들의 세부적인 성향도 다를 수밖에 없다. 이것이 바로 문화의 '다양화의 힘(diversifying force)'이다.

따라서 문화가 가진 이 두 가지 중요한 힘 중 어디에 더 무게를 두

느냐에 따라 문화에 대한 개념정립과 이해, 그리고 접근방법이 달라질 수밖에 없다. 앞서 기술한 홉스테드가 정의내린 정적이고 고립된 명확한 실체로서의 문화에 반대하는 사람들은 문화의 '다양화의 힘'을 강조한다. 이들은 상호소통의 과정 속에서 다양한 문화적 정체성과 경계 그리고 전통의 혼합 또는 지속적인 변화의 과정이 문화 현상 속에 나타나고 있다고 주장한다. 심지어 '문화'는 고정적 실체가 아니라 '다양한 조건들과의 직접적인 충돌 속에서 만들어지는 의미들의 열린 체계'라고 정의한다. 그리고 특정 사회집단 내 개별 행위자의 사고와 행동을 규정짓는 본질로서의 문화개념에 반대한다. 이러한 관점에서 보면, 인간은 지속적으로 변화하고 새로운 영향을 받으면서 살아가기 때문에 개인의 정체성과 문화라는 것은 끊임없는 변화과정 속에 존재한다. 그 외에도 사회적 주체인 개인의 문화적 방향설정은 다층적이기 때문에 문화를 단순히 '국민국가'를 기준으로 한 소속층위에 국한시켜 기술할 수 없다.

아래 그림에서 볼 수 있는 것처럼 한 개인은 단순히 국적으로 대변되는 국민국가에 속해 있는 것이 아니라 직업, 성, 학력, 종교 등 다양한 문화층위에 소속되어 한 사회의 구성원으로 살아가는 것이다. 즉, 여러 겹으로 둘러싸인 양파처럼 한 개인의 정체성 층위는 다층적이다. 따라서 '동일한' 문화를 여성들은 남성들과는 다르게 체험할 것이며, 나이든 사람들 역시 젊은 사람들과는 다르게 경험할 것이다. 노르웨이 출신 선장들이 한국인 선장들과 공유하는 문화적 유사성이 노르웨이 출신 의사들과 공유하는 문화적 유사성보다 훨씬 더 클 가능성이 높다. 그리고 해양대 출신 선원 집단 또는 해사고 출신 선원 집단처럼 동일한 사회계층에 속한 사람들과 같이 다양한 직업군과 조직들이 그들 나름의 독특한 하위문화를 만들어나간다.

이러한 관점에서 선박에서 조우하는 다양한 문화층위를 살펴보면, 국적, 언어, 민족, 인종, 소속선사, 직책(갑판/기관/주사, 사관/부원), 출신학교(한국해양대, 목포해양대, 수산계 대학, 오션폴리텍), 선종, 승선경력, 출신지역, 종교, 업무자세, 다수/소수, 성별(gender), 나이, 기수, 식습관, 취미, 성적 정체성, 개성 등 수없이 많은 정체성들의 복합체인 선원들이 우연히 만나 한 배를 타서 일하고 살아가는 공간으로 선박을 이해할 수 있다. 여기서 우리가 분명히 인식해야 할 것은 이렇듯 복잡한 문화적 정체성들이 교차하는 상황에 노출된 개인은 다양한 문화적 층위의 준거를 의식하지 못하며, 결국 이러한 정체성들의 충돌로 인해 발생한 우발적인 사건이나 사고의 원인을 분석하기 위해 관찰자(기자 등)나 연구자, 아니면 수사당국이 특정 층위를 분석기준으로 선택한다는 것이다. 다시 말해, 사건의 진상규

양파 같은 개인의 다층적 정체성

명이나 책임자 처벌 등의 절차를 위해, 즉 문제의 상황을 분석하고 설명하기 위해 '국가문화차이', '세대차이', '남녀차이' 등의 기준을 인위적으로 끌어와서 사용한다는 것이다. 따라서 특정 층위의 문화 범주를 인위적으로 사용함으로써 해당 범주의 문화적 특수성을 정형화시키거나 지나치게 그리고 성급하게 일반화시켜버리는 위험에 노출된다.

요약해보면, 문화의 속성은 문화개념에 접근하는 관점에 따라 고정적일 수도, 역동적일 수도 있다. 하지만 중요한 것은 어느 속성이 맞다, 틀리다가 아니라 이러한 속성이 문화임을 명확히 인식하고 우리가 살아가고 일하는 공간에서 일어나는 다양한 상황들을 보다 체계적이고 입체적으로 분석하고 접근할 필요가 있다는 점이다.

우리가 문화를 이해하기 힘든 것은 이 일화 속 물고기가 개구리의 질문에 답하기 힘든 것과 같다. 물고기는 언제나 물속에서 살아감에도 불구하고 물에 대해 인식하지 못하기 때문에 물에 대해 뭔가

어느 화창한 봄날 예쁜 연못의 연잎 위에서 일광욕을 하고 있던 개구리가 호기심 어린 표정으로 물속에서 유유히 헤엄치고 있는 물고기에게 이렇게 물었다. '얘들아, 오늘 물 어때?' 질문을 받은 물고기는 당황하며 '도대체 물이 뭐야?'라고 되묻는다.

를 말하는 것 자체가 어려운 일이다. 물고기는 물이라는 존재 없이 살아갈 수 없으나 물의 존재를 인식하지 못하고 살아가며, 물고기는 그저 물 속 삶의 일부분이다. 따라서 물고기가 물을 객관적인 시선으로 인식하고 이해하는 것은 어려운 일이다. 인간에게 '문화'는 바로 물고기에게 물과 같은 존재이다. 우리는 그 속에서 그것의 일부로, 또 그것을 만들어가며 살아간다. 하지만 우리는 문화의 존재를 의식하지 못한다. 그러므로 문화는 우리가 객관적으로 관찰하고 바꾸고 또 원하는 대로 만들어낼 수 있는 성질의 것은 아니다.

좀 더 구체적으로 개구리와 물고기의 상황을 분석해보자. 알에서 나와 올챙이로서의 물 속 생활을 거쳐 성장한 개구리에게 물과 육상은 뚜렷이 구분 가능한 두 개의 독립된 실체이다. 이와 달리 물고기는 태어나서 지금까지 물속에서 물의 일부분으로 살아왔으며 물 밖으로 나가본 경험이 없기에 물이라는 존재를 독립된 실체로 인식할 기회가 없었다. 즉, 지금까지 물고기에게 물은 당연한 존재였으며 의식 안의 영역보다는 의식 밖의 영역, 즉 무의식의 대상이었다. 그러니 개구리의 갑작스런 질문에 물고기는 당황할 수밖에 없다. 이렇듯 물고기에게 물의 존재는 인간에게 문화의 존재와 같은 것이다. 인식하지 못하는 무의식의 영역에서 작동하는 '정신의 프로그래밍'이다. 그러하기에 무의식 속에서 작동하는 문화라는 기제는 지극히 당연한 것이며, 이 기제가 다른 문화적 프로그래밍과 접촉하기 전까지는 이에 대한 의문을 제기할 이유도 없다. 물고기는 개구리의 '이해할 수 없는' 질문을 받기 전까지 자신에게 내재된 '프로그래밍'을 전혀 의식하지 못하고 살아왔다. 여기서 우리는 문화의 또 다른 중요한 속성을 발견하게 된다. 즉, '문화는 드러내는 것 보다 감추는 것이 훨씬 많으며, 더구나 묘한 것은 그 문화에 속한 사람들이 감춰진 바를 가장 모른다는 점이다.'

미국의 문화인류학자 에드워드 홀(Edward T. Hall)은『침묵의 언어 The Silent Language』라는 책에서 자신이 평생을 투자한 타문화 연구의 의미를 다음과 같이 언급한다.: "문화는 드러내는 것 보다 감추는 것이 훨씬 많으며, 더구나 묘한 것은 그 문화에 속한 사람들이 감춰진 바를 가장 모른다는 점이다. 나는 여러 해 동안 문화를 연구하면서 정말로 중요한 일은 타문화를 이해하는 것이 아니라 자신의 문화를 이해하는 것이라는 점을 확신하게 되었다. 또한 타문화를 연구함으로써 얻게 되는 이해란 표면적인 것에 불과하다는 점도 확신하였다. 다른 문화를 연구하는 궁극적인 이유는 자신의 문화체계가 어떻게 기능하는지를 보다 잘 이해하기 위함이다. 이국적 방식에 자신을 드러내 보이는 가장 큰 이유는 자신의 삶에 생동감과 새로운 인식을 부여하는 것으로, 삶에 대한 관심은 대조와 차이라는 충격을 통해서 비로소 촉발될 수 있기 때문이다." (Hall 1990: 29f.)

물고기가 받은 충격은 타자의 의문으로부터 촉발되었고, 당연시 해왔던 것에 대한 문제제기를 통해 상대방과 나의 차이를 인식하면서 내가 살아왔고 살아가고 있는 공간과 나 자신에 대한 새로운 이해에 도달하게 되는 것이다. 조금은 철학적으로 들릴지 모르지만 이를 소통의 상황에 대입해보면, 우리가 타자와 소통하는 이유는 낯설음을 잘 아는 상황으로 만들어 심리적인 안정을 가져오기 위함이고 이 타자와의 소통과정에서 결국 타자를 통해 나를 보는 순간을 경험한다는 것이다. 하지만 홀이 언급한 '자신의 문화를 이해하는' 행위는 행위자 개인의 의식적 성찰과 깨달음 없이는 일어날 수 없다. 앞선 일화 속 물고기가 개구리의 질문을 그저 실없는 것으로 치부해 버리고 다시 즐겁게 헤엄쳐나간다면, 물고기는 또 언제 물을 깨달을 수 있는 기회를 얻을 수 있을지 모를 일이다. 아마 평생 자신이 살고 있는 곳이 세상의 전부라고 살다가 저 세상으로 갈지 모른다.

구디컨스트와 김영윤(Gudykunst & Kim 2003)은 문화를 이해하는 방법에는 크게 두 가지의 접근방법이 있다고 언급한다. 한 가지 방법은 내부로부터 특정 문화가 어떻게 작동하는지 살펴보는 것이다. 이 방법은 해당 문화 속에 살고 있는 내부자의 관점에서 특정 문화를 이해하려는 시도이다. 즉, 개구리가 의도하진 않았지만, 개구리는 물이라는 공간에서 생의 일정 기간을 보내면서 물을 내부자적 관점으로 이해할 수 있는 능력을 함양할 수 있었다. 우리 인간 역시 문화인류학자들의 현장 연구처럼 특정 집단이나 사회를 이해하기 위해 일정기간 그들의 언어와 문화를 익히면서 그들의 생활 기제를 이해하는 노력을 할 수 있다. 하지만 성인이 되고 고정된 직장을 가지고 가족이 생기면, 생의 일부를 타지에서 보내는 경험의 기회를 갖기란 좀처럼 쉽지 않을 것이다. 그러하기에 젊은 시절의 타지 또는 외국경험은, 특히 '맨땅에 헤딩'하는 경험은 인생에 있어 무엇과도 바꿀 수 없는 경험이자 삶의 중요한 자산이 된다. 여기서 말하는 '맨땅에 헤딩'은 모든 것이 잘 갖추어진 준비된 여건과 환경에서가 아니라 자신이 직접 찾아가고 알아가고 깨달아가는 과정으로서의 타지 체험을 말한다. 여행으로 비교하면, 가이드 패키지여행이 아니라 제한된 물질적 조건 하에서 홀연히 떠나 고생하는 여행 경험 정도로 이해하면 될 것이다.

문화를 이해하는 또 다른 한 가지 방법은 다른 문화와 특정 문화를 비교하여 해당 문화를 이해하는 방법이다. 이 방법은 특정 문화를 이해하기 위해 이미 규정되어 있는 범주를 기준으로 활용하여 비교대상이 되는 문화들이 동일한 기준에서 어떻게 다른지 분석하는 것이다. 개구리가 유년시절의 경험에도 불구하고 물에 대한 지식의 한계를 깨닫고 물에 대한 이해를 시도하고자 노력한다고 가정하자. 개구리는 과거 올챙이 시절처럼 물속에 오랫동안 체류할 수 없다. 이는 성인이 된 인간이 특정 집단을 이해하기 위해 그들과 일정기간 함께 생활하는데 제약이 있는 것과 마찬가지다. 그렇다면 개구리는 누군가가 기록한 물에 대한 이야기를 읽어보고, 그 기록을 기준으로 자신에게 익숙한 땅이란 존재와 물을 비교하여 물을 이해할 수 있다. 우리 인간 역시 특정 집단이나 사회를 이해하기 위해 직접 체험하는 방법이외에도 특정 기준을 준거로 내가 속한 집단과 상대방의 집단을 비교하여 상대방의 집단을 분석할 수 있다. 이때, 그 기준은 공신력 있는 것이어야 하고, 그저 하나가 아니라 다양한 범주의 기준으로 가급적 객관적으로 비교하려고 노력해야 한다.

앞서 특정 지역에 대한 연구가 '객관적인 문화'와 '주관적인 문화'를 동시에 분석하여 이루어지는 것이 바람직했던 것처럼, 특정 문화를 이해하기 위해서는 해당 문화의 일반적인 정보(예, 그 문화가 여러 범주의 기준을 바탕으로 어디에 속하는지)뿐만 아니라 해당 문화 특유의 정보(예, 그 문화는 해당 범주를 어떻게 이해하는지)를 함께 분석해야만 한다.

3. 차이와 행동맥락

서로 다른 (문화) 정체성을 지닌 구성원들의 교류와 만남은 특정한 사회체계 안에서 이루어지는 것이고, 그 행동 맥락 및 상황 자체가 개인 간의 상호작용에 지대한 영향을 미친다. 그러므로 사회체계, 다시 말해 인간과 인간 간의 상호작용이 이루어지는 행동맥락이 어디냐에 따라서 '문화차이'에 대한 접근방식이 달라질 수 있다. 우리가 살아가고 일하는 행동맥락은 가정, 직장, 종교시설, 취미 공간 등 수없이 많다. 이렇게 수많은 공간마다의 특수성을 고려한 개별적 접근방식에 대한 구상은 거의 불가능할 것이다. 그래서 여기서는 일반적으로 문화와 문화가 조우하는 현상을 연구하는 영역에서 분석대상이 되는 두 가지 행동맥락인 '기업조직'과 '국가사회'에서의 다문화 정체성의 상호작용 과정의 특수성을 정리해보고, 이 책에서 다루고 있는 선박이라는 해상업무 공간의 속성을 이 두 가지 행동맥락을 기반으로 정리해보고자 한다.

우선 기업조직의 경우 조직의 구성원, 즉 기업직원들을 특정한 목표아래 결집시키고 조정한다. 다시 말하면, 적어도 기업 경영자는 기업의 설립이념, 경영철학 및 기업정체성을 통해 직원들을 회사의 이해관계에 부합하도록 조정할 수 있다고 여긴다. 기업조직이란 명확한 목표 아래 이윤추구를 목적으로 설립된 조직이며 조직의 구성원들은 타의가 아니라 자의에 의해서 특정한 선발절차를 거쳐 해당 기업에 몸담게 되기 때문이다. 그러므로 기업조직 내에서는 개인의 임무와 역할 및 권한 등이 비교적 명확하게 구조화되어 있으며, 특정한 목적과 이해관계를 위해 구성원들이 유기적으로 협력할 때 기업 전체가 잘 움직이게 되는 것이다. 이에 반해 특정 국가사회에서는 이러한 기업조직과 같은 구성원들에 대한 의무적인 행동조정이 부재한다. 국가사회 조직은 특정 이해관계를 위해 설립된 것도 아니고 개별 구성원들 역시 의지에 의해 선택한 것이 아니기 때문이다. 물론 이민이나 귀화 등은 개인의 의지에 따른 선택이다. 하지만 기업조직의 구성원이 되는 절차와는 명확히 다른 특징을 가진다. 그러므로 '기업'과 '국가사회'라는 두 가지 상이한 행동맥락에서 '문화다양성(cultural diversity)'이라는 주제를 접근하는 방식과 관점은 상당히 달라질 수밖에 없다. 따라서 상이한 구성원들 간의 만남과 교류에 대한 연구는 행위자들의 상호작용이 어떤 맥락과 상황 속에서 이루어지느냐를 먼저 규정해야 하는 것이다.

이 두 가지 행동맥락을 '국제기업조직'과 '다문화사회'라는 두 가지 상이한 영역으로 구분하여 보다 상세히 살펴보자. 두 가지 문화 간 행동맥락을 '국제적 맥락(international context)'과 '다문화 맥락(multicultural context)'이라는 용어로 구분하고, 두 맥락 속에서의 문화의 개념과 기능을 중심으로 구체적으로 살펴보도록 하겠다. '국제적 맥락'에서는 일반적으로 다양한 국적의 구성원들이 함께 상호 소통하며 작용한다. 예를 들면, 특정 조직 구성원(글로벌 비즈니스맨, 외교관, 국제조직 구성원, 연구원, 기업직원 등)의 해외 파견 근무, 국가 간 협상이나 국제 조직 간 협업 등이 이러한 국제적 맥락에 속할 것이다. 특정개인이 특정한 목적으로 자신의 출신문화를 떠나 (한시적으로) 일하고 생활하는 국제적 맥락 속에서 '문화'는 개별체계로서 행동에 직접적으로 영향을 미치는 몸에 축척된 실체로 이해될 수 있다. 이는 문화를 '지식, 신앙, 예술, 도덕, 법률, 관습 및 인간이 사회의 구성원으로서 획득한 능력이나 습성의 복합적인 총체'라고 정의한 에드워드 타일러(Edward B. Tylor)와 워드 굿이너프(Ward Goodenough)의 인지인류학의 문화개념인 '마음속에 있는 문화(culture in mind)' 모델과 일맥상통한다. 결국 이러한 문화개념은 문화를 '정신의 집단적 프로그래밍'으로 정의한 홉스테드의 모델과도 근접해 있다. 국제적 행동맥락 속에서 개인에게 영향을 미치는 출신문화를 통한 문화적 각인은 대부분 무의식적으로 그리고 의도치 않게 작동하게 된다.

국제적 맥락 속에서 기업조직의 목적에 맞게 성공적으로 행동해야하는 기업 구성원은 세계 어디에서 왔던 국적을 불문하고 일반적으로 비즈니스나 각자 업무영역에 있어 매우 유사하게 행동할 것이라 가정한다. 물론 국제 비즈니스에 참여하는 행위자 모두는 '국제표준', '글로벌 매너'를 지키는 '글로벌 플레이어'로서 행동하고자 노력하지만, 실상은 대부분 자문화·자민족중심적인 자세를 견지하고 있다. 그리고 대부분이 이러한 각자의 행동이나 신념이 출신문화로부터 영향을 받고 있다는 사실 자체를 인식하지 못한다. 따라서 국제 비즈니스 상황에서 발생하는 의견 불일치, 갈등, 오해의 문제들은 대개 문화차이의 문제가 아니라 개인적인 차이의 문제로 치부해 버린다. 이러한 문제를 해결하기 위해 많은 다국적 기업들은 '다양성 관리(diversity management)' 등 다양한 형태의 사내 교육 프로그램을 개설하거나 글로벌 경영이라는 기치 하에 조직구성원들의 의식 전환을 위해 노력한다. 그리고 오늘날 대부분의 국제 활동 기업들은 기업내부의 문화적 다양성을 그들 고유의 장점으로 홍보하기도 한다. 즉 적어도 기업조직 내 문화 간 커뮤니케이션에서 발생할 수 있는 오해나 문제들은 기업의 강력한 조직문화 확립과 인력관리 및 사내교육 등 다양한 제도적 장치를 통해 개선될 수 있고 나아가 문화적 다양성 자체가 오히려 성공적인 글로벌 경영에 도움이 되리라 기대한다. 이러한 교육 프로그램에 투입되는 강사의 역할은 결국 기업조직 구성원들에게 그들의 사고, 행동, 자세가 문화에 종속된 것임을 깨달을 수 있도록 도와주는 것이며, 나아가 효과적인 문화 간 커뮤니케이션을 위한 행동 및 자세의 변화를 촉진하는 것이다. 그러므로 국제적 맥락에서는 숨겨진 문화적 차이를 볼 수 있도록 구체화시켜주는 것이 중요하며, 그래서 문화들 사이의 차이를 명확하게 부각시켜주는 문화개념이 필요하다.

국제적 맥락 속에서 일어난 사례를 바탕으로 해당 범주의 행동맥락에 대한 이해를 시도해보자. 2008년 한국의 모기업과 독일의 모기업이 함께 조인트 벤처(Joint Venture)를 설립하게 되었다. 양사는 공동 설립회사의 원활한 발전과 프로젝트 진행을 위해 두 기업 직원들 중 일부를 일정 기간 동안 상호 교류프로그램에 참가시키기로 결정하였다. 이 교차파견 프로그램의 목적은 양사 직원들에게 파트너회사의 기업문화, 업무방식, 업무과정 등을 이해할 수 있는 기회를 제공하고 체류기간 동안 형성된 네트워크를 활용하여 합작투자회사의 성공적인 업무진행을 위한 것이었다. 다음은 해당 파견 프로그램에 선발되어 참여하게 된 김민수(가명) 과장의 진술을 바탕으로 체류초기 그가 겪었던 경험담을 정리하였다.

김민수 과장은 3개월 일정으로 독일로 파견되었고, 독일 회사 측에서는 그를 위해 호텔을 예약해주었다. 독일 측에서는 사전에 김과장에게 이메일을 통해 공항에서부터 호텔까지 찾아오는 방법을 정확히 알려주었다. 김과장은 토요일 독일 현지 공항에 도착하였으나 자신이 예상했던 것과는 달리 독일 회사 쪽에서는 아무도 그를 마중 나오지 않았다. 하지만 독일 측에서 정확히 알려준 정보 덕분에 김과장은 문제없이 호텔에 도착할 수 있었다. 김과장은 도착 후 호텔에서 주말을 보내고 월요일 9시에 호텔로부터 약 1km정도 떨어진 독일 회사로 출근하였으며 처음 보는 독일직원들과 서로 인사를 나누며 소개를 받았다. 그렇게 독일에서의 첫 일주일이 지나갈 무렵 일부 독일동료들은 김과장에게 주말에 무슨 계획이 있는지 물어보곤 했다. 그럴 때마다 김과장은 아직 특별한 계획은 없다고 대답했다. 주말을 보내고 회사에 출근한 김과장은 또 몇몇 독일동료들로부터 지난 주말에 뭘 했는지에 대한 질문을 받았다. 이에 김과장은 '아직 자신이 머물고 있는 독일도시도 잘 모르고 해서 주로 호텔에서 쉬었다'고 대답을 했고 이러한 김과장의 대답에 독일동료들은 특별한 반응을 보이지는 않았다.

김과장은 동료들의 이러한 반응에 대해 상당히 소외감을 느꼈다고 한다. 그가 독일에 머무는 시간 동안 독일 동료들이 그에게 매우 친절히 잘 대해주긴 했지만, 김과장이 보기에는 자신과 친해지기 위해 특별히 시간을 내거나 노력하는 동료는 없는 것 같았다. 김과장은 거의 매일 저녁이면 혼자 시간을 보내야만 했고 아무도 그와 술을 한잔하거나 함께 뭔가를 하자고 제안하는 동료가 없어서 너무도 외롭기만 하였다. 김과장은 때로는 독일동료들이 자신을 회사동료로 생각하지 않으며 별로 함께 일할 생각도 없다는 인상을 받을 수밖에 없었다.

위 사례 속에는 엄밀히 이야기하면, 표면적인 갈등은 드러나지 않는다. 하지만 김과장의 독일 기업조직에서의 적응의 어려움 그리고 이와 연계될 수 있는 두 기업 간의 협업의 문제는 조직 관리에 있어 상당히 중요한 이슈이다. 앞서 설명했듯 대개 김과장과 같이 특정 임무를 부여받고 기업조직의 대표로 문화가 교차하는 상황에 노출되는 행위자들은 암묵적으로 상대방도 나와 유사한 패턴의 사고와 행동 방식을 가지고 있다고 전제한다. 이 사례 속에서 김과장이 독일 동료들에게 실망한 가장 큰 이유 중의 하나가 한국 기업조직에서 비교적 일반적이고 그래서 당연히 그럴 것이라 기대했던 '새로 들어온 동료에 대한 챙겨주기' 행위가 이루어지지 않았기 때문이다. 일반적으로 한국기업에서는 업무 내외적인 차원에서 새로 들어온 직원에 대한 지도와 관리가 독일기업에서보다는 철저하다. 즉, 새로 들어온 직원이 빨리 조직에 잘 적응할 수 있도록 공적으로나 사적으로 많은 관심을 피력하는 경향이 우리나라 조직에는 있다. 반면 독일 기업조직의 일상에서는 업무 외적인 측면에 대한 동료직원들과의 관계형성은 한국에 비해 활성화되어 있지 않으며, 새로 들어온 구성원이 불편해할 수 있기에 그를 배려하는 차원에서 그가 다가오기 전까지는 유보적인 접근방식을 취하고 있다고 할 수 있다. 그러므로 김과장이 여기서 느끼고 있는 소외감과 외로움은 인간관계의 초기상황에서 있을 수 있는 독일인들의 거리감이 차가움과 무관심으로 이해되었기 때문에 발생하는 문제라고 할 수 있다.[4]

---

4 독일인 동료들의 관점에서 상황을 고찰해보면, 독일인들은 대개 새로 온 동료직원에게 쉽게 말을 걸거나 대화를 시작하지 않고 오히려 조금은 기다리면서 유보적으로 행동을 하는 편이며, 새로 온 동료에게 부담을 주지 않으려고 한다. 어쩌면 낯선 독일 생활의 시작 시점에서 김과장이 휴식을 가지고 싶어 하고 혼자 있고 싶어 할 수도 있다고 생각하기 때문이다. 독일에서는 인간관계 형성초기 상대방의 입장을

이에 반해 '다문화 사회 맥락'에서 문화는 축척된 실체로 이해되어서는 안 된다. 왜냐하면 다문화 사회 속 행위자 개인은 국제적 맥락에서와는 달리 자신의 출신문화로부터 분리되어 있지 않기 때문이다. 국제적 맥락 속에서 행위자의 (출신)문화는 어느 정도 고정된 정적인 상태에 머문다면, 다문화 사회 속 구성원들의 문화는 끊임없이 움직이고 변화하는 동적인 상태에 있다. 다문화 사회 속 특정 문화집단의 구성원들은 대개 그들 고유의 '전통적' 문화 요소들을 구현하려고 노력하며, 그러한 과정에서 사회 내 다른 문화집단들에 대적할 수 있는 특별함을 만들어 그들 고유의 정체성을 형성하기 위해 출신지역의 문화적 요소들을 인위적으로 고안해내기도 한다. 그리고 이를 통해 집단 내 결속과 단결을 도모한다. 그들이 만들어 내는 정체성은 때로는 출신문화와는 거리가 있는 독특한 형태를 만들어 내고 끊임없이 재생산, 수정되고 새롭게 고안되게 된다. 그렇다면 다문화 맥락에서 일어난 사례를 바탕으로 해당 범주의 행동맥락에 대한 이해를 시도해보자.

베트남 어머니가 딸을 몽둥이로 때려 윽박지르는 모습을 본 이웃집 한국인이 경찰에 신고하고, 경찰관이 출동하여 이 문제의 원인을

배려하는 '유보적인 자세'가 오히려 예의 바른 것으로 간주되는 것이다. 그러므로 이 상황에서 김과장의 경우는 독일 동료들이 그에게 다가와 챙겨주기를 기다리기보다는 그가 직접 독일 동료들에게 말을 걸고 질문을 던지거나 부탁을 했다면 보다 빨리 업무일상에 적응하지 않았을까 여겨진다. 다시 말해 김과장이 동료들의 안부성 질문에 단순한 답변으로 응하는 것이 아니라 추가적인 질문과 도움요청 등을 통해 그들에게 적극적인 자세를 취했다면, 독일 동료들 역시 그와의 관계형성에 있어 보다 열린 자세로 다가왔을 가능성이 높다.

찾으려고 노력한다. 경찰관은 우선 어머니가 홀로 딸을 키우는 베트남 출신 이주민이라는 정체성에 주안점을 두고 조사를 시작할 가능성이 높다. 여기서 이루어지는 한국인 경찰관과 베트남인 어머니 사이의 문화 간 커뮤니케이션은 한국인과 베트남인의 국제 비즈니스 커뮤니케이션 상황과는 완전히 다른 관점에서 해석이 이루어져야 한다. 즉 이 상황에 대한 설명은 단순히 한국과는 다른 베트남인들의 교육관, 권위적인 부모/자녀의 관계, 훈육방식 등의 국가문화 차이라는 문화적 접근으로는 한계가 있다고 할 수 있다. 왜냐하면 여기서 훈육하는 베트남 엄마의 행동이 경제적인 어려움 또는 불법체류자 신분으로 불안한 상황에서 오는 심리적인 스트레스에서 기인할 수도 있으며, 어릴 적 경험했던 폭력의 기억이 성인이 된 지금의 행동에 영향을 미칠 수도 있고, 아니면 자신의 보수적 성향으로 인해 자녀 교육에 있어 권위적 교육관을 가지고 있을 가능성도 있다. 그리고 어머니 역시 자신의 '정체성'을 이용하여 상황을 모면하려고 노력할 가능성도 있다. 다시 말해, '베트남에서는 자녀를 몽둥이로 훈육하는 것이 일상적이다.'와 같은 진술을 통해 자신의 국가 문화적 정체성을 상황모면을 위해 의도적으로 활용할 수 있을 것이다. 그런데 여기서 베트남 엄마의 행동 원인을 단순히 베트남 국가문화에서만 찾으려고 한다면, 이러한 해석 가능성들을 원천적으로 봉쇄하는 것이 되며, 나아가 특정 개인의 행동을 단순히 국가문화로 국한시켜 고정불변의 것으로 해석하는 것이나 다름없다.

결국 다문화 사회 맥락 속에서는 국가문화 중심적인 해석방식이 개인행동의 다양한 원인들에 대한 이해를 방해하는 결과를 초래할 수 있게 되는 것이다. 그러므로 '문화 간 행동맥락' 자체가 '문화 간 상호작용'에 지대한 영향을 미친다고 할 수 있으며, 문화 간 상호작용 상황에 대한 연구를 위해서는 맥락에 따른 상이한 문화개념의 사용과 방법론적인 방향설정이 이루어져야 한다.

다문화 맥락과 국제적 맥락 속에서 활용되는 문화개념과 기능의 차이에 대한 이상의 논의를 요약해보면, 아래 표의 내용과 같다.

행동맥락에 따른 문화에 대한 접근방식의 차이

기업국제활동	다문화사회
정적인 문화개념	동적인 문화개념
자문화에 의한 각인 무의식	자문화에 의한 각인 의식
개인 행동은 문화의 산물	문화는 개인 행동의 산물
문화차이 등한시	문화차이 의도적 강조
무의식적 자문화 중심 성향	의식적 자문화 중심 성향
문화차이로 인한 문제 효과적인 해결 노력	특정 문화의 특수성에 대한 관용 희망
기업조직에 의한 통제가능 (구성원 교육, 강력한 조직문화 등)	국가사회에 의한 통제 한계
문화차이 연구: 문화차이에 대한 강조로 인한 고정관념 형성 및 지나친 일반화의 오류 가능성 높음	문화차이 연구: 지나친 문화중심적인 접근은 문제해결에 별로 도움이 되지 않을 가능성 높음

이상에서 살펴볼 수 있었듯이 다양한 문화적 정체성이 조우하는 상황에 대한 분석과 연구를 위해서는 단순히 특정 관점에 입각한 문화개념이나 담론을 고수하는 것이 아니라 행동맥락에 따른 상이한

접근이 필요하다. 따라서 단순히 '문화차이'라는 고안된 결과론적인 차원의 비교를 넘어 문화차이의 생성원인과 상황들을 다각도로 조명하는 접근방식이 중요하다. 즉 문화와 문화가 조우하는 행동맥락 속 행위자 주변의 출신국가, 언어, 민족 등의 거시적 차원뿐만 아니라 성장배경, 직무영역, 개인적 성격 등 미시적 차원에 대한 고려가 이루어져야한다. 그렇다면 행동맥락에 따라 상이한 접근방식 분석을 기반으로 다음 장에서는 우리가 조명하고 있는 선박이라는 공간의 행동 맥락적 특성을 규명해보도록 하겠다.

4. 바다 위의 업무 공간, 상선(商船)

해운은 고대 초기단계의 물품 교역이 이루어지던 시절부터 범선과 증기선 시대를 지나 현재에 이르기까지 지역 및 국가, 연안공동체들 간의 다양한 교류와 교섭활동의 일부였다. 지구화의 증가와 함께 해운은 '지역(regional)'과 '국제(international)'를 뛰어넘는 '글로벌(global)'의 영역으로 그 범위를 확장하고 있다. 장기 해운 불황을 준비하는 전 세계 해운기업들의 글로벌 대응전략이라는 거시적인 관점에서 뿐만 아니라 선박 내 다국적 선원구성과 다원적 정체성의 조우와 혼종 상황은 바다를 터전으로 일과 삶을 공유하는 업무공간인 선박을 글로벌 공간으로 만들고 있다. 따라서 오늘날 해운선사 및 선박소유자의 국적이나 본사의 위치는 선원 구성과 선내 업무문화에 있어 과거에 비해 그렇게 중요한 의미를 지니지 않는다. 예를 들어, 다음과 같은 사례를 통해 특정 선박을 에워싸고 있는 글로벌 이해관계자들의 복잡성이 설명될 수 있을 것이다: '이탈리아 선주가 자신의 배를 이탈리아 선적으로 등록하고, 몰타에 있는 선박관리업체에 관리를 맡기고, 영국 보험회사에 선박보험을 들고, 노르웨이 재보험 회사에 선박 재보험을 가입한다. 선박의 승무원 중 사관은 덴마크 출신이며, 부원은 필리핀과 인도네시아 사람들이다. 이 선박을 독일 해운회사가 용선하여 전 세계로 운항한다.'

국내 해운기업들 역시 글로벌 선사들과의 경쟁을 위해 비용 절감과 수익창출에 앞장서고 있다. 글로벌 경쟁에 따른 선원 인력난 해소와 인건비 절감은 국적선의 선원 다국적화를 가져왔다. 실제 국내 선사관계자들은 다음과 같은 언급을 하고 있다.: "한국 초임 3등 항해사/기관사 1명의 예산으로 외국선원 1.5명을 배승할 수 있으며, 한국선원 2명 대비 같은 예산으로 외국선원 3명을 승선시키는 게 선박 운용면에서 가성비가 높다. 또한 승선하고 싶어 하는 임금이 낮은 외국인 선원들은 많이 있다."

따라서 한국 국적선의 선원구성도 한국인 선원으로만 구성된 선박이 예외적인 상황으로 인식되어, 외국인 선원과 함께 승선하는 선박을 일컫는 '혼승선(混乘船)'이라는 용어조차 이제는 무의미한 상황이 되어가고 있다.

상선은 그 자체 그대로의 모습으로도 이미 '하나의 작은 세계(microcosmos)'를 형성하고 있다. 상선이 망망대해를 움직이며 항해하는 순간은 외부세계와는 물리적으로 완벽히 차단된 공간이다. 이러한 상선의 특수성은 선박 구성원들에게 장점과 동시에 수많은 단점을 제공한다. 특히 상선에서의 업무는 선내 구성원들끼리 적시에 정보를 올바르게 인지하고 소통하지 않으면 사소한 상황이 치명적인 사고로 귀결될 수 있다는 특징을 가진다. 업무가 끝나면 퇴근을 할 수 있는 육상조직에서의 업무와는 달리, 집으로 갈 수 있는 기회가 원천적으로 차단되어 있는 해상조직, 즉 상선에서의 업무 속에서 선원들은 거의 24시간(당직 선원들의 경우 당직교대 후 선내대기, 비당직 선원들의 경우 일과업무 후 선내대기)을 함께 일하고 생활하며 보낸다. 실제로 많은 선원들이 자신들의 업무시간은 '배를 타는 순간부터 한 항차가 끝나고 내리는 순간까지'라고 말한다. 그러기에 20명

남짓의 선내 구성원들은 외연적으로 그리고 다양한 측면에서 '서로 적극적으로' 상호 의존할 수밖에 없는 특수한 상황에 노출되어있다. 이들에게 3개월 혹은 1년 정도의 항해기간은 고스란히 다른 선내 구성원들과 함께하는 항해업무의 공적인 일상뿐 아니라 개인의 자유시간, 식사, 생일, 질병 시와 같은 지극히 사적인 일상도 어쩔 수 없이 공유해야하는 하나의 운명공동체를 형성하게 된다.

업무시간과 여가시간, 업무일과 휴일, 공휴일과 명절 등 업무계획과 일과 상에 구체적으로 명시된 업무 프로세스를 기반으로 진행되는 육상조직에서의 업무와 달리, 선원들은 육상에서의 일반적인 업무와 생활리듬으로부터 일정 기간 동안 작별해야 한다. 육상조직에서 직원들이 사용하는 휴가와 개인적인 여가시간을 일정 기간 유예한 후 선원들은 한 항차(voyage)가 끝난 이후에야 비로소 이러한 육상에서의 휴식과 여가를 누릴 수 있게 된다. 그러므로 하선 이후의 비교적 긴 휴가는 일반적인 육상조직의 사무실 업무와는 비교될 수 없는 상선이라는 업무공간에서의 고되고 외롭고 위험한 업무와 생활을 감내한 결과로 주어지는 달콤한 휴식인 것이다. 바다 위 선원들은 생활리듬이 지속적으로 바뀌는 교대근무 체계와 주말, 휴일, 국경일에도 근무하는 업무조건 아래서 개인의 사적인 시간과 공간은 일정 정도 포기할 수밖에 없다. 뿐만 아니라 화물의 양하를 위해 방문하게 되는 타국항의 이국적 정취와 타지에 대한 호기심을 누릴 수 있는 시간 역시 화물 양하 작업, 정박항 및 정박지 항만당국에 의해 이루어지는 복잡한 검사 및 통제로 인해 제대로 주어지지 않는다. 생필품, 의료용품 등 선용품 공급이나 장비수리 등이 아니라면 타국의 대문 앞에 잠시 서 있다 다시 또 다른 정박지로 나아가는 여정인 것이다. 오늘날 상선 선원들의 세계경제 '첨병(尖兵)'으로서의 모습은 독일 사회학자 게오르그 짐멜(Georg Simmel)의 '이방인(stranger)'의 개념과 많이 닮아있다. 짐멜의 '이방인' 개념의 원형 역시 '유대상인'이었다. 짐멜에 따르면, 상인들은 상품과 재화를 이곳에서 저곳으로 옮겨 다니며 수요에 따라 거래하는 정주보다는 이동에 익숙한 사람들이었다. 이들은 낯선 이국땅에 속하지는 않지만 오늘 왔다 내일 가고, 경우에 따라 또 잠시 정주하는 그런 직업군이었다. 결국 정박지 체제시간 최소화를 통한 비용절감의 경제논리뿐 아니라 정박지 항만당국의 선박 안전에 관한 각종 국제 기준 준수여부를 점검하는 항만국통제 등과 같이 점차 복잡해지고 있는 다양한 국제협약과 관련한 의무조항에 따른 업무과중은 외국 체류와 경험이라는 낭만적인 선원의 이미지를 1960-70년대 영화나 드라마 속에 존재하는 박제된 이미지로 만들었다.

선박의 크기와 종류에 관계없이 선박은 전통적으로 위계적 공간이었다. 이러한 특징은 과거에도 오늘날에도 별로 달라진 것이 없다. 상선은 외형적으로 선장과 기관장에서부터 실습항해사와 실습기관사에 이르는 관리자인 사관계급과 갑판장부터 말단 외국인 부원에 이르기까지 운항실무자인 부원계급 등 저마다 국제해사기구(IMO) 규정에 명시된 각자의 책임과 권한에 따라 움직이는 철저히 구획되고 표준화된 조직이다. 이러한 명확한 직급과 신분의 차이에 따라 거주 공간, 식사 공간, 여가 공간까지 차별화되고 있다.

이상에서 살펴본 육상근무와 비교한 해상근무의 특징은 다음과 같이 정리될 수 있다.

ㅇ 공간의 제한성과 폐쇄성
ㅇ 제한적 인간관계 및 사교/문화 활동의 제약
ㅇ 업무 후에도 업무공간에 체류 (항시대기)
ㅇ 일과 휴식 간 경계 모호 (공과 사 구분 모호)
ㅇ 교대(당직)근무, 주말/휴일(공휴일, 명절) 부재
ㅇ 외국 항 입항 산발적 체류 및 접촉 가능성
ㅇ 위계적 업무구조
ㅇ 업무의 위험성

상선은 산업재/소비재, 완제품/반제품 등 다양한 종류의 상품, 원유, 정유, 곡물, 천연가스, 철광석 등 산업에 필요한 원료나 소재를 바다를 통해 운송함으로써 국가 간, 지역 간, 기업 간, 개인 간의 무역을 가능하게 하는 글로벌 무역의 혈관과 같은 역할을 한다. 하지만 이러한 해운산업의 중요성에 대한 인식은 일반인들에게는 여전히 부족한 상황이다. 6개월간의 상선 승선 경험을 책으로 펴낸 영국의 저널리스트 로즈 조지(Rose George)는 일반인들은 '마이크로소프트(Microsoft)'라는 미국의 컴퓨터 소프트웨어 회사는 잘 알고 있지만, 이 회사와 유사한 규모의 영업 실적을 내고 있는 세계 1위 해운기업인 덴마크의 '머스크(Maersk)'에 대해서는 잘 모를 정도로 우리는 '해맹(海盲, sea blindness)'에 시달리고 있다고 언급하고 있다. 즉, 우리 주변 환경을 둘러싸고 있는 모든 것의 90% 이상이 배를 통해 우리에게 전달되고 있는 데, 정작 우리는 육역적 세계관에 함몰된 나머지 해상에서 어떤 일이 벌어지고 있는지, 우리가 접하는 대부분의 물품과 먹거리를 운송하는 선박에서는 무슨 일이 일어나고 있는지에 대한 아무런 이해와 관심이 없었다는 역설인 것이다. 이 책에서 강조하고자 하는 것 역시 상선이라는 공간을 단순히 상품과 재화의 이동에 기여하는 중요한 글로벌 경제 동맥으로만 이해하면 되는 것인지에 대한 근원적 의문이다. 바다 보다는 땅을 중심으로 하는 세계관은 상선을 물자의 이동에 기여하는 기업조직의 일부로만 이해하도록 강요하고 있다. 하지만 여기서 간과하게 되는 것은 바다와 선박을 터전으로 일하고 살아가는 사람들과 관련된 다양한 인간 군상의 이야기들이다.

우리나라 해운업 분야의 선박소유자, 선박을 용선하여 관리해주는 선박관리회사, 선원인력 관련업자의 상선에 대한 관리관점은 지극히 기업의 관리자 중심적이며, 기업조직의 이윤추구에 입각한 안전사고 예방, 직무교육, 최저투자 최고이익(임금이 저렴한 외국인 선원고용, 계약직 선원 고용, 최소승무정원 유지 등)을 위한 다양한 임금차등 및 고용정책 등 사람보다는 선사의 이익을 추구하는 측면으로 기울어 있다. 이러한 상황이 선내 구성원들의 업무 및 생활여건, 인간관계, 안전문제 등에 직접적으로 영향을 미치고 있다. 어쩌면 이러한 상황은 육상의 기업조직들 역시 별반 다르지 않을 것이다. 그럼에도 불구하고 상선이라는 공간에서 발생하는 다양한 상황들은 상선을 단순히 기업조직의 일부로 간주하는 관리자들의 관점에 대해 시급한 인식의 전환을 요구하고 있다. 즉, 상선은 A에서 B로 물자를 이동하는 특정한 목표를 달성하여 이윤을 추구하는 기업조직의 일부이긴 하지만, 외국인/내국인, 소수자/다수자, 신/구세대 등 다양한 층위의 사람들이 만나 일하고 생활하는 '바다 위의 작은 사회' 공간임을 인식하여야 한다. 그러하기에 상선에 승선하는 선원구성원들뿐만 아니라 육상에서 본선을 관리하고 지원하는 (육상의) 해상인력관리 주체들 역시 이러한 인식전환을 바탕으로 상선에서 나타나고 있는 다양성과 다원성의 주체들의 관계와 교섭의 문제에 대해 보다 체계적이고 분석적으로 접근해야 할 것이다.

상선이라는 공간 안에서의 국적, 성별, 나이, 학력, 업무영역 등에 따른 상이한 문화적 정체성을 지닌 선원 구성원들의 소통과 공존 양상에 대한 해결방안 모색은 결국 상선이라는 공간에 대한 철저하고 명확한 분석과 이해 없이는 불가능하다. 왜냐하면 상선이라는 특수한 행동맥락 자체가 구성원 간의 상호작용에 지대한 영향을 미치기 때문이다. 앞서 상술된 상선이라는 업무 및 생활공간이 지닌 특수성으로 인해 선상에서의 문화접촉 양상은 육상의 일반 기업조직에서의 양상과는 확연히 구분되고 있으며, 그러한 측면에서 다문화 발현으로 인해 드러나는 구성원들 사이의 '차이'에 대한 접근방식은 육상조직에서의 접근방식과 달라야 한다.

앞서 상술한 두 가지 상이한 행동맥락의 관점에서 살펴보면, '상선'이라는 업무공간은 외형적으로 특정 기업의 일부로 영업이익을 내기 위해 존재하는 일반 '국제기업조직'의 특징을 보이고 있으나, 항차가 진행되는 과정에서 온전히 하나의 독립된 사회공간으로서의 기능을 하고 있다는 측면에서 '다문화사회'의 특징을 다분히 내포하고 있다. 그러므로 상선 업무공간의 인력관리와 소통에 대한 관리는 이러한 상선의 특수성을 충분히 고려하여 이루어져야 한다. '다문화사회' 행동맥락은 일반적으로 특정 국가사회 안에서 진행되는 이주민 등의 유입을 통한 다문화화 현상으로 만들어진다. 즉, 상선과 같은 경우, 선주나 선박관리회사의 국적이 주류 집단이 되고 여기에 부원 등 다양한 계급의 선원들이 임금경쟁력이나 업무경쟁력을 기반으로 투입되어 한 항차를 위한 팀이 꾸려진다. 따라서 선박이 운항하는 동안 선박은 작은 '다문화사회' 행동맥락이 된다. 앞서 기술한 것처럼 다문화사회에서의 문화는 동적이고 역동적이며 혼종하는 양상을 띨 수밖에 없기에 선주나 선박관리회사의 국적 집단이 가장 지배적인 역할을 하지만, 다양한 다국적 선원이나 신구세대 등 하위집단의 문화들이 서로 공존하고 교류하는 양상을 띠는 것이다. 그러하기에 선박에서 일어나는 삶과 업무의 양상을 단순히 일반 기업조직의 그것과 동일시하여 관리하고 접근해서는 안 된다. 왜냐하면 다문화사회 행동맥락에서 문화적인 정체성 문제나 사람 간의 갈등문제에 대한 접근은 훨씬 더 복합적이어서 조심스럽게 접근해야하기 때문이다. 이러한 다문화사회 행동맥락의 특징 중 많은 부분을 상선이라는 공간이 가지고 있다.

선박은 국민국가의 물리적·심리적 경계를 넘어서서 인간과 인간, 인간과 바다, 인간과 기술, 기술과 기술 간의 상호작용을 기반으로 하여 움직이는 '초국가적 사회 공간(transnational social space)'이다. 루드거 프리스(Ludger Pries)에 따르면, 초국가적 사회 공간이란 다양한 구성원들의 일상적 사교행위, 소통을 위한 상징체계, 문화적 구현물들이 일정 기간 동안 특정 공간 안에서 압축적으로 나타나는 현상을 지칭하고 있다. 이러한 공간은 탈지역적(de-local)이고 탈영토적(de-territorial) 성격을 띠게 된다. 우리는 바로 이러한 공간의 양상을 상선에서 만날 수 있다. 따라서 선박소유자, 선박관리자, 선박운항책임자, 선원 등 선·내외 다양한 주체들은 기존의 기술 중심적인 시각에서 인간 중심적인 시각으로의 인식의 전환을 위해 노력해야 한다. 그러한 관점에서야 비로소 선내에서 조우하는 다양한 정체성의 구성원들 간의 일과 삶을 다층위에 기반하여 바라볼 수 있게 되는 것이다.

5. 해상운송의 걸림돌 '문화다양성'

선박 내 다양성 및 이로 인해 야기될 수 있는 문제에 대해 해상운송업 분야 종사자들은 이미 인식하고 있으며, 국제해사기구(IMO) 등을 중심으로 이러한 인적 다양성에 대한 대처방안과 전략개발을 시도하고 있는 중이다('2010 STCW 마닐라 개정협약' 참조). 하지만 육상업무를 중심으로 하는 일반 (다국적) 기업조직들과는 달리 해상업무를 중심으로 하는 해사분야의 다양성관리 전략은 다양성이라는 '문제' 자체를 억제하는데 중점을 두고 있다. 선내 구성원들 사이에 존재하는 다양성, 다원성, 차이, 공통점은 뒷전으로 밀쳐두거나 아니면 업무세계와는 별개의 것으로 간주하려는 경향이 주류를 이루고 있다. 결국 필자가 보기에는 선박 내 현존하고 있는 다양성이라는 장애물을 뛰어넘을 수 있는 선원들만의 집단정체성을 더욱 공고히 하여 이러한 도전의 상황에 대처하려는 것으로 보인다. 공유된 집단적 목표에 도달하기 위해 해운업 분야에서는 아래와 같은 몇 가지 표준화 방안과 집단정체성 확립 방안을 다각도로 마련하였다.

1) 언어 표준화

여러 현장연구 내용들 근거로 살펴보면, 국적을 막론하고 많은 선원들이 상선 내 구성원 간 의사소통에 어려움을 겪고 있는 것으로 나타나고 있다. 선박 내 인력들의 경우, 선내에서 다른 나라, 다른 문화 출신의 구성원들과 영어라는 매개어를 통해 의사소통을 하면서 영어를 습득하는 것이 일반적이다. 따라서 세계적으로 대부분의 비영어권 출신 선원들은 선원자격취득을 위한 교육과정에서 익힌 운항관련 전문 어휘들 정도는 암기하고 있지만, 의사소통의 과정에서 앞 뒤 전후 관계나 과정을 이성적으로 제대로 전달할 수 있는 비교적 긴 구문을 만들어 내고 표현할 수 있는 언어구사 역량을 갖추고 있지 못하다. 물론 인도, 필리핀, 말레이시아, 인도네시아와 같은 지역 출신 선원뿐만 아니라 어학연수 등 다양한 경험을 통해 영어구사 역량을 갖춘 신세대 한국선원들도 많이 있다.

사관인력을 포함한 선원들의 영어능력 저하 현상은 일차적으로 선박 내 의사소통 과정에서 문법을 최대한 간소화시킨 표준화된 영어표현, 즉 '표준해사 통신용어(Standard Marine Communication Phrases - 이하 SMCP)'를 사용하기 때문인 것으로 보인다. 3000여개 이상의 표현들을 포함하고 있는 SMCP는 2001년부터 해기교육에서 의무교육 사항에 포함되어 있으며, 문장의미에 결정적인 영향을 미치지 않는 어휘들은 삭제함으로써 영어를 매우 간소화시켰다. 그리고 SMCP는 해상운송 분야의 직무와 기술적인 부분들을 설명하는데 그 목적을 두고 있다. 이러한 간소화에도 불구하고 비모국어 화자들에게는 129페이지에 달하는 방대한 SMCP를 익히고 이해하는데 엄청난 시간과 노력이 필요하며, 더욱이 국제해사기구(IMO)가 의도하는 것처럼 SMCP의 사용이 그리 일상화되어 있지 않은 것으로 보인다. Sampson과 Zhao(2003)는 14차례에 걸친 선상 현장 연구과정에서 SMCP가 사용되는 것을 선박들 사이의 의사소통에서건, 선상

내 구성원들 간의 의사소통에서건 단 한 번도 목격하지 못했다고 언급하고 있다.

이렇듯 SMCP 사용이 일상화되지 못한 이유는 여러 가지가 있을 수 있겠으나, 우선 대부분의 해기 전문인력이나 선원들이 실무 사용을 전제로 하는 학습보다는 시험에 나오는 어휘와 표현들만 시험목적에 부합하여 익히기 때문이라고 할 수 있다. 또 다른 이유는 SMCP 자체가 대화의 기본적인 규칙, 예를 들어 일정 정도의 대화 공식조차 지키지 않음으로써 누구나 자유롭게 발화하여 사용할 수 있는 영어가 아니라는 점이다. 또한 SMCP는 사용할 수 있는 영역 자체가 기술 및 직무 관련영역에만 지극히 국한되어 있어, 선박 내 일상 대화 속에서 거의 사용될 수 없다는 한계가 있다. 관련 연구에 따르면, 해상교통관제센터(Vessel Traffic Service) 직원들은 영어를 못하는 선원들과 소통할 때 SMCP를 떠나서 해당 상황자체를 다른 어휘로 쉽게 돌려서 말하는 것이 도움이 된다고 언급한다. 따라서 SMCP는 해사영어의 표준화를 통해 상호소통을 효과적으로 이끄는 것을 가능하게 하긴 했지만, 이미 어느 정도의 (영어) 언어능력을 갖춘 선원들 간에서만 유효할 것으로 보인다. 그러한 관점에서 해사영어 교육의 개선에 대한 보다 심도 있는 논의가 선행되어야 할 것으로 보인다.

2) 업무과정의 표준화

모든 선박의 선교(Bridge)에는 정기적으로 업데이트되어야 하는 일련의 서류들이 있다. 이들 서류는 선내 화재나 다른 선박과의 충돌과 같은 비상상황에 대한 행동지침이 담겨있는데, 대개 수백 페이지에 달한다. 선내 구성원들에게 하달되는 지시사항은 체크리스트 형식으로 제공되며 영어로 작성되어 있다. 이들 체크리스트는 선내 선원 구성원 전체의 투입과 공동조율이 필요한 복잡한 행동지침을 설명하고 있다. 즉, 이들 지침은 어느 시점에 누가 누구에게 보고해야 하고, 어떤 선내 구성원이 경보를 울려야하며, 또 어떠한 조치가 이루어져야 하는지에 대한 정보를 제공하고 있다. 선박이 위급한 상황에서 안전한 상태로 다시 회복될 수 있게 하기 위해 어떠한 조치들이 필요한지 매뉴얼 형식으로 설명하고 있다.

이러한 매뉴얼에 따라 선상에서는 정기적으로 비상상황에 대비한 훈련들이 이루어지고 있다. 선내 구성원들은 반복된 훈련과정을 통해 선원들은 국제해사기구(IMO) 안전규정에 의거하여 충분한 훈련을 이행하였고 실제 상황에서도 전혀 문제가 없을 것이라는 확신을 갖게 된다. 매 훈련이 끝날 때마다 관청담당관이 선내 승무원들이 해당 상황에 대처할 준비가 완료된 것을 승인하는 차원에서 체크리스트에 확인표시를 하게 된다. 이러한 매뉴얼 중심적인 반복훈련과정 및 체크리스트에 대한 과도한 신뢰와 남용으로 인해 선내 구성원들 사이에서는 비상상황에 대해 충분한 준비태세를 갖추고 있다고 하는 자체 안전의식이 생성될 가능성이 높다. 선내 모든 부문에 이러한 체크리스트가 갖추어져 있으며, 선원들 역시 자연스럽게 이 체크리스트를 모범 해결책으로 간주하게 된다.

이러한 매뉴얼에 입각한 훈련 및 체크리스트의 활용 자체는 선내 역할과 업무의 명확성을 생성하는 중요한 시도라고 할 수 있다. 체크리스트 안에 누가 언제 어디에 위치해야하는지가 적혀있고, 따라서 비상상황(일반적으로 비상상황의 발생 가능성조차 처음부터 희박한 것으로 간주함)에서 역할분담에 대한 논쟁을 할 필요가 없게 되는 것이다. 그리고 선원들은 이러한 매뉴얼에 대한 무한 신뢰 속에서 각자의 업무에 집중할 수 있게 된다는 논리이다. 모든 구성원들이 무엇을 해야 하는지 다 알고 있다고 믿기에, 겉으로 보기에는 (구성원들 간의) 협업에 대한 주제를 깊이 있게 다룰 필요도 없다. 하지만 이러한 내용을 실행에 옮기는 데에는 엄청난 상호 협력노력이 뒷받침되어야 한다. 겉보기에는 간단한 상황이 실제 상황 속에서는 특수한 조건과 예기치 못한 상황으로 인해 체크리스트에 의거한 조치 자체가 어려울 수도 있기 때문이다. 나아가 선원 구성이 다국적·다언어·다양성에 기반하고 있다면 더욱 그러할 가능성이 높다.

3) 굿 시맨십(good seamanship): 획일적 직업문화에 대한 강한 신뢰

해상운송 분야에서는 '어떤 기상과 어떤 조건 아래서도 선박의 운행, 관리, 유지, 안전을 수행할 수 있는 능력(skill in the operation, management, maintenance, and safety of a vessel in all kinds of weather and under all conditions)'(Blackmore 2009)을 "굿 시맨십(good seamanship)"으로 간주하는 이상적 선원 이미지가 폭넓게 공유되고 있다. 따라서 해상운송 분야 종사자들 대부분은 대개 다음과 같은 입장을 공유하고 있는 것으로 보인다.: '우리는 비록 세계 다양한 지역 출신이지만, 결국 선상 위의 모든 사람은 선원이고 어떤 위기 상황도 극복할 수 있는 능력을 갖출 수 있도록 공통된 교육을 받았다.' 이러한 (직업/직무) 전문능력에 대한 높은 신뢰는 최근 들어 증명서나 졸업장 위조 문제 그리고 해기교육 및 선원교육의 질에 대한 관리감독 문제가 지속적으로 거론되면서 의문시되고 있는 상황이다. 국내에서도 세월호 사건이후 해기교육 및 선원관리에 대한 문제가 심각히 대두되고 있는 실정이다.

특히 선박 내 관리계급의 경우, 해기사 교육과정 졸업과 동시에 이러한 굿 시맨십이 몸에 배어 있어야 한다고 암묵적으로 가정하고 있다. 이와 같이 항해사/기관사 세계에서 보이지 않게 존재하는 이상적인 가정을 통해 유추해보면, 선장은 선상에 처음 들어온 신참자 역시 훌륭한 교육아래 굿 시맨십을 공유하고 있으므로 굳이 따로 돌봐줄 필요가 없다는 결론에 도달할 수 있다. 더욱이 선내 역할 분담 및 위계질서는 국적, 언어, 연령에 관계없이 전 세계 해운업 전체가 똑같이 공유하고 있다는 인식이 만연해 있다. 따라서 글로벌화의 흐름 속에서 선박의 급격한 변화를 추동하고 있는 다양성·다원성이라는 주제는 선원 고유의 직업문화를 대표하는 '굿 시맨십'이라는 (해운업 전체를) 결속시켜주는 이상과 대립하게 되는 것이다. 이렇듯 특정 직업군 내 존재하는 강력한 직업문화는 해당 직업세계의 구성원들로 하여금 동일한 세계관과 동일한 직업관을 공유하고 있다는 암묵적 가정을 만들어내게 된다. 선원들의 직업문화는 선박 내 구성원들의 통합을 위한 강력한 기제로 기능하여 선상에 존재하는 국가·민족·종교·세대적 정체성도 이러한 직업문화의 뒤편으로 밀려버리는 결과를 초래하게 된다. 그러므로 이러한 획일적 직업문화의 통합적 기능은 선박 내 인력 구성이 다국적·다문화인 경우에 특히 두드러지게 나타난다.

4) 선내 인적자원관리

국제해사기구(IMO)는 해기사 양성 교육과정 안에 선내 승무원들의 협력을 강화시킬 수 있는 프로그램을 도입하였다. 이러한 노력의 일환으로 국제해사기구는 '선원훈련·자격증명 및 당직유지의 기준에 관한 협약(Standards of Training, Certification and Watchkeeping, 이하 STCW)'을 2010년 소위 마닐라 개정(Manila Amendments)을 통해 보완한다(IMO, 2011). STCW는 모든 해기사가 이행해야하는 의무 훈련내용을 담고 있는데, 마닐라 개정협약에는 특히 다음과 같은 사항이 추가되었다:

- 커뮤니케이션과 브리핑(communication and briefings)
- 권한, 자기주장, 관리스타일(authority, assertiveness, management styles)
- 인간의 실수(human error)
- 판단과 의사결정(judgement and decision making)
- 비상 상황에서의 리더십(leadership in emergencies)
- 문화적 인식(cultural awareness)

위 내용들은 일반적으로 '승무원/선교자원관리 교육(Crew/Bridge Resource Management Traings, 이하 CRM/BRM)'에서 다루어진다. CRM훈련은 원래 항공기 사고의 원인이 항공기 내 커뮤니케이션과 의사결정(즉, 비기술적 능력)에 있어 반복적으로 나타나는 실수에 기인한다는 조사결과들이 나오면서 항공운항 분야에서 먼저 개발되었다. 훈련의 목적은 비기술적인 직무역량을 함양하고 구성원 간의 효과적인 상호작용 과정을 정착시키는데 있다. 적어도 항공분야에서는 이러한 훈련이 성공적으로 정착한 것으로 평가받고 있다.

하지만 항공분야와는 달리 해운분야에서는 여전히 BRM과 CRM에 대한 이해나 활용이 걸음마 단계에 머물고 있다. 대부분의 경우 커뮤니케이션이나 의사결정과 같은 비기술적인 직무능력이 확충되어야 한다는 사실에는 어느 정도 공감대를 형성하고 있지만, 동시에 이를 단순히 항공분야에서 베껴오는 것 정도로 생각하여 거부하는 경향도 분명히 존재하고 있는 현실이다. 실제 대부분의 해운분야 CRM 훈련은 두 분야에서 사용되는 개념들이 거의 유사하다는 가정 아래 항공분야에서 적용되고 있는 것들을 그대로 들여오고 있는 상황이다. 하지만 항공운항과 해운운항의 공통점은 그리 많지 않으며, 선박의 선교 내 임무스펙트럼이 항공기 내 운항업무보다 훨씬 더 복잡하고 많은 업무를 포함하고 있다는 사실이 간과되고 있다. 해사안전분야에 속한 스웨덴 클럽 아카데미(Swedish Club Academy)는 '해사자원관리(Maritime Resource Management)'라는 이름으로 해상운항의 특수성과 조건(여기에는 선원들의 문화다양성도 포함됨)에 부합할 수 있는 훈련모델을 개발하였다. 이전 교육과정에서는 문화와 타문화와의 소통이라는 주제는 평균 단 1,7시간 정도 다루어졌는데, 스웨덴 클럽 아카데미에서 개발한 과정에는 문화적 인식(Cultural Awareness), 리더십, 팀워크, 커뮤니케이션 등의 주제가 일주일간 진행되는 교육과정 안에 주요주제로 구성되고 있다. 그럼에도 불구하고 '인적자원(human resource)'이라는 용어의 사용은 인간의 가치보다 자본의 가치, 즉 선내 구성원의 관점이 아니라 선주와 선박관리자 관점에서 선내 인력을 물화시켜 최소비용 투입에 최대이익을 위한 목적으로 활용한다는 관점이 내재되어 있다.

이상의 상황들을 통해 판단해보면, 어떠한 기준에 근거하든 문화적으로 이질적인 구성원들 간의 선내 협력 업무에 관한 내용이 앞으로 해기 및 선원 교육훈련에 있어 점점 더 중요한 부분으로 부각될 것이라 예상된다. 기존연구들을 통해 분석한 결과, 지금까지 해상운송 분야는 기술역량 습득을 지나치게 강조한 나머지 (선내 구성원들 간의 관계문제나 구성원 개인의 심리적인 문제와 같은) 비기술적인 역량에 대해서는 등한시하여 왔음을 확인할 수 있다. 더욱이 급격한 산업구조의 개편과 노동시장 환경의 변화, 젊은 세대의 선원직 기피로 인한 선원인력 시장의 변화와 도전에 직면하고 있는 국내 해운산업분야 역시 선박을 단순히 영리추구의 공간으로 보는 것이 아니라, 인간의 가치를 추구하고 사람과 사람, 사람과 기술, 기술과 기술이 만나 조우하고 소통하는 '문화교섭의 공간'임을 빨리 인식하여 새로운 패러다임으로의 전환이 필요할 것으로 보인다.

6. 특정 집단의 일반적인 성향과 자아 정체성

다음은 해양수산부 중앙해양안전심판원이 2016년 5월 17일 발간한 '외국인 선원 이해를 위한 한국인 선원 가이드북'과 관련한 기사 내용이다. 가이드북에 실린 인도네시아, 베트남, 중국, 필리핀 선원에 대한 설명은 실제 국내 상선사관들이 가지고 있는 그들에 대한 고정관념과 별반 다르지 않다. 이처럼 특정 지역이나 사회의 문화를 분석함에 있어 해당 지역이나 사회의 문화를 고정관념화(stereotyping)한다는 비판을 받지 않을 수 없다. 그럼에도 불구하고 특정 집단의 문화적 성향을 기술하는 '문화적 일반화(cultural generalization)'가 왜 필요하며, '고정관념화(stereotyping)'와는 어떻게 구분 가능한지 설명해보시오.

한국일보 2016년 05월 18일 (수) 12면 사회

중국 선원은 불결… 필리핀 선원은 인내 부족?

해수부 한국선원 위한 가이드북
국가별로 부정적 편견 담아
외교 마찰 우려 수거해 수정해야

해양수산부 중앙해양안전심판원(이하 해심원)에서 외국인 선원의 특성을 설명하기 위해 발간한 가이드북이 외국인에 대한 편견과 선입견을 조장하는 내용을 고스란히 담고 있어 논란이 일고 있다.

17일 발간된 '외국인 선원 이해를 위한 한국인 선원 가이드북' 어선편에서 가장 문제가 되는 부분은 3장 '주요국별 외국인 선원 특성 및 관습'이다. 인도네시아, 베트남, 중국, 필리핀 등 4개국 출신 선원의 지휘요령과 주요 특성 및 관습 등을 설명한 부분이다. 중국인 선원에 대해 "일반적으로 침실 정리정돈 및 위생상태 등이 불결한 경향이 있으니 위생상태 등을 수시로 점검하고 교육해야 한다"거나 "대부분의 사회주의 국가 국민들과 마찬가지로 지시한 일에만 관심을 가지고, 능동적으로 바쁘고 급한 일부터 처리하는 센스가 부족"하다고 묘사했다. "일반적으로 술, 도박을 좋아하는 편"이라는 내용도 담겨 있다.

해수부 발간 가이드북에서 외국인에 대한 편견을 조장하는 부분

필리핀 선원이 지시사항을 확실히 이해하고 있는지를 알기 위해 지시사항을 복창하게 하는 것이 중요하다.

필리핀 선원에 대해서는 "인내가 부족한 편이며, 쉽게 일에 대한 흥미를 잃는다" "솔선수범이 없으며 시키지 않는 일은 하지 않고 일을 미루는 편이다" "자존심이 강해 자신의 잘못을 쉽게 인정하지 않는 편이다" "타인에 대한 배려와 공중도덕이 부족한 편이다" 등으로 표현했다.

또 인도네시아 선원의 경우 "일반적으로 순진하지만, 쉽게 흥분하고 반발하는 경우도 많기 때문에 특별한 주의가 요망된다"라고 주의를 주는가 하면, 베트남 선원에 대해서는 "업무상 잘못에 대해 지적하거나 시정을 요구하면 자신의 실수를 시인하고 곧바로 시정하는 반면 자기 행위에 대한 핑계나 변명으로 일관하는 경우도 있다"라고 표현했다. 이 밖에 "외국인들은 자기업무에 대한 만족도와 책임감이 한국인에 비해 많이 떨어진다고 볼 수 있다"라든지 "외국인들은 많은 자격지심을 갖고 있다"는 설명도 있다.

해수부에 따르면 국내 어선에 승선하는 외국인 선원은 2010년 1만5명에서 2014년 1만3,141명으로 지속적으로 늘고 있는 추세다. 이들과의 원만한 승선을 위한 가이드라인이 필요는 하지만, 인종·민족적 편견을 조장하는 건 도리어 부작용을 초래한다는 지적이 나온다.

김형완 인권정책연구소 소장은 "이 가이드라인은 해당 국가 사람들에 대한 부정적인 편견을 일반화, 고착화시키고 있다"며 "가이드라인이 배포되면 외교적으로도 마찰을 빚을 수 있는 만큼 수거해 수정해야 한다"고 말했다.

세종=김진주 기자

19.5 X 15.8 cm

다음은 여수시가 농림수산부 지원을 받아 2018년 5월 한국 어선에 승선하는 외국인 선원들을 위해 발행한 "Guide to Happy on Board for Foreign Crew Members"라는 제목의 영어 가이드북의 일부이다. 아래 부분에 실린 한국 어선의 업무문화에 대한 설명은 한편으로는 우리의 업무문화에 대해 잘못된 고정관념을 만들어내는 바람직하지 못한 정보를 담고 있다고 볼 수도 있고, 다른 한편으로는 적어도 한국 선박의 업무문화가 낯선 외국인 선원들에게 최소한의 방향설정 역할을 충분히 할 수 있을 것이라는 긍정적인 해석도 가능하다. 이러한 양면적인 문제를 극복하기 위해 이 가이드북에 추가되어야할 내용은 무엇이라고 생각하는지 구체적으로 설명하시오.

Importance of Cooperation and Harmony

In Korean work culture, cooperation and harmony are highly valued. People tend to help out others who have not finished their own work so that all can rest together. Those who rest after completing only their own work while others are still working may be viewed as selfish. Sometimes even though you have done your work correctly you may be reprimanded collectively together with your colleague who has done something incorrectly.

다양한 문화적 정체성이 조우하는 상황 속에서 일어나는 구성원들의 행동양상을 분석하기 위해서는 역시 다양한 분석 기준들이 마련되어야 한다. 앞서 언급되었듯이 개인이란 존재자체가 '다문화적 실체(multicultural entity)'이며, 개인은 상황에 맞게 자신이 속해있는 다양한 정체성에 적합한 (문화적) 행동과 반응을 할 수 있어야 한다. 이러한 다양한 정체성을 결정짓는 기준에는 성(性), 민족, 언어, 출신지역, 세대, 학력, 종교, 국가 등이 있을 것이다. 예를 들면, 한 개인은 자신의 성별에 따라 남성 집단이나 여성 집단에 속할 수 있다. 그리고 그가 서울에 거주지를 가지고 살아간다면, 부산사람들보다 서울사람들과 더 많은 시간을 보내기 때문에 서울거주자 집단에 속할 것이며, 해상운송 분야 종사자들은 해양수산계 대학 출신이나 선원과 관련한 교육을 받은 사람들이 대다수를 차지할 것이며 대개 유사한 배경을 지닌 사람들과의 교류가 더 많으므로 특정 집단에 속하는 것이며, 마지막으로 대한민국이라는 국가에 소속된 한국인 집단의 범주에 속해 살아가는 것이다.

이들 각 문화 정체성의 층위들은 서로 상호 보완적인 관계에 있으므로 특정 하나의 층위를 분석할 때 동시에 다른 층위를 결부시켜 논의하는 것은 그리 바람직하지는 않다. 따라서 '국가문화'라는 층위를 연구함에 있어서도 '해당 국가 내 특정지역의 문화'라는 층위를 동시에 논할 수는 없는 것이다. 예를 들어, 필리핀 선원과 한국인 선원의 일반적인 문화적 행동성향을 서로 대조 분석할 때, 한국인 선원들의 출신지역의 차이에서 연유하는 부산출신과 서울출신의 차이를 논하는 것은 별로 의미가 없다. 또 양국의 공장근로자 집단과 대학교수 집단의 '아비튀스(habitus)'[5]를 비교 연구한다고 했을 때, 국가문화 차원의 비교 분석은 의미를 상실할 수 있다. 여러 가지 측면에서 필리핀 공장근로자와 한국 공장근로자 사이에서 나타날 수 있는 공통점이 한국 공장근로자와 한국 교수 사이의 그것보다 훨씬 많을 수 있기 때문에 국가라는 범주를 초월한 직업 간 공통점 비교가 더 강조되는 것이다. 그러므로 다양성의 정체성이 조우하는 상황에서 일어나는 우발적 상황이나 사건에 대한 분석을 진행할 때에는 대개 여러 가지 문화 층위들 중 하나를 선별하여 논의하게 된다. 그리고 이 선택된 문화층위는 다른 층위들보다 훨씬 더 명확하게 해당 상황

5 어느 사회나 집단이든 보이지 않는 집단적 합의에 따라 개인과 구조를 연결하는 공유된 집단적 성향의 무의식 구조가 존재한다. 프랑스의 사회학자 피에르 부르디외(Pierre Bourdieu)는 이를 '아비튀스'라고 칭한다.

을 잘 드러내는 범주에 속해야 한다. 그래서 특히 기업현장에서 국적이 다른 실무자들 간의 상호작용 행위에 대한 문화비교 연구는 일반적으로 '국가'라는 문화층위를 대상으로 하는 경향이 있다.

앞서 인용한 해양수산부 중앙해양안전심판원이 2016년 5월 발간한 '외국인 선원 이해를 위한 한국인 선원 가이드북'과 여수시가 2018년 5월 발간한 '한국 어선에 승선하는 외국인 선원들을 위한 가이드북'은 이러한 측면에서 '국가문화'의 층위를 강조하고 있다고 할 수 있다. 하지만 앞서 상술하였듯이 문제는 어선이든 상선이든 선박이라는 공간은 단순히 국제기업의 행동맥락에서 다른 국적의 구성원들이 만나 일시적으로 일하는 공간으로 접근하여서는 안 된다는 것이다. 즉, 다문화사회의 특수성도 함께 지니고 있는 선박이라는 공간에서의 문화충돌의 층위를 단순히 국적을 기반으로 한 상이한 국가문화의 충돌 양상으로 해석하는 오류를 범하고 있는 것이다.

나아가 이러한 '국가문화'라는 고안된 범주를 사용함에 있어 단편적인 관찰이나 특정집단의 사람들에 의해 파편적으로 경험한 특정 국가 사람들의 문화적 성향을 성급하게 일반화 및 정형화시키는 위험이 있음은 자명한 사실이다. 하지만 이 정형화된 스테레오타입(stereotype)을 잘못된 선입견과 동일시해서는 안 된다. 예를 들어, 어떤 한국인 선원이 '필리핀 선원은 자존심이 강하다'라는 진술을 다른 한국인 선원들에게 자신의 개인적인 경험을 바탕으로 필리핀 부원들의 일반적인 성향으로 전달했다고 가정해보자. 여기서 이 한국인 선원의 필리핀 선원에 대한 진술은 적어도 해당 한국인 선원의 지금까지의 경험에 입각하면 올바르다고 할 수 있다. 즉, 자신이 승선해서 만난 대부분의 필리핀 부원들이 어떤 과업을 지시받아 일을 진행하다 실수를 하면 그 실수를 잘 인정하지 않으려는 성향을 보였던 것이다. 이 한국인 선원은 이러한 자신의 경험을 향후 필리핀 선원들과 같이 승선할 다른 한국인 선원들에게 전달할 수 있다. 하지만 이 진술에는 두 가지 맹점이 있다. 하나는 스테레오타입을 만들고 있다는 것이고, 다른 하나는 지나친 일반화의 오류를 범하고 있으며 가치판단이 개입되어 있다는 사실이다. 자신과 함께 일했던 대부분의 필리핀 선원들이 이 진술에 부합하는 행동성향을 가지고 있었으므로 그의 경험에 기반하면 그의 진술은 옳다고 할 수 있지만, 이에 상반되는 성향을 가진 수많은 필리핀 선원들이 존재한다는 사실을 간과해서는 안 된다. 또한 이 진술을 그저 부정적인 판단으로 칭할 수만은 없다. 실제로 '필리핀 선원들은 자존심이 강하다'라는 진술은 상황에 따라서 '일관성이 있다', '자의식이 강하다', '융통성이 없다', '믿을 만하다' 등 다양하게 해석될 수 있다.

하지만 상황에 맞게 차별화하기 위한 진술은 부정확하고 논리성이 결여된 고정관념식 진술에서는 일어나지 않는다. 그러므로 일반화라는 것은 절대 진술이 아니라 주어진 상황에 따른 성향을 기술하는 상대적인 진술로 이해해야 한다. 만약 '필리핀 선원들은 한국인 선원들보다 개인주의적이다'라고 일반화 한다면, 이는 '필리핀 선원들이 한국인 선원들보다는 더 개인주의적인 성향이 강하다'는 의미이지, '모든 필리핀 선원들이 모든 한국인 선원들보다 더 개인주의적이다'라는 의미를 담고 있지는 않다. 이러한 국가문화 간 비교를 도식화해보면 아래와 같다.

'필리핀/한국' 문화차원 이론 기반 국가문화 비교

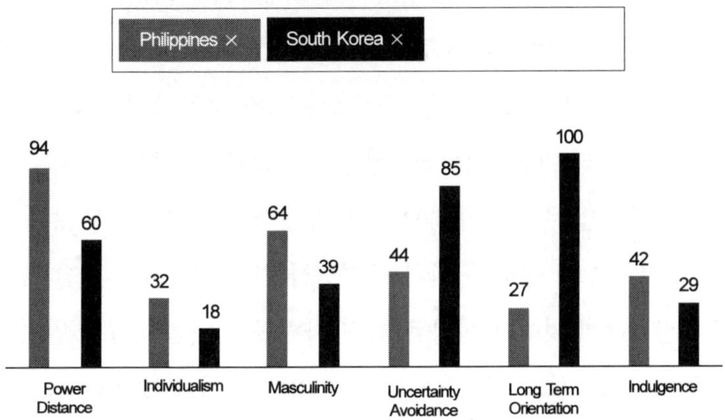

출처: https://www.hofstede-insights.com/product/compare-countries/

위 그림은 홉스테드의 문화차원 이론에 입각하여 조사된 필리핀과 한국의 '권력거리, 개인주의, 남성성/여성성, 불확실성회피, 장기지향/단기지향, 절제/방종' 6가지 문화차원 지수를 조사한 결과이다. 이 중 권력거리와 개인주의 지수를 기반으로 두 국가의 문화차원을 비교하여 해석해보면, 필리핀인은 한국인보다 권력거리 지수가 높아 권력이 불평등한 분포를 한국인에 비해 더 잘 수용하는 경향이 있는 것으로 드러난다. 그리고 필리핀인은 한국인보다 더 개인주의적인 성향이 강하다고 나타난다. 이는 각 국가의 일정 표본을 대상으로 한 응답자의 조사 결과를 바탕으로 특정 문화차원의 지수로 각국의 일반적인 문화적 성향을 수치화하고, 두 국가의 결과 값을 비교함으로써 양국의 문화적 성향에 대한 상대적인 비교를 가능하게 한 것이다. 다시 말해 모든 필리핀인들이 권력거리 지수가 높고 개인주의 성향이 높다는 것이 아니라 동일한 조사결과에 대한 양국 표본 집단의 일반적인 성향을 제시하고 있다. 그러므로 필리핀 사람들 중 권력거리 지수가 낮고 개인주의 성향이 낮은 사람들이 있음을 절대 배제하지 않는다. 특정 국가에 대한 근거 없는 일방적인 스테레오타입이나 편견과는 달리 이러한 문화적 성향을 일반화하는 진술은 해당 진술에 부합되지 않는 성향이 해당 국가에 존재함을 부인하지 않는다. 게다가 일반적으로 문화가 다른 구성원들 간의 접촉에서 해당 국가의 주요성향에서 벗어난 성향을 가진 사람들도 어렵지 않게 발견되기 때문이다. 그리고 이러한 해당 국가의 주류에서 '벗어난 성향을 가진 사람'이라는 표현 역시 해당 국가의 일반적인 주요성향에 대한 규정이 있어야 가능한 것이다.

'필리핀/한국/베트남' 문화차원 이론 기반 국가문화 비교

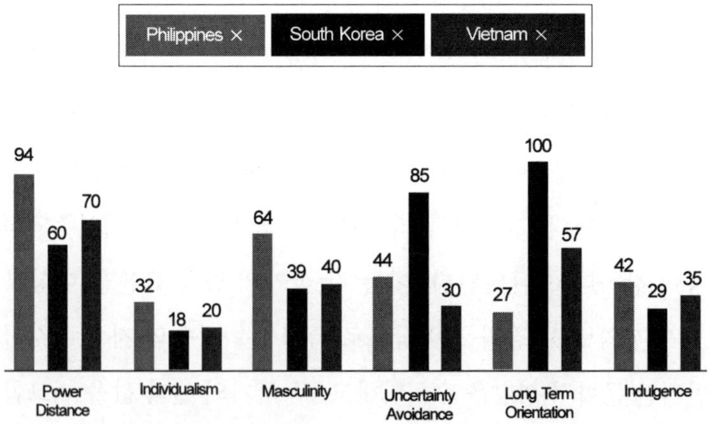

출처: https://www.hofstede-insights.com/product/compare-countries/

나아가 이와 같은 국가문화 비교는 여러 국가 간의 상대 비교도 가능하게 한다. 위 도식의 결과를 바탕으로 해서 분석해보면, 베트남은 필리핀에 비해 집단주의적 성향이 강하며, 베트남은 한국에 비해서 다소 미미하긴 하나 개인주의적 성향이 강하다는 상대적 비교를 할 수 있다. 다자간 비교분석을 통해 양자 간 비교에서는 드러나지 않았던 관점에 따른 성향비교를 가능하게 만들어준다. 여기서 중요한 것은 비교대상이 어디냐에 따라 진술내용은 달라질 수 있다는 점이다. 즉, 필리핀 선원을 한국인 선원들이 경험하고 하는 진술과 필리핀 선원을 덴마크 선원들이 경험하고 하는 진술의 내용은 다를 수밖에 없다. 이것이 바로 '문화의 상대성'이다. 이는 마치 '나'라는 개인을 주변에서 나를 경험한 사람들에 따라 조금씩 다르게 언급하는 것과 같은 이치이다.

이러한 경험을 조금 더 구체적으로 살펴보면, 우리가 대개 거울로 자신의 얼굴을 보거나 자신의 녹음된 목소리를 들을 때 '이게 정말 내 모습인가, 이게 정말 내 목소리인가' 하는 의구심을 품게 된다. 이와 같은 이치로 한국인이 아닌 다른 누군가에 의해 한국 문화가 설명되거나 이야기된 내용을 보면 '이거 맞지 않는데, 아냐 이미 많이 변했어, 아니면 너무 단편적인 설명인데'와 같은 지적을 하고 싶은 충동에 휩싸이곤 한다. 이러한 경험의 이유는 우선 앞서 설명했듯이 자신과 자신이 속한 문화에 대한 인식의 부재와 성찰의 부족이며, 그리고 또 다른 중요한 이유는 바로 '문화의 상대성' 때문이다. 내 얼굴이 내가 보는 거울의 크기와 각도 그리고 조명에 따라 달라보이듯, 우리 문화 역시 내가 보고 경험하는 것과 타자가 보고 느끼는 것이 다를 수밖에 없는 것은 당연한 것이다. 그러하기에 상대방의 나 자신에 대한 혹은 내가 속한 집단에 대한 진술에 대해 섣불리 반박하기에 앞서, 이러한 상대적인 관점에 대한 이해를 바탕으로 우리 자신을 객관적으로 바라볼 수 있는 시선을 갖도록 노력하는 것이 바람직한 소통의 방법 중 하나이다.

상이한 문화 정체성을 가진 행위자들이 만나서 상호작용하는 상황에서 해당 행위자들은 상대에 대한 최소한의 방향설정과 판단의 기본요소를 가지기 위해서 상대 집단, 즉 '국가문화'에 대한 일반화된 성향진술을 필요로 하는 것이다. 그리고 이러한 일반화된 성향진술은 각 진술의 상황과 맥락에 대한 구체적인 설명과 함께 '국가문화' 개념 안에서 사용되어야 한다. 그러므로 문화차이에 대해 논의할 때면 언제나 고정관념화(stereotyping)의 문제가 제기된다. 특히 앞서 인용된 가이드북들에서처럼 특정 집단 구성원들의 공통된 문화적 성향을 기술해야할 때 더욱 그러하다. 고정관념(stereotypes)은 마치 한 문화나 집단의 구성원 모두가 똑같은 특징을 공유하고 있는 것으로 인지할 때 발생하게 된다. 모든 종류의 고정관념은 문화 간 상호작용 과정에서 다음과 같은 이유로 매우 심각한 문제가 될 수 있다.

- 고정관념은 상대방에 대한 잘못된 이해를 제공한다.
- 고정관념은 그것이 긍정적인 것이든 부정적인 것이든 그저 부분적으로만 옳을 뿐이다.
- 고정관념은 자기충족예언(self-fulfilling prophecies)이 될 수 있다.

고정관념을 만들어내는 문제가 발생할 수 있음에도 불구하고 앞서 언급한 외국인 선원 가이드북과 같이 특정 집단의 문화적 성향에 대한 기술이나 설명이 필요한 자료에서 '문화일반화(cultural generalization)'는 불가피하다. 만일 문화차이에 대한 어떠한 추정이나 예측도 유효하지 않고 오히려 고정관념화를 통해 문제를 더욱 야기할 수 있다고만 주장한다면, 한 명의 개인을 어떠한 정체성에 의거한 소속 구분 없이 단순히 하나의 순수한 개인, 인간 개인의 존재로 바라보는 격이 된다. 특정한 신념이나 가치관에 대한 해당 집단의 다수 구성원들이 가진 생각으로 '문화일반화'를 이해한다면, 고정관념화의 문제는 해결될 수 있다. 다양한 모든 가능한 신념과 가치관이 모든 문화집단 그리고 모든 시대에 걸쳐 공통적으로 통용될 수도 있겠지만, 특정 집단이 다른 어떤 것 보다 더 선호하는 신념과 가치관이란 것은 반드시 존재하기 마련이다. 하지만 이러한 분석을 진행하는 입장, 즉 위에 인용된 가이드북과 같은 자료를 제작함에 있어 이러한 고정관념화나 지나친 일반화의 문제에 대한 조치가 반드시 마련되어야 한다. 즉, 최소한 특정 국가출신의 선원들에 대한 일반적인 성향을 기술하고 있다면, 이러한 진술들이 어디에서 어떻게 도출되었는지에 대한 명확한 근거자료가 제시되어 있어야 하며, 아울러 독자가 오해할 수 있는 고정관념이나 편견으로의 오용문제에 대한 명확한 언급이 필요하다. 나아가 특정 집단의 일반적인 성향을 기술하는 '문화일반화'는 다음과 같은 특징을 지닌다.

- 모든 상황에서 모든 사람에게 적용해서는 결코 안 된다.

■ 상대방의 행동을 예측하기 위해 처음 하게 되는 "추측 guess"일 뿐이다.
■ 정확성이 떨어지거나 필요 없으면 과감히 폐기해야 한다.

반대로 '고정관념'은 다음과 같은 특징으로 '문화일반화'와 확연히 구분되어야 한다.

■ 일반적으로 모든 상황에서 예외 없이 적용하는 경향이 있다.
■ 정확하지 않거나 쓸모없게 되어도 지속적으로 활용된다.

이 두 가지 개념에 대한 명확한 구분을 기반으로 한 상황진술과 분석이 전제되어야 이로 인해 야기될 수 있는 문제점을 사전에 예측할 수 있다. 하지만 이러한 문화일반화 진술들을 연구자든 독자든 어떻게 소화하고 받아들여 일상의 업무나 생활 상황 속에 활용하느냐의 문제는 여전히 남게 된다. 논리적 근거와 자료를 기반으로 이루어진 특정 집단의 일반적 문화성향에 대한 진술이 고정관념이 되느냐 의미 있는 문화일반화가 되느냐의 문제는 결국 개인의 선택의 몫이다.

> 우리가 누군가를 처음 만나 상대의 정체성을 파악하기에 앞서 선행되어야 하는 중요한 전제조건이 바로 '나 자신'의 정체성에 대해 먼저 생각해보는 것이다.

1) 지금 현재 당신의 가치관과 삶의 방식에 가장 많이 영향을 미친 문화 층위는 무엇인가? 가족, 민족, 국가, 학력, 출신지역, 전공분야 등 지금까지의 인생에서 현재 자신을 만드는데 가장 기여한 층위에 대해 생각해보자.

2) 현재 당신의 생활규범과 가치관에서 가장 중요한 주변의 공식적·비공식적 집단 소속감은 무엇인지 생각해보자.

3) 현재 당신이 업무하고 생활하는 곳, 그곳의 역사와 전통에 대해 생각해보고, 그것이 당신의 가치관과 삶의 방식과 얼마나 연관되어 있는지 생각해보자.

4) 그렇다면 나는 과연 누구인가?

II. 인지능력과 다양성

1. 인간의 한계와 다양성 담론

벨기에 초현실주의 화가 르네 마그리트(René Magritte)의 '이미지의 반역(Banque d'image)'이라는 그림이다. 화폭에 멀쩡하게 담배 파이프를 그려 놓고는 그림 밑단에 "이것은 파이프가 아니다. Ceci n'est pas une pipe."라고 적었다. 이 그림이 파이프가 아니면 무엇일까? 이 질문에는 여러 답이 가능하다. 그것은 파이프가 아닌 파이프 그림이라고 답할 수도 있고, 파이프를 그린 안료 덩어리라고 답할 수도 있다. 분명한 것은 그림 속의 파이프는 실제 파이프가 분명 아니라는 사실이다. 그림의 기만성은 거기에 있다. 따라서 이런 그림은 대상을 재현하는 그림의 기만적 본질과 관계한다. 혹은 언어의 불완전성을 회화로 번역한 것으로 이해될 수도 있다. 개별 사물들이 언어와 맺는 관계는 영구적이지 않고 임의적이다.

마그리트의 또 다른 작품 '꿈의 열쇠(La clef des songes)'에는 6개의 틀이 하나로 통합된 액자 속에 6개의 각기 다른 그림과 그 아래로 그림을 해설하는 6개의 단어가 나란히 제시되어 있다. 하지만 재현된 이미지와 그 밑에 달린 프랑스어 단어는 서로 일치하지 않는다(계란-아카시아, 검은 여성화-달, 중절모-눈(雪), 촛불-천장, 유리컵-폭풍, 망치-사막).

"우리들이 사물을 보는 시각은 무엇을 알고 있는가 또는 무엇을 믿고 있는가에 깊은 영향을 받고 있다. 중세 사람들이 지옥의 실재를 믿고 있을 때에는 불의 광경이 갖는 의미는 지금과 훨씬 달랐을 것이다. […] 우리들은 시선이 미치는 범주 내에서만 보게 된다. 그리고 보는 것은 선택이다. 이 선택 행위에 따라서 우리가 보는 것은 우리가 이해할 수 있는 범위 안에 포함된다."

출처: 존 버거 (2012), 『다른 방식으로 보기』, 열화당.

'그 유명한 파이프? 나는 거기에 대해 비난을 받을 만큼 받았다. […] 아니, 그것은 그려진 것일 뿐 파이프가 아니다. 만약 그 그림 아래에 "이것은 파이프다"라고 썼다면 나는 거짓말을 하는 것이 되었을 것이다.'

- 화가의 말 -

'이미지의 반역'이라는 그림에서 파이프는 바로 화가가 그린 '이미지'이고 '종이'가 실체이다. 우리는 처음 접하는 어떤 사물, 사람, 사건, 상황 등을 이 이미지와 실체 중 어떤 것으로 먼저 판단할까? 일반적으로 인간은 이들을 이미지로 판단하는 경향이 있다. 우리는 어떤 사람을 처음 만났을 때 보통 그 사람의 실체에는 별 관심을 두지 않고, 생김새, 외모, 옷차림 등 겉으로 드러나는 '이미지'를 '첫인상'으로 각인한다. 그리고 그 첫인상은 지속되는 경향이 있다. 페이스북이나 카톡과 같은 SNS에 올려진 우리 자신의 사진을 한번 생각해보자. 현실의 나와 비슷하지만 '더 예쁘고, 느낌 좋고, 뽀샵이 잘 된' 사진 속 나의 이미지일 것이다. 이상하게 나온 사진은 잘 올리지 않는다. 이는 우리가 이미 사람들이 나를 이미지를 보고 판단한다는 것을 의식하고 있으며, 그래서 의도적으로 또는 은연중에 나의 이미지를 관리한다는 것을 의미한다. 우리는 이미지를 소비하는 사회에 살고 있다. 이제는 더 이상 실체는 중요하지 않게 되었는지도 모른다. 아니, 어쩌면 이미지와 실체가 서로 뒤바뀐 현실 속에서 헤매고 있는지도 모른다.

(최진기(2012), 『인문학의 바다에 빠져라』, 스마트북스, 참조)

또 다른 이야기를 해보자. MBC TV에서 2015년부터 비교적 오랫동안 사랑받고 있는 예능프로그램인 '미스터리 음악쇼 복면가왕'은 오랜 공백으로 인해 대중에게 잊혀졌거나 편견에 가려져 있던 숨은 실력자들이 복면으로 얼굴을 가리고 목소리만으로 노래 실력을 뽐내는 프로그램이다. 이 프로그램은 두 사람이 노래 대결을 펼친 뒤 더 많은 표를 얻은 사람이 다음 라운드에 진출하고, 첫 번째 라운드에서 패배한 참가자들은 노래를 한 곡 더 부르며 가면을 벗고 두 번째 라운드부터는 추가 곡 없이 가면을 벗는다. 이 프로그램의 PD는 예능작품상을 받으면서 '복면가왕'이 '편견을 깬 프로그램'이라고 수상소감을 밝혔다. 그가 말한 편견이란 무엇일까? 이런 것들일 것이다. '얼굴이 예쁜 아이돌 여자 가수는 노래 실력이 별로다.' 아니면 '아이돌 출신 가수들은 비주얼만 화려하다.' 등과 같은 일반 시청자들의 머릿속 편견들을 말한 것이다. 이런 편견들은 연예인 판정단 심사위원들의 진술에서도 흔하게 발견된다. 한 심사위원은 청아한 음색을 듣고 '예쁜 목소리를 가졌다. 외모가 예쁠 것'이라고 칭찬한다. 하지만 이러한 편견들이 깨어지는 것은 일반인들의 인식과 다르게 예쁜 아이돌 그룹

여자 가수가 가창력이 뛰어나다는 것을 인식하는 순간일 것이며, 또 전혀 예상하지 못했던 인물이 감춰졌던 가면을 벗고 나올 때이다. 복면가왕이 깨뜨린 편견은 실체가 아닌 이미지만을 소비하는 우리들의 인식인 것이다.

출처: http://www.theinvisiblegorilla.com/index.html

1990년대 후반 하버드대 심리학과 대학원생이었던 크리스토퍼 차브리스(Christopher Chabris)와 심리학과 조교수였던 대니얼 사이먼스(Daniel Simons)는 1970년대 인지심리학자인 울릭 나이서(Ulric Neisser)가 진행한 시각적 주의력과 인식에 대한 일련의 연구를 바탕으로 공동실험을 진행하였다. 이들은 비어 있던 심리학과 건물의 한 층을 무대로 삼고 학생들을 연기자로 참가시켰다. 학생들은 두 팀으로 나뉘어져 움직이며 농구공을 패스했고, 이 장면을 동영상으로 담았다. 두 팀 중 한 팀은 흰색 셔츠를, 다른 한 팀은 검은 색 셔츠를 입었다. 이렇게 촬영한 동영상을 1분 정도로 편집하여 캠퍼스를 다니며 일반대학생들을 대상으로 실험을 진행하였다. 실험 응답에 참여한 학생들에게 검은 셔츠 팀의 패스는 무시하고, 흰 셔츠 팀의 패스 횟수를 정확히 세어달라고 요청했다. 동영상이 끝나자마자 흰 셔츠 팀의 패스 횟수가 몇 번인지 물었다. 현재 우리가 온라인으로 볼 수 있는 최종 편집 동영상의 경우, 정확한 패스 횟수가 15회이다. 하지만 이 실험에서 정작 중요한 것은 흰 셔츠 팀의 정확한 패스 횟수를 맞추는 것이 아니었다. 동영상 중간에 고릴라 의상을 한 여학생이 약 9초 정도 무대 중앙으로 나와 선수들 사이에 멈춰 서서 카메라를 향해 가슴을 치고는 유유히 걸어 나간다. 연구자는 실험대상자인 학생들에게 패스 횟수를 질문한 후 이와 관련한 질문을 했다.

질문: 패스 횟수를 셀 때 뭔가 이상한 걸 느끼셨나요?
대답: 아뇨.
질문: 선수들 말고 눈에 띄는 게 없었나요?
대답: 음, 엘리베이터가 있었고, 벽에 'S'자가 그려져 있었어요. 그 'S'자가 뭘 뜻하는지는 모르겠어요.
질문: 선수들 말고 눈에 띄는 누군가는 없었나요?
대답: 없었어요.
질문: 고릴라 보셨나요?
대답: 네? 뭐라고요?[6]

이 실험에 참가한 학생들 중 절반정도가 고릴라를 인지하지 못했다고 한다. 이후 실험 팀은 여러 가지 다른 조건에서 다양한 대상

6 크리스토퍼 차브리스 외 (2010), 보이지 않는 고릴라, 김영사, p. 20f.

자들을 대상으로 반복해서 실험을 진행하였다. 하지만 이어진 실험들에서도 약 50%이상의 응답자가 고릴라를 보지 못한 것으로 드러났다. 실제로 필자가 이 영상을 가지고 강의실에서 학생들을 대상으로 실험해보면, 보이지 않는 고릴라 실험에 대한 선행지식이 없거나 이 영상을 본적이 없는 학생 집단의 경우, 대부분 고릴라의 등장을 인지하지 못하였다. 우리는 짧지 않은 시간 동안 무대 중앙을 유유히 걸어서 지나가는 고릴라를 왜 보지 못하는 것일까? 연구자들은 이러한 인지의 오류 현상을 '무주의 맹시(inattentional blindness)'라고 칭한다. 실험에 참가한 학생들이 시각 체계에 문제가 있어 고릴라를 보지 못한 것이 아니라 눈이 특정 위치를 향하고 있지만 주의가 다른 곳(흰 셔츠 팀의 패스 횟수 세기)에 있어서 눈이 향하는 위치의 대상(고릴라의 움직임)이 지각되지 못한다는 것이다. 일종의 편시(偏視) 현상으로 정작 중요한 사항을 놓치는 상태를 일컫는다. 사람들은 눈에 보이는 세상의 특정부분의 모습이나 움직임에 주의를 집중하고 있을 때 예상치 못한 사물이 나타나면 이를 알아차리지 못하는 경향이 있다는 것이다.

<한붓그리기>

직선 4개를 그어서 9개의 점을 모두 연결해보시오. 선을 긋는 동안 펜을 종이에서 떼면 안 됩니다. 같은 선 위를 다시 지나가서는 안 됩니다.

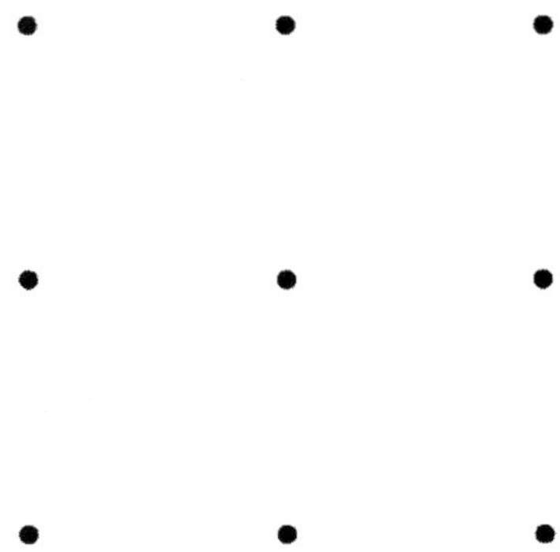

<곰의 색깔은?>

곰 한 마리가 A지점에서 출발해 남쪽으로 1킬로미터 걸어간다. 그리고 그곳에서 방향을 바꿔 동쪽으로 1킬로미터 간다. 그리고 거기서 또 다시 방향을 바꿔, 북쪽으로 1킬로미터 걸어갔다. 그랬더니 출발점인 A지점에 다시 도착하게 되었다. 이 곰은 무슨 색일까?

인간의 관점과 선택은 한계가 있다. 인간은 선택적으로 바라보고 인지하고 이해한다. 우리가 위 한붓그리기 문제와 곰의 색깔을 묻는 퀴즈가 의외로 쉬운 답을 가지고 있음에도 불구하고 문제를 처음 받았을 때 그 쉬운 해결책을 쉽게 떠올리지 못하는 이유는 무엇일까? 인간은 정신의 프로그래밍을 통해 무의식적으로 작동하는 기제에 영향을 받아 판단하고 지각한다. 다시 말해, 우리의 뇌는 일반적으로 스마트폰의 패턴처럼 생긴 9개의 점이 마치 뚜렷한 경계선을 가진 정사각형으로 인지하도록 프로그래밍 되어 있다. 또 둥근 모양의 지구를 2차원의 평면으로 재현해놓은 지도에 입각한 공간 지각에 익숙해있다. 그래서 대부분의 사람들은 점들이 만들어 놓은 경계선 밖으로 나갈 시도를 쉽게 하지 못하는 것이며, 지구는 무의식적으로 평면이라고 생각하는 경향이 있어 곰의 색깔을 알아내기 어렵다.

우리는 이렇듯 무의식적 기제로 작동하는 경계선이라는 보이지 않는 틀을 벗어나기 위해 부단히 노력할 필요가 있다. 유럽의 중세가 르네상스 시대를 거쳐 신 중심에서 인간 중심의 시대로 재편되는 과정은 인간관에도 커다란 변화를 가져왔다. 인간 중심의 인문주의적 관점 교육은 인간은 감성보다 이성을 더 선호하고, 합리적이고 논리적으로 삶을 살아간다는 인간관이 오늘날까지 굳게 인식되게 만들었다. 하지만 앞서 나온 일련의 퀴즈나 실험들은 이러한 계몽주의적 인간관에 의문을 제기한다. 다시 말해, 과연 인간은 합리적으로 선택하고, 이성적으로 사고하여 행동하고 말하는 가에 대한 문제제기이다. 예를 들어 보자. 우리가 영화 속 슬픈 장면을 보면서 눈물을 흘리는 행위가 과연 뇌의 이성적인 판단과 명령에 따라 눈물샘이 자극되고 그를 통해 눈물이 눈에서 흘러내리는 과정을 거치는 것인지, 아니면 이성보다는 감성의 자극으로 본능적 그리고 무의식적으로 눈물이 흘러나오는 것인지 한번 생각해볼 필요가 있다. 어쩌면 배우가 인위적으로 눈물을 흘리는 연기를 하지 않는 한, 후자의 경우가 더욱 설득력 있게 다가온다. 미국의 신경생물학자 로저 스페리(Roger W. Sperry)는 심지어 인간의 뇌에 대해 다음과 같은 가설을 세웠다.: '인간에게 독립된 자아란 없으며 우연한 일련의 선택을 마치 필연처럼 끼워 맞춘 것을 '자아'라고 착각한다.' 그에 따르면, 우리의 뇌는 감각기관이 전달하는 정보를 그대로 믿지 않고 해석한다. 이는 눈으로 보는 정보와 뇌에 도달하는 정보의 양이 크게 다른 데서 비롯된다. 우리가 눈을 통해 보는 것의 10분의 1만 시신경에서 처리하고, 최종적으로 뇌에 전달되는 정보는 망막에 표시된 내용 중 3000분의 1에 지나지 않는다는 것이다. 따라서 뇌는 제공된 정보에 인간 개인이 가진 사전 지식과 경험을 더하고 상황이 어떻게 돌아갈 것인지를 가정하면서 판단한다는 것이다. 그리고 중요하지 않은 내용이나 바뀌지 않은 내용은 정보에서 제거시키면서 정보를 처리해 경우에 따라 눈으로는 보지만 뇌는 인식하지 못하는 상황이 발생할 수도 있다. 이것이 바로 앞서 실험과 퀴즈를 통해 밝혀낸 '무주의 맹시'와 '지각능력의 한계'이다.

그렇다면 이러한 인간의 무주의 맹시 성향과 선택적 지각능력이 타자와의 소통에서 어떠한 영향을 미치게 될까? 인간은 타자와 소통할 때 일반적으로 자신의 관점에서만 생각하기 바쁜 나머지 상대방의 관점을 보는데 실패한다. 이것이 바로 우리가 실제 그곳에 존재하지 않는 것을 존재하는 것으로 착각(예, 착시현상)하며 바라보는 이유이다. 이로 인해 우리는 물리적인 특징이나 요소만 가지고 누군가에 대해 잘못된 첫인상을 만들고 그것이 진실이라고 믿는 경향이 있다. 한번 상상해보자. 선장인 나는 새로 승선한 3등 항해사를 배에서 처음 만났다. 내 앞에 서 있는 상대방은 평범한 '3등 항해사'일 뿐인데, 내가 보고 싶은 관점에 따라 그는 '여성 3등 항해사', '목포해양대 출신 3등 항해사', '해사고 출신 3등 항해사', '신세대 3등 항해사', '인도인 3등 항해사', '팔에 문신을 한 3등 항해사' 등으로 미리 재단되고 예측된다. 그러면서 나 자신이 상대를 아주 선명하고 명확하게 보고 판단하고 있다고 굳게 믿는다. 하지만 사실은 당장 관심을 쏟는 부분을 제외한 나머지 부분은 전혀 인지하지 못한다. 그러므로 우리는 눈앞에 상대방이 있으면 그를 분명히 본다고 생각하지만, 사실 우리가 그 순간 인지하는 것은 그저 눈에 보이는 세상의 일부일 뿐이다.

실제 우리가 경험하는 시각적 세계는 우리 자신이 생각하는 만큼 넓지 않다. 이러한 주의력 착각은 아무리 주의를 기울여도 한계가 있다는 사실을 충분히 인지하고 깨닫는다면 어느 정도 최소화시킬 수 있을 것이다. 이것이 바로 우리가 타자와 소통할 때 반드시 필요한 자세이다. 실재하지 않는 '코끼리'라는 보이지 않는 '프레임(frame)'을 의식적으로 깨는 것이다. 우리는 눈으로 세상의 모든 것을 객관적으로 예리하게 바라보고 인지하고 있다고 착각하며 살아간다. 우리는 어떤 것을 바라보고 인지하는 과정에서 이미 나 자신의 목적과 관점으로만 생각하고 이로 인해 다른 가능한 모든 관점과 시선을 놓치거나 의도적으로 배제하게 된다. 우리는 눈앞에 보이는 현실, 그 뒷면에 숨겨진 실체를 바라보려고 노력하고 또 노력해야 한다. 타자와의 소통 과정에서도 상대방이 말하고자 하는 것만 보고 듣지 말고 상대방의 관점을 경청하고 이해해야만 한다. 그러기 위해서는 먼저 우리 자신의 인지능력의 한계를 인정하고 성찰하며, 또 이를 부단히 의식하며 살아가야 한다.

그렇다면 논의를 개인과 개인 사이의 소통 문제에서 우리 사회에서 일어나는 현상들로 확대해보자. 앞서 마그리트의 그림에서처럼 우리는 '이미지'에 심취한 나머지 정작 중요한 '실체'를 놓치고 살아간다. 누군가를 만나 소통할 때도, 나와 소속이 다른 집단과 미팅을 할 때도, 나의 관점에서 고정된 상대방에 대한 이미지가 그 사람의 실체인양 믿으며, 그의 행동과 반응을 섣불리 판단하고 예측한다.

2014년 4월 16일 대한민국에서는 사실에 대한 의도적 무시로 '거대한 배는 가라앉지 않는다.'는 사실이 왜곡되어 거대한 배가 가라앉았다. 선사의 시선이 오로지 수익에 쏠린 나머지 선체의 구조변경으로 거대한 배가 가라앉을 수 있음을 간과한 것이다. 이것이 '무주의 맹시' 현상이다. 하지만 이런 참사 이후에도 우리는 계속해서 안타까운 해상사고들을 경험해야만 했다.

부산일보 2017년 04월 05일 (수) 03면 종합

노후 개조선박 '선체 균열' 사례 있었다

24년 전 건조한 스텔라 유니콘호 부두 충돌 후 균열 발생해 수리 중

스텔라 데이지호처럼 24년 전 유조선으로 건조된 이후 광석 운반석으로 바꾼 또 다른 선박이 균열(crack)로 인해 최근 수리를 받고 있는 것으로 본보 취재 결과 드러났다. 스텔라 데이지호도 균열로 침몰했다는 진술이 나온 만큼 '노후 개조선박'이 근본적인 사고 위험을 안고 항해를 하고 있는 것 아니냐는 의혹이 제기되고 있다.

본보 취재 결과 지난달 중순 브라질에서 철광석을 싣고 중국으로 향하던 '스텔라 유니콘호'가 선수 우측에서 10~15㎝ 크기의 균열이 발생한 것으로 확인됐다.

스텔라 유니콘호는 길이 320m, 폭 56m로 초대형 광석 운반석이다. 다행히 균열이 크지 않아 해수 유입량은 많지는 않았지만, 선사 측과 협의를 통해 가까운 남아프리카공화국 케이프타운 한 묘박지에 이달 초 접안했다. 현재 선사 측은 현지에 직원을 파견해 외주 수리 업체와 정확한 파손 원인을 파악하고 있다.

선사 관계자는 "브라질 부두에 입·출항할 당시 배를 밀고 당겨주는 '터그 보트' 등에 부딪쳐 균열이 간 것으로 보인다"면서 "선체 강도 등에 문제가 없었던 선박으로 노후화가 아닌 외력에 의한 손상"이라고 말했다.

그러나 '스텔라 데이지호'도 균열로 인해 침몰된 것으로 추정되면서 노후 개조선박의 기본적인 선체 강도 등이 충격에 약했던 것 아니냐는 의혹이 일고 있다. 특히 전문가들은 "초대형 화물선이 부두와의 충돌로 인해 균열이 발생하는 경우는 거의 없다"고 말했다.

한국해양대 해양경찰학과 윤종휘 교수는 "대형 화물선의 경우 충돌하더라도 대부분 균열이 가기보다는 외판이 움푹 패이거나 휘어지는 형태가 된다"고 말했다. 한진해운 출신 한 항해사(32)는 "4년간 배를 타는 동안 터그보트나 부두와 부딪쳐 배에 균열이 간 적은 없었다"면서 "노후화로 인해 선체 강도가 약해졌을 경우 작은 충돌에도 균열이 갈 수 있다"고 말했다.

이승훈 기자 lee88@

15.6 X 14.7 ㎝

물론 내가 포착한 상대방의 그 '첫인상'이 항상 틀린 것은 아니지만 말이다. 우리는 사회 내 여러 이해 집단의 갈등이나 상대방의 의견은 도무지 들으려고 하지도 않는 정치인들의 모습 속에서 무수히 많은 '무주의 맹시(盲視)'를 발견하곤 한다. 이러한 현상은 자신이 원하는 것만 보고, 보고 싶은 것만 보고, 그것이 무조건 옳다고 믿는 '절대적 맹신(盲信)'으로 이어진다. 자신의 관심분야, 자신이 속한 집단의 이해관계, 나 자신(내 가족)의 이익 이외 것은 인지하지 않거나 관심조차 주지 않고 개의치도 않는다. 그러므로 자기 분야, 자기 집단, 자기 가족의 이해관계와 관련이 없으면 의도적으로 무시해버리고, 그저 '다를' 뿐인데 '틀린' 것이라 왜곡한다.

이처럼 우리는 일상 대화 속에서 '다르다(different, diverse)'고 해야 할 곳에서 '틀리다(wrong)'고 말하는 경우가 매우 흔히 있다. '걔들은 우리랑 틀려.', '이거 내가 생각했던 거랑 많이 틀리네.'와 같은 표현을 자주 사용한다. 서강대 사회학과 계승범 교수는 '정확한 통계자료는 모르겠으나, 10년이나 20년 전에 비해 다름과 틀림의 혼용이 훨씬 더 심해진 것 같다. 솔직히, 요즘엔 혼용의 차원을 넘어, 마치 일제가 대한제국을 꿀꺽 병합해 버렸듯이 '틀리다'는 말이 '다르다'는 말을 거의 먹어 버린 게 아닌가라는 느낌이 들 정도다. 그만큼 '틀리다'는 말이 홍수를 이룬다.'[7]라고 말한다. 그에 따르면, 한국 사회에서는 다른 것을 단순히 다르다고 수용하기 보다는 '틀리다'라고 단죄해버리는 습성이 만연해 있다는 것이다.

---

7 계승범, [시론] '다르다'를 '틀리다'라 하는 사회?, 서울신문, 2012년 4월 27일자.

이러한 한국인의 성향은 내집단(in-group)에 대한 강한 소속감과 외집단(out-group)에 대한 강한 적대감에서 기인하는 것으로 보인다. 한국 사회는 가정에서부터 학교와 직장에 이르기까지 구성원들에게 지속적으로 개인 간의 상호의존도가 높도록 점화(priming)[8] 자극하는 경향이 높아왔다. 이로 인해 한국 사회에서 태어나 자라는 아이들은 상호의존적인 사회 속에서 살아가는 기존 구성원(어른)들의 신호를 받아 자연스럽게 의존적 성향과 행동방식을 갖도록 점화되는 것이다. 그리고 이들이 어른이 되면 대다수가 상호의존적 성향을 보일 가능성이 높아진다. 한국사회에는 역사적으로 단일민족, 단일문화라는 동질성이 강하게 뿌리내리고 있고, 이러한 '이상적' 한국인 정체성은 국내 거주 다문화 가구원이 100만 명이 훨씬 넘어서고 다양한 국적과 정체성을 가진 이주민, 중도입국자녀, 이주노동자, 탈북인, 유학생, 외국계 기업 주재원 등의 구성원들이 한국사회의 중요한 일부로 자리매김하고 있는 상황에서도 여전히 공고히 자리 잡고 있는 것으로 보인다. 특히 '코로나 19' 사태와 같이 지구화의 어두운 이면이 활성화되면, 그러한 국가사회를 중심으로 한 내집단의 응집력이 훨씬 더 강해지는 경향을 보이게 된다. 그래서 우리는 너무도 쉽

8 암묵기억효과(implicit memory effect)를 나타내는 심리학 용어로 특정 자극에 대한 지속적 노출이 이어지는 자극에 대한 무의식적 반응에 영향을 미치는 현상을 지칭한다. 예를 들어, table이라는 단어를 먼저 보여주고 난 다음 tab를 보여주고 그 다음 빈칸을 채우게 하면 table이라고 대답할 확률이 미리 제시하지 않은 경우보다 높아진다. 우리는 일상생활 속에서 절차기억(procedural memory)의 형태로 암묵기억에 의지하며 살아간다. 절차기억은 어떻게 신발 끈을 묶고 자전거를 타는지 지속적으로 이 활동들에 대하여 생각하지 않고서도 기억할 수 있게 해준다.

게 '차이(difference)'가 '차별(discrimination)'이 되는 사회를 살아가고 있다. '다르다'는 의미를 가지고 있는 영어단어 'diverse'는 갖가지 범주에서 사람과 사람사이에 존재하는 차이에 초점을 맞춘다. 따라서 명사형인 'diversity, 다양성'은 다양한 사람이나 물건이 함께 존재하는 상황 또는 여러 가지 차이가 공존하는 상황을 지칭한다.

전 세계적으로 국가 사회 및 기업조직을 중심으로 진행되고 있는 '다양성(diversity)'에 관한 담론은 두 가지 상이한 출발점을 가지고 있다. 첫 번째 출발점은 1970년대 이후 미국에서 진행된 여성 운동, 시민 평등권 운동, 인권 운동이다. 이들 운동의 과정에서 평등 및 사회적 인정에 대한 노력, 성(gender)적 · 인종적 · 사회적 · 문화적 · 종교적 정체성으로 인한 불이익이나 차별을 극복하려는 노력이 강조되었다. 즉, 보다 민주적이고 자유롭고 평등하며 공정한 사회를 만들려는 해방운동으로써 출발하였다. 이 운동에서는 인간이 중심이었으며, 모든 인간이 개인의 정체성 또는 소속집단과 관계없이 동일하게 인정 · 존중받기를 희망하였다. 두 번째 출발점은 1990년대 이후 세계 각 지역 현지 기업단위(해외지사 등)에서 진행된 다양성의 증가 흐름에 대처하려던 미국 기업들의 움직임이라고 볼 수 있다. 다시 말해 기업조직의 관점에서 대두된 다양성 담론은 실리를 추구하는 노력에서 출발하였다고 볼 수 있다. 즉, 여기서는 개인 또는 집단의 특징들을 인정하는 것이 기업을 강하게 만들고 기업의 영업이익을 보장하는 목적으로 이용되었다고 할 수 있다.

'문화다양성'을 어떻게 정의할 것이며 이에 어떻게 대처할 것인지에 대한 물음은 오늘날 현대사회, 특히 정치 및 경제 분야 논의의 중심이 되고 있다. 자유민주주의 사회의 틀 안에서 집단의 상이성을 인정하는 문제는 여전히 끊임없는 논쟁거리이다. 최근 몇 년간 유럽이나 북미 사회에서의 '다문화주의(multiculturalism)' 정책(Taylor 1994)은 점점 그 기반을 잃어 가고 있다. 최근 다문화주의 담론에서 '이주자들의 체류 국가사회에 대한 적응부족 및 통합실패 문제' 또는 '이주자 사회와 주류사회가 한 사회 내에서 분리되어 평행하게 공존하는 평행사회(parallel society)[9] 형성 경향' 등 비판적인 목소리가 특히 최근 몇 년간 난민유입으로 홍역을 앓고 있는 유럽사회 곳곳에서 나오고 있다. 학계에서도 '본질론적인 정적 문화개념에 기반을 두는 다문화주의'[10]에 대한 비판의 목소리가 늘어나고 있다. 심지어 몇몇 학자들은 '다문화주의의 종말'(Mcghee 2008)과 관련한 담론에서 서구 민주주의의 문화차이에 대한 접근방식에 문제가 있음을 지적하기도 하였다. 문화인류학자 스티븐 베어토벡(Steven Vertovec)은 '슈퍼다양성(super-diversity)'(Vertovec 2007)이라는 개념을 통해 이미 다문화주의 정책을 기반으로 한 담론의 종말을 고했다. 베어토벡은 다양성 담론의 해방적 전통을 지속시키는 것에 주안점을 두고 있는데, 여기서 '슈퍼다양성'이란 여러 가지 다양한 요소들의 역동적인 상호작용으로 이해할 수 있을 것이다. 다시 말해, 슈퍼다양성은 언어, 민족, 종교 등과 같이 출신국가와 관련된 변인들, 이주 과정의 경험 속에

9 동일한 사회 공간 안에서 함께 살아가지만, 사회 문화적으로 서로 접촉하지 않고 따로 존재하는 상황을 비유적으로 표현하고 있다.

10 '다문화주의'라는 용어는 문화의 복수적 존재, 즉 확실하고 명확하게 경계를 구획지을 수 있는 상이한 문화집단들이 존재한다는 사실을 전제하며, 이러한 문화집단 사이에 존재하는 차이를 존중할 것을 요구한다.

서 만들어지는 변인들, 체류국(host country)에서의 법적 지위로부터 만들어지는 변인들이 서로 상호작용하여 나타난다. 결국 이러한 '슈퍼다양성' 개념은 주류사회의 근본적인 변형을 요구하고 있다. 즉, 주류사회 구성원들 역시 '우리'와 '타자'라는 다양성을 바라보는 이분적인 구분을 지양해야 한다는 것이다. 이에 반해 실리를 추구하는 (기업)조직의 담론에서는 불이익, 불평등, 불공평의 문제를 해소하려는 관점은 상당히 약한 편이다. 여기서는 오히려 경쟁력이라는 문제에 초점을 맞춘다. 문화다양성에 대한 존중 없이는 다국적 기업들의 생존은 불가능하고, 도시와 지방들은 '최고의 두뇌'들을 끌어들일 수도 없으며, 학교와 대학은 국제적인 인재들을 놓치게 되며, 사회는 역동성과 변화능력을 상실하게 될 것임을 당연한 것으로 간주하고 있다.

이렇듯 미국의 기업들에서 시작된 '다양성 관리(managing diversity)' 기법은 서구사회 다국적 기업들을 중심으로 한 글로벌 경제체계에서 중요한 역할을 하고 있다. 기업들은 다양성을 적절히 활용함으로써 글로벌 시장 경쟁력을 개선하고, 조직 내부의 갈등을 넘어 '시너지 문화'를 만들어 갈 수 있을 것이라 기대한다. 하지만 기업조직의 다양성 담론의 경우 대부분 문화다양성의 긍정적인 활용가능성만이 강조되고 있기 때문에 잠재적 위험요인들이 묻혀 버리는 경향이 있다. 대부분의 기업들은 그들의 조직 구성원들의 다양성을 자랑함으로써 자신들이 글로벌 역량을 갖춘 기업임을 앞 다투어 홍보한다. 하지만 실제 기업의 업무상황 속 다양성은 기업 구성원들에게 여전히 커다란 부담으로 다가온다.

논의주제를 다시 우리의 주제인 선박으로 돌려보자. 앞서 언급한 것처럼 해상운송 분야에서 다양성에 대한 논의는 여전히 걸음마도 떼지 못한 상황이다. 전 세계적으로 선원의 인력구성은 점점 더 복잡해지고 있지만, 이 분야에서 다양성은 그저 출신국가가 다른 선원, 모국어가 다른 선원, 소수의 여성 선원이 함께 배를 타야하는 문제 정도로 비춰지고 있다. 하지만 선내 구성원들 사이의 상호작용과 문화교섭은 이미 오래 전부터 단순히 출신언어 및 출신문화에서 기인하는 '차이'뿐만 아니라 선원 개인의 연령, 성(gender), 인종, 민족, 학력, 직무영역, 소속 해운선사, 성적 정체성, 출신 지역 및 사회계층, 장애유무 등 다양한 요인에 따른 복잡한 문화정체성이 만나고 이해하고 오해하고 충돌하고 혼종하는 양상을 보인다. 그러므로 선박 내 다양성을 단순히 언어차이와 국가문화 차이라는 준거로만 바라보는 시각은 상당히 위험할뿐더러 무책임하기까지 하다.

<6명의 맹인이야기>

옛날 인도 어느 마을에 맹인 6명이 살고 있었다. 어느 날 마을에 코끼리 한 마리가 들어왔다는 소식을 듣고 코끼리가 어떻게 생겼는지 몹시 궁금했다. 그래서 이들은 코끼리를 눈으로 직접 볼 수는 없지만, 빨리 달려가서 만지고 느껴보기로 했다. 코끼리가 있는 곳에 도착한 이들은 각자 코끼리를 만지기 시작했다.

- ◆ 다리를 만지던 첫 번째 맹인이 '코끼리는 나무기둥 같이 생겼구먼.'이라고 말했다.
- ◆ 꼬리를 만지던 두 번째 맹인은 '아닐세, 코끼리는 밧줄같이 생겼어.'라고 했다.

- ◆ 코를 만지고 있던 세 번째 맹인이 '아냐, 아냐, 코끼리는 나뭇가지 모양이야.'라고 했다.
- ◆ 그러자 코끼리의 귀를 만지고 있던 네 번째 맹인이 '코끼리는 큰 손부채 모양일세.'라고 받았다.
- ◆ 코끼리의 배 부분을 만지고 있던 다섯 번째 맹인은 '코끼리는 큰 담벼락 같다네.'라고 했다.
- ◆ 마지막으로 코끼리의 뿔을 만지던 여섯 번째 맹인이 '코끼리는 단단한 파이프 모양이라네.'라고 말했다.

이들 6명은 서로 자신이 생각하는 것이 맞다고 우기면서 언성을 높이며 싸우기 시작했다. 그때 마침 현자 한 명이 그곳을 지나다가 이들에게 왜 그렇게 싸우는지 물었다. 맹인들은 코끼리의 생김새에 대해 서로 의견이 달라 합의가 되지 않는다며 각자의 생각을 이야기했다. 그러자 현자는 맹인들에게 차분하게 다음과 같이 설명했다: '당신들이 말한 것이 모두 맞소. 다만 각자가 만진 부분이 달랐을 뿐이오. 그러니 모두 코끼리의 생김새가 가진 특징을 잘 이야기한 것이오.' 맹인들은 그제서야 '아, 그렇군요.'라고 말하며, 싸움을 멈추고 자신들 말이 모두 옳다는 사실에 기뻐했다.

이야기가 우리에게 주는 교훈은?

모든 사람의 말 속에는 어느 정도의 진실이 담겨 있다. 하지만 인간은 대개 그 숨겨진 진실을 보려고 하지 않거나 볼 수 없는데, 그것은 내가 동의할 수 없는 다른 관점을 상대방이 가지고 있기 때문일 것이다. 그러니 이야기 속 맹인들처럼 서로 미워하고 싸우는 것 보다는 서로 각자의 관점과 입장을 가지고 있음을 인정하고 상대방의 관점을 이해하려 노력하는 것이 바로 공존의 시작일 것이다. 이야기에서처럼 진실은 하나가 아니라 일곱 가지 다른 방식으로 표현될 수 있음을 이해하는 것이 중요하다.

2. 메르카토르 투영법이 알려준 공간 지각능력

미국의 정치가 벤자민 프랭클린(Benjamin Franklin)은 인간이 살아가면서 피할 수 없는 두 가지가 있다고 언급하면서 그 중 하나는 죽는다는 것이며, 또 다른 하나는 세금을 내야한다는 것이라고 말한 적이 있다. 21세기 복잡성과 다양성 속에서 살아가는 오늘의 우리에게는 또 다른 하나가 있다. 바로 내가 좋든 싫든, 준비되었든 되지 않았든, 나와는 다른 문화적 배경을 가진 사람들과 함께 일하고 살아가야 한다는 것이다.

오늘날 선박의 네비게이션이라고 할 수 있는 전자해도정보시스템(ECDIS)이 보편화된 상황에서도 여전히 지구상 지도의 대부분에 채택되어 활용되고 있는 도법이 메르카토르 투영법이다. 우리나라 항해사들에게는 '점장도법'이라고 불리는 이 투영법은 1569년 네덜란드의 게르하르두스 메르카토르(Gerardus Mercator)가 발표한 지도 투영법으로써 현재까지 지도에 가장 많이 사용되는 대표적인 도법이다. 원통중심도법과 원통정적도법을 절충한 이 도법은, 경선의 간격은 고정되어 있으나 위선의 간격을 조절하여 각도관계가 정확하도록(정각 도법) 되어 있다. 따라서 적도에서 멀어질수록 축척 및 면적이 크게 확대되기 때문에 위도 80'-85' 이상의 지역에 대해선 사용하지 않는다. 이 도법의 가장 큰 특징은 지도상 임의의 두 지점을 직선으로 연결하면 항정선과 같아진다는 것이다. 따라서 항해용 지도로 많이 사용되어 왔다. 또 방향 및 각도관계가 정확하기 때문에 해류

나 풍향 등을 나타내는 지도에도 많이 쓰인다.

독일의 역사학자 아르노 페터스(Arno Peters)는 전 세계 기자들을 모아 놓고 1973년 메르카토르 투영법에 기초한 지도를 유럽 중심주의와 식민지주의의 잔재라고 비판하였다. 페터스가 제기한 메르카토르 투영법의 가장 큰 문제는 지도상에 나타난 적도의 위치였다. 지도상의 중심선이 되어야 할 적도가 메르카토르식 지도에서는 중심보다 훨씬 아래쪽에 놓여 있기 때문이다. 대신 유럽을 지나는 위선이 지도의 중심에 오도록 되어 있다. 페터스는 각 대륙의 면적을 정확히 지도에 표현함으로써 메르카토르식 지도의 유럽중심주의를 극복했다고 주장했다.

지도는 자연스럽게 '지리상의 발견' 이후 서구 유럽의 항해술을 연상시킨다. 신세계에서 오는 금과 은, 동인도에서 실은 사치품들, 또

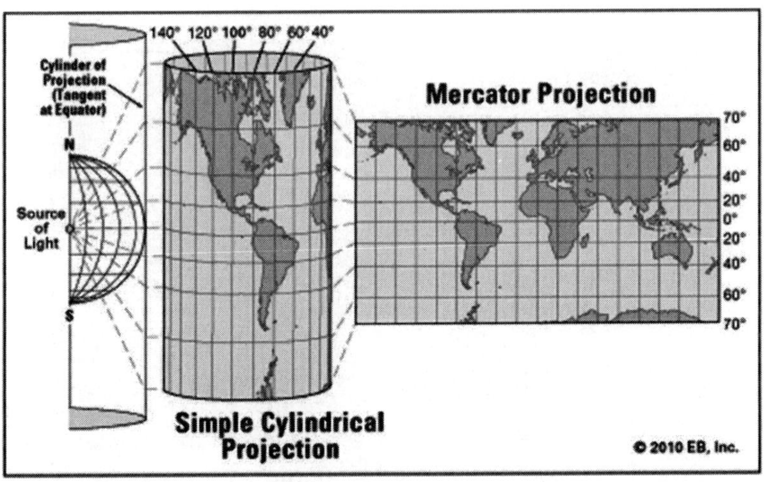

메르카토르 투영법

그것을 실은 배를 습격하는 해적들의 활동. 어쩌면 당시 북유럽인들의 열악한 지리적 환경과 자원부족의 한계를 극복하기 위해 어쩔 수 없이 시작된 바다로의 항해는 오늘날 해상운송의 기초를 다지는 시작이었다. 따라서 당시 항해를 위해 유럽인들이 사용했던 근대의 지도는 식민주의라는 정치적 필요의 산물이었던 것이다. 그래서 지도는 지도와 영토의 관계를 둘러싼 논쟁으로 연결된다. '지도가 영토의 재현이 아니라, 영토가 지도의 산물'이라는 명제가 있다. 가령 중동과 아프리카 국가들의 경계가 직선으로 되어 있음을 생각해보라. 그리고 아프리카 대륙의 국경선이 대개 직선의 형태인 이유는 무엇인지 생각해보라.

아프리카의 국경선은 자연스럽게 각국의 경계가 생겨난 것이 아니라 유럽 강대국들의 편의에 따라 나누어졌기 때문이다. 1870년대, 산업혁명 이후 급격한 경제 발전을 이룬 유럽 열강들은 국내 시장의

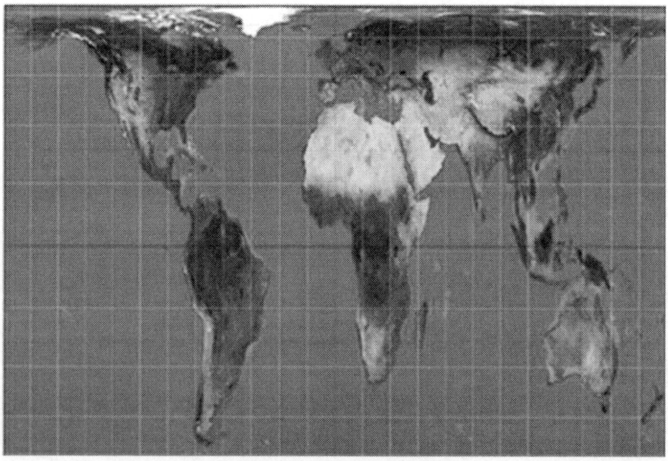

페터스 투영법에 입각한 세계지도

한계를 느끼고, 미지의 세계로 눈을 돌리게 된다. 아프리카는 유럽에서 가까울 뿐 아니라, 엄청난 자원과 노동력을 갖고 있는 매력적인 땅이었다. 당시 아프리카는 부족 중심의 문명이 발달하여 있었기에 국가 간의 경계가 확실하지 않았다. 따라서 당시 아프리카에 도착한 유럽 각국들은 '여기가 내 땅'이라는 식으로 선을 긋듯 서로 식민지를 개척해나갔다. 이러한 '땅따먹기'의 결과는 지금도 끊이지 않는 아프리카 대륙의 분쟁의 씨앗으로 남았다. 국민국가의 경계는 같은 민족과 언어, 문화를 가진 사람들을 하나로 묶어 주는 역할을 하는 것이었다. 그러나 아프리카의 국가들은 자신들의 의사와 상관없이 유럽 열강의 편의에 따라 나뉘어 졌고, 그 과정에서 한 나라 안에 여

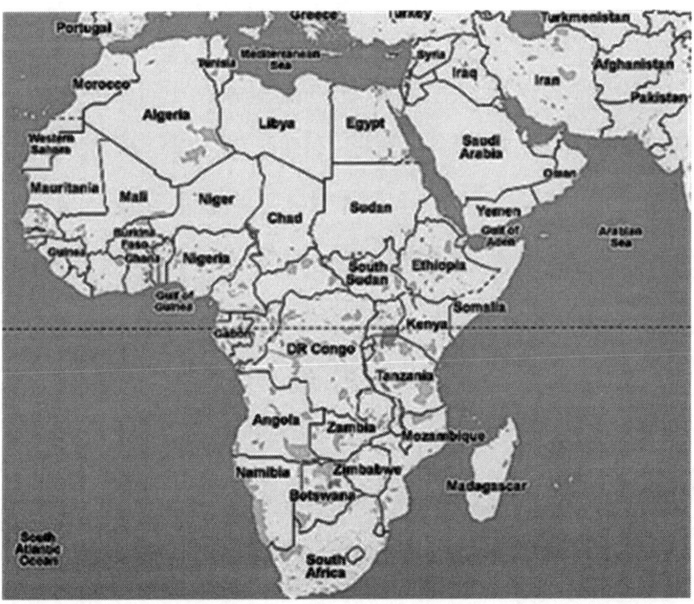

아프리카 대륙의 국경선

러 부족이 뒤섞이는 일이 발생했다. 이것이 바로 소말리아, 콩고, 르완다를 비롯한 많은 지역에서 민족을 둘러싼 분쟁이 끊임없이 일어나는 이유이다. 결국 유럽의 편의에 따른 국경선은 오늘날 아프리카를 내전 등 비극의 땅이 되는 계기를 제공했다. 예를 들어, 소말리아는 소말리아인 90%이상이 살고 있던 아프리카 유일의 단일민족 국가였다. 그러나 소말리아 또한 영국, 이탈리아, 프랑스 등에 의하여 나뉘면서 많은 소말리아인들은 다른 국가로 소속 되었다. 메르카토르 투영법에 내포된 근대적 표상, 즉 서구 유럽 중심주의에 대한 탈근대적 시각과 관련이 있다.

그럼에도 불구하고 이를 단순히 유럽 중심주의나 서구 중심주의의 시각으로 싸잡아 비난할 수 있는 것인가? 어차피 공 모양의 지구를 정확하게 평면으로 옮기는 것은 불가능하기에, 정확하고 안전한 항해를 위해 메르카토르는 지구 표면을 원통형이 되도록 하여 지구의 위아래를 넓게 그리는 투시법을 선택한 것이다. 따라서 메르카토르 투영법이 서구 중심주의를 구현했다는 비판은 과연 정당한 것인가? 그리고 자신을 세계의 중심으로 본 게 어디 서구만이던가? 중국도 자신을 세상의 중심이라 여겼다. 아니 시선을 오늘날로 돌려보면, K-팝, K-뷰티, K-푸드, 심지어 K-방역까지 온통 K를 붙여 마치 온 지구가 '대한민국'을 연호하고 있다고 착각하는 한국도 여기서 예외일 수는 없다. 그러니 당시 메르카토르 도법이 널리 사용된 것은 지도 위에 출발지와 목적지를 선으로 잇고 그 선의 각도에 따라 항해하면 된다는 편의성 때문이지, 거기에 음흉한 이념적 의도가 들어 있었을 것 같지는 않다. 유럽이 상대적으로 크게 묘사된다는 것도 그저 유럽의 위도가 비교적 높다는 지리적 우연 때문일 것이다. 유럽이 적도 근처에 위치했다면 과연 유럽인들이 다른 도법을 채택했을까?

그러하기에 우리에게 우선 중요한 것은 영토재현에 있어 지도가 가진 한계와 둥근 모양의 지구를 평면에 옮겨놓은 지도에 익숙한 나머지 공간 지각력이 지극히 제한적인 우리 인간의 나약함을 순순히 받아들이고, 나아가 이러한 떨어지는 지각력을 적어도 치매가 올 때까지는 절대 잊지 말아야 한다는 사실이다. 그리고 이러한 끊임없는 자기성찰과 마음챙김(mindfulness)의 행위를 통해 평면에 재현된 지도와 실제 세상에 존재하는 영토 사이에 존재하는 차이를 좁힐 수 있는 역량, 즉 '지리적 상상력'을 길러야 한다.

3. 해상운송과 커뮤니케이션의 이면

다음 그림을 보고 그림의 제목을 맞춰보세요. 그리고 그 제목을 생각한 이유는 무엇인지 설명하시오.

이 그림은 19세기 말 영국의 풍속화가 헤인즈 킹(Haynes King)의 '질투와 연애(Jealousy and Flirtation, 1874)'라는 작품이다. 그림 속에는 세 명의 인물이 묘사되어 있다. 그림의 한 가운데에는 몸을 의자에 한껏 기대고 손을 깍지 끼어 머리 위에 올린 여인이 이 정도면 완전히 나에게 이 남자가 넘어왔다는 자신감에 차 있는 듯한 표정으로 거만하게 자리하고 있다. 그녀의 의상도 그러한 모습만큼이나 밝고 화려해 보인다. 그녀의 앞에 몸을 한껏 여인 쪽으로 기울이고 있는 남자의 표정을 보니 역시나 이 여인에게 완전히 빠진 듯하다. 흥미롭게도 화가는 명암과 채도를 조절하여 그림 속 모든 빛이 마치 이 두 사람, 특히 가운데 앉아 있는 여인에게 집중되도록 하고 있다. 반면 그림의 왼쪽 모퉁이에 이 두 사람을 바라보는 또 다른 한 여인이 있다. 대비되는 분위기만큼이나 어두운 옷을 입고 머리에 두건을 쓴 그녀는 창가에 서서 살짝 턱을 괸 채 이 두 사람의 행복한 모습을 그저 바라보고 있다. 그녀의 모습은 애처롭기까지 하다. 분명 이 여인도 남자를 마음에 두고 있었을 것이다. 그런데 신분의 차이인지 '능력'의 차이인지는 알 수 없으나 가운데 앉은 여인에게 선수를 빼앗긴 모양이다.

우리는 회화작품을 감상할 때 그림을 매개로 화가가 던지는 메시지를 해석하려고 시도한다. 어떤 낯선 그림을 보고 화가가 걸어오는 말에 귀 기울이게 된다. 그렇다고 화가와 직접 대화를 나누지는 않는다. 물론 동시대 화가를 만나 그의 작품에 관해 직접 이야기할 기회를 배제할 수는 없다. 우리가 화가와 그림에 대해 직접 대화할 수 없음에도 불구하고 그림 속에 묘사된 인물의 표정, 색감, 분위기 등을 통해 화가의 의도를 어느 정도는 읽어낼 수 있다. 우리가 헤인즈킹의 '질투와 연애'라는 작품을 어디서 우연히 보게 된다면, 그가 묘사한 세 인물의 얼굴 표정, 자세, 의상, 몸짓, 빛의 밝기 등을 통해 그가 한참 '밀당'의 희열에 빠진 두 남녀와 이를 슬프게 질투하는 한 여인을 묘사하고 있음을 제목을 듣지 않고도 충분히 해석해 낼 수 있다. 이렇듯 커뮤니케이션은 굳이 말로 메시지를 주고받지 않아도 문제없이 이루어질 수 있다.

우리는 흔히 커뮤니케이션이 곧 언어라고 단정 짓는 경향이 있지만, 인간의 커뮤니케이션은 결코 언어만으로 이루어지지 않는다. 실제 언어 이외의 요소들이 커뮤니케이션에서 차지하는 비중은 상당히 높다. '7-38-55 법칙'으로 유명한 앨버트 메라비언(Albert Mehrabian)과 같은 학자는 의사소통에서 비언어적 요소가 의사 전달의 93%를 차지한다고 말한다. 레이 버드휘스텔(Ray Birdwhistell)은 표현 수단으로서 언어 대 비언어의 비율이 35대 65에 이른다고 주장하기도 하였다. 메라비언의 법칙을 따라가 보면, 대면 커뮤니케이션은 3V[11]로 구

11 언어Verbal 7% - 언어적 요소: 말, 어휘 등

성되며, 이 세 가지 요소가 상대방이 화자를 얼마나 수긍하고 받아들일지 결정짓는다고 말한다. 메라비언이 이 가설을 증명하기 위해 진행했던 실험방식은 대충 이러하다. 긍정적 단어, 중립적 단어, 부정적 단어의 이미지를 3개 준비한다. 그리고 각각의 단어를 긍정적 감정, 중립적 감정, 부정적 감정을 담아 녹음한다. 다음으로 긍정적 표정, 중립적 표정, 부정적인 표정의 사진을 준비한다. 이제 녹음한 것과 사진을 실험자에게 동시에 제시해준다. 예를 들어, 부정적 단어를 긍정적인 언어로 들으면서 중립적인 표정을 보여주는 것이다. 즉, 언어적 표현이 시각과 청각의 감각과 모순된 느낌이 들 때, 사람들이 어디에 더 큰 비중을 두고 그것을 해석하느냐를 알아보는 실험이다. 결국 아무리 부정적인 단어라고 하더라도 어떠한 감정으로 그리고 어떠한 표정으로, 또 어떠한 목소리 톤으로 발화했느냐에 따라 청자의 부정적 뉘앙스에 대한 수용정도가 달라진다는 것이다.

여기서는 커뮤니케이션의 구성요소를 하나 더 추가해본다. 일반적으로 의사소통 행위에 있어 중요한 네 가지 구성요소는 언어(verval), 비언어(non-verbal), 준언어(para-verbal), 언어외적(extra-verbal) 요소이다. 다시 말해, 메라비언의 3V에 '언어 외적인 요소'가 하나 더 추가되었다. 이 네 가지 구성요소는 직접적인 대면 발화행위를 통해 화자와 청자가 면대면(face-to-face) 의사소통을 하는 구두 커뮤니케이션 행위에서뿐만 아니라 휴대전화의 SMS 교환, 이메일, 편지와 같이 문서를 매개로 하는 커뮤니케이션 행위에도 매우 중요한 역할을

청각Vocal 38% - 준언어적 요소: 목소리 톤 등

시각Visual 55% - 비언어적 요소: 몸짓, 얼굴표정 등

한다. 이를 표로 정리해보면, 다음과 같다.

커뮤니케이션의 4가지 구성요소

	구두 커뮤니케이션	문서 커뮤니케이션
Verbal (언어)	어휘, 문장구성, 수사, 대화스타일	어휘, 문장구성, 수사, 문장스타일
Non-verbal (비언어)	외모, 얼굴표정, 제스처, 자세, 시선접촉	그림, 기호, 표, 포맷, 색상, 레이아웃
Para-verbal (준언어)	목소리 크기 및 톤, 발화리듬, 웃음소리, 발화 중 휴식, 억양, 헛기침	문장부호 표시, 인쇄양식, 글자크기, 자간 간격, 단락 배열
Extra-verbal (언어외적요소)	시간, 장소, 거리, 의복, 상황, 맥락, 청각, 미각, 촉각, 후각	시간 (인쇄 년도), 종이 질

메라비언의 법칙이 인식시켜주는 것처럼, 우리는 일상에서 누군가와 의사소통을 할 때 말로 전달되는 언어적인 요소에 많이 치중하는 경향이 있다. 누군가를 설득할 때도, 사업차 협상을 진행할 때도 어떠한 논리로 어떻게 자신이 원하는 메시지를 잘 전달할지 고민한다. 그러다보니 정작 더 중요할 수 있는 비언어, 준언어, 언어 외적인 요소에 대한 부분은 잊어버리거나 등한시하는 경향이 있다. 누군가에게 스마트폰으로 SMS 메시지를 보내는 경우에도 이모티콘과 같은 비언어적 메시지를 넣었을 때와 그렇지 않고 단어로만 구성된 메시지를 보냈을 때 수신자의 메시지 해석은 확연히 달라질 수밖에 없다. 뿐만 아니라 상대방이 내가 의도한대로 이모티콘의 의미를 해석하기 위해서는 그와 내가 사용하는 이모티콘의 종류와 의미가 적어도 유사해야만 한다. 학교에서 학생들로부터 받은 리포트를 평가할

때도, 선생님은 학생이 적은 과제의 내용뿐만 아니라 그가 제출한 보고서의 표지, 종이의 질, 글씨체까지 자연스럽게 그리고 무의식적으로 평가에 포함하게 된다. 즉, 동일한 수준의 보고서를 읽게 되면, 아무래도 내용 이외의 다른 요소들이 해당 보고서를 평가하고 판단하는 중요한 준거점이 된다. 그러하기에 우리는 의사소통 행위에 있어 언어 이외의 3가지 요소들의 중요성을 잊어서는 안 된다.

위 네 가지 구성요소를 바탕으로 일반적으로 우리가 알고 있는 '커뮤니케이션'을 정의해보면, 송신자(sender)가 특정한 조건(언어외적인 요소)에서 자신의 생각을 특정한 코드로 전환하여 언어(verbal) 또는 비언어 및 준언어적 메시지(message)로 전달하는 행위라고 할 수 있다. 여기서 메시지는 개인의 생각, 감정, 느낌, 입장을 수신자(receiver)가 인식할 수 있도록 만들어낸 일종의 신호이다. 이렇게 송신자에 의해서 만들어진 메시지는 특정한 채널(channel)을 거쳐 수신자에게 전달되는데, 일반적으로 직접 커뮤니케이션, 즉 대면(face-to-face) 상황에서는 음성과 시각이 주요통로가 되며, 간접 커뮤니케이션, 즉 기술매개 (technology-mediated) 커뮤니케이션에서는 휴대전화, 컴퓨터, 무전기, 워키토키와 같은 기술이 중요한 커뮤니케이션 채널이 된다. 이러한 채널을 통해 메시지를 전달받은 수신자는 들어오는 메시지를 받아 인식하고 자신의 코드로 전환하여 의미를 만드는 해석(interpreting)과정을 거치게 된다. 수신자는 메시지 해석과정을 거쳐 송신자에게 반응하게 되는데, 이를 피드백(feedback)이라고 한다. 하지만 이러한 메시지의 전달과 수신을 통해 의사소통하는 두 사람은 언제나 동일한 배경(예, 국적, 언어, 연령, 성별, 종교, 직업, 학력 등)

과 동일한 삶의 경험만을 수반하지 않기에 두 사람 사이의 메시지 전달과 해석의 과정이 항상 동일한 방식으로 이루어지는 것은 아니다. 따라서 메시지 자체는 송신자로부터 수신자로 전달될 수 있겠지만, 그 의미가 반드시 송신자의 의도대로 전달될 수 없는 것이다. 이러한 커뮤니케이션 과정을 도식화해보면 아래와 같다:

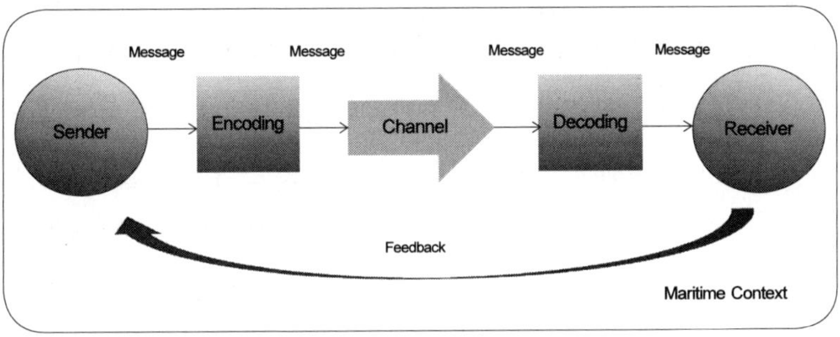

해상업무분야 커뮤니케이션 과정

상기 도식화된 커뮤니케이션 과정에서 간과해서는 안 될 중요한 요소 중의 하나는 커뮤니케이션 행위를 에워싸고 있는 상황, 즉 맥락(context)이다. 결국 이 맥락이 바로 커뮤니케이션의 네 가지 요소 중 언어외적인 요소에 상응하는 개념이다. 맥락은 발화행위 자체에 직접적으로는 관여하지 않으나 의사소통 행위자의 물리적·심리적 조건과 발화 환경을 결정짓는 가장 중요한 요소이다. 커뮤니케이션에 대한 논의를 해상업무 분야로 돌려보면, '해사커뮤니케이션(maritime communication)'은 바다를 터전으로 선박운항과 해운산업 전반의 모든 과정과 연계된 해사맥락(maritime context) 안에서 일어나는 모든 종류의 커뮤니케이션 행위를 지칭한다. 따라서 '해사커뮤니케이션'이라는 틀 안에서 바라보았을 때, 송신자와 수신자가 메시지를 송수신하는 통로인 커뮤니케이션 채널은 다른 산업분야 또는 일상 생활영역에서 이루어지는 커뮤니케이션 보다 훨씬 더 중요한 영향을 미친다. 왜냐하면 해사커뮤니케이션은 바다와 연안이라는 특수한 조건에서 이루어지기 때문이다. 그러므로 직·간접 커뮤니케이션 상황에 따라 달라지는 해사커뮤니이션 채널은 의사소통에 커다란 방해요인으로 작용할 수 있다. 해사커뮤니케이션의 소통방식은 크게 '무선 커뮤니케이션'과 '대면 커뮤니케이션'으로 나누어 볼 수 있다. 이 두 가지 상이한 커뮤니케이이션 채널에서 발견될 수 있는 소통의 방해요인은 다음과 같이 각각 기술적 요인과 인적 요인으로 나누어 분석할 수 있다.

무선커뮤니케이션 소통과정 방해요인

기술적 요인(Technical Element)	인적 요인(Human Element)
■ 시스템 장애 ■ 장비 오작동 ■ 전파 불안정 상황 ■ 외부 소음 ■ (거시)환경적 방해요소	■ 송신자와 수신자 간 병립 불가능한 해사영어 역량(ME[12] competence) ■ 억양/사투리 ■ 무선통신 규정 무시 ■ 장비작동 실수 ■ 교육/훈련 부족 ■ 심적 스트레스 ■ (미시)환경적 방해요소

12 해사영어 'Maritime English'의 약어.

대면 커뮤니케이션 소통과정 방해요인

기술적 요인(Technical Element)	인적 요인(Human Element)
■ 소음 ■ 대화 참여자 사이의 거리 ■ (거시)환경적 방해요소	■ 송신자와 수신자 간 병립 불가능한 해사영어 역량(ME competence) ■ 억양/사투리 ■ 문화적 방해요소 ■ 교육/훈련 부족 ■ 심적 스트레스 ■ (미시)환경적 방해요소

여기서 기술적 요인은 선박이라는 특수한 공간에 존재하는 다양한 내 · 외부적인 요인들을 망라한다. 기계설비의 오작동과 같은 기술적인 방해요인의 경우, 항해사와 기관사와 같은 선박 내 구성원들이 업무분장에 기반하여 자신이 맡는 기계설비에 대한 정기적인 점검과 관리 작업을 진행한다면, 이로 인해 발생할 수 있는 문제는 어느 정도 미연에 예방하거나 최소화할 수 있을 것이다. 하지만 악천후와 같은 외부적 환경요인들처럼 기술로 극복할 수 없는 요소는 사람이 임의로 관리할 수 없는 영역이다. 그에 반해 인적 요인은 기술적 요인과 달리 구성원 개인의 지속적인 인식개선과 변화노력, 학습 및 훈련 없이는 극복이 불가능하다. 그리고 이러한 인적 요인이 선박이라는 기계와 인간의 상호작용에도 지대한 영향을 미칠 수 있다. 즉 선원 개인의 심리적 관계적인 측면이나 선박 내 업무분위기 등이 선박 내 기기와 장비 작동에 영향을 미친다.

그러한 관점에서 무선 및 대면 커뮤니케이션 상황에서 공통적으로 발견되는 방해요소가 선원 개인의 언어역량과 출신지역 및 집단 등의 문화적 배경에 따른 요소(개인의 억양, 사투리, 출신국가 및 출신집단에 기반하는 방해요소 등), 개인의 심리적 요인이라는 점은 해상업무 분야에서 인간관계와 문화접촉 현상을 연구하고 분석함에 있어 상당히 중요한 의미를 갖는다. 더욱이 대형선박에 20명 남짓 정도의 승무원들이 비교적 오랜 기간 동안 함께 지속적으로 소통해야 할 때, 이들 승무원 개개인들이 가진 다양성의 발현 양상이 구성원들 간의 의사소통에 지대한 영향을 미칠 수밖에 없다. 그러므로 치명적인 해양사고나 이로 인해 발생할 수 있는 인적·물적 피해를 미연에 방지하고 구성원들 간의 원만한 대인관계를 통한 행복한 운항을 위해 승무인력의 대인관계 및 소통역량 강화는 선박운항 관련 첨단 기술의 개발과 함께 지속적으로 논의되고 개선되어야할 중요한 영역이다.

4. 커뮤니케이션의 심리학: 행복한 소통을 위해

이기사와 삼기사는 실기사가 선박에 승선하자 분위기를 잡는다는 명분 아래 이른바 군기를 잡기 위해 폭언을 일삼았다. 더욱이 실기사는 평소 내성적이고 소극적인 성향이어서, 이에 압박감을 느낀 나머지 주눅이 들어 실수를 많이 했다. 그러다 실기사가 Galley(선박의 주방)에서 실수로 화재를 일으켰고, 그 사건 때문에 배에서 더 안 좋은 대우를 받게 된다. 이기사와 삼기사는 사관들을 모아놓고 실기사에게 일을 시키지 말자는 결정을 내린다.

우리는 살아가면서 주변 사람들과의 의사소통 과정에서 사소한 문제로 서로 오해하여 싸우거나 갈등하는 경우를 빈번히 경험한다. 그 사소한 문제는 대개 상대방이 나의 메시지를 내가 의도하지 않은 방향으로 해석하여 발생한다. 앞서 설명한 것처럼, 커뮤니케이션은 다양한 구성요소가 상호작용하여 진행되고 이 중 언어적 메시지(verbal message) 역시 우리가 일반적으로 기대하는 것만큼 단순하지는 않다. 독일의 심리학자이자 커뮤니케이션 학자인 프리데만 슐츠 폰 툰(Friedemann Schulz von Thun)은 모든 언어적 표현은 네 가지 측면을 고려하여 이루어진다고 주장한다. 따라서 말하는 사람의 네 가지 의미 측면과 듣는 사람의 네 가지 의미 측면이 서로 일치하지 않으면, 오해가 발생할 수밖에 없다는 것이다. 이러한 오해의 발생 빈도는 언어나 문화가 다른 두 사람, 나이나 학력 차이처럼 살아온 환경이나 조건이 달라 서로 공유되는 배경이 많지 않은 사람들 사이의 소통에서 더 높아질 가능성이 있다. 폰 튠이 말하는 네 가지 차원은 사실(factual information), 자기현시(self-revelation), 관계(relationship), 호소(appeal)이다. 먼저 이 네 가지 차원을 발화자의 관점에서 설명해 보면 첫째, '사실'의 측면은 발화 메시지 그 자체가 포함하고 있는 사실 정보다. 두 번째, '자기현시'의 측면은 발화자가 발화 메시지를 통해 자신에게 던지는 정보이다. 세 번째, '관계'의 측면은 화자가 청자와의 관계 속에서 해석될 수 있는 정보이다. 마지막으로 '호소'는 발화자가 발화내용을 통해 청자에게 기대하는 행동이나 결과이다.

그런데 이 네 가지 차원을 청자의 관점에서 정리하면, 아래 그림과 같다. 부부 사이에 흔히 있을 수 있는 대화내용을 통해 이 의사소통 모형을 이해해보자. 아내와 남편이 저녁식사를 하고 있다. 남편이 아내에게 '자기야, 여기 국에 파란 게 뭐야'라고 묻는다. 그런데 아내는 버럭 화를 내면서 '맛없으면 그냥 먹지마!'라고 말한다. 두 사람의 메시지 해석과정에 무슨 일이 일어난 것일까? 남편은 국 속에 들어있는 파란 물체(사실)가 무엇인지 모른다(자기현시). 그런데 자신 앞에 앉은 아내가 그 국을 끓였기에 그 사실을 알고 있다(관계). 그래서 아내에게 '그게 뭔지 말해줘'(호소)라는 의미로 '자기야, 여기 국에 파란 게 뭐야'라고 물었던 것이다. 반면에 이 메시지를 들은 아내는 '국에 파란 게 있다고?'(사실), '그래 또 반찬 투정을 시작하는 거구나'

(자기현시)라고 생각하여 남편이 자신의 요리 실력에 문제가 있음(관계)을 피력하는 것으로 해석해서 그런 식으로 반찬 투정하려면 '앞으로 내가 만든 건 먹지마'(호소)라고 대답한 것이다. 우리가 일상에서 흔하게 경험할 수 있는 오해의 상황이다. 하지만 이러한 오해가 어디서 어떻게 언제 발생하느냐에 따라 그 심각의 정도는 달라질 수 있다.

이제 위에서 기술한 실습기관사의 경험 사례를 통해 이 모델을 구체적으로 설명해보자. 선박 내 기존 사관들에게 소심하고 적극성이 떨어져 보이는 실습기관사의 잦은 실수는 바로 위 선임사관인 3등 기관사의 심기를 불편하게 한다. 그래서 3등 기관사는 별 생각 없이 배에서 흔히 사용하는 표현으로 실습기관사에게 경각심을 주려고 '이 새끼 너, 자꾸 이러면 죽여 버린다.'라고 말한다. 물론 메라비언의 법칙에서처럼 이 표현이 어떤 얼굴표정과 목소리 톤으로 전달되었느냐에 따라 메시지의 정확한 의미는 달리 해석될 수 있을 것이다. 하지만 여기서는 3등 기관사가 실습기관사를 '정말 죽여 버리겠다'는 의미가 아니라 앞으로 '제발 좀 잘 하자.'는 호소의 차원으로 발화를 했다고 가정한다.

Four-Sides-Model

이 발언을 들은 실습기관사는 이 순간 이후로 심리적 압박감과 위축감에 시달리고 혹시라도 정말 선임사관이 자신을 죽이지는 않을까하는 생각에 전전긍긍하며 잠을 이루지 못할 지경이 된다. 며칠을 고민하던 실습기관사는 고민 끝에 선장을 찾아가 하선 요청을 하게 된다. 어찌 보면 지극히 일반적인 소통의 과정에서 일어난 해프닝으로 들릴 수도 있지만, 실습기관사의 실제 개인적 심리상태나 반응정도에 따라 상황은 더 나쁜 방향으로 흘러갈 수도 있었다. 이러한 정황에 입각하여 3등 기관사와 실습기관사가 '이 새끼 너, 자꾸 이러면 죽여 버린다.'라는 발화내용을 서로 상반되게 이해하게 된 네 가지 차원을 분석해보면, 아래와 같이 정리할 수 있다.

	삼기사	실기사
사실	이 새끼 너, 죽여버린다.	이 새끼 너, 죽여버린다.
자기현시	네가 좀 더 잘했으면 한다.	그는 내가 하는 일을 모두 싫어한다.
관계	나는 너의 상사로서 훈계하는 것이다.	너는 정말 문제가 심각한 실기사다.
호소	제발 좀 잘해라!	계속 이러면 진짜 죽일 수도 있다!

우리는 누군가 무심코 던진 말이 상대방에게 경우에 따라 너무도 심각한 상황을 야기할 수 있음을 이 사례를 통해 이해할 수 있다. 그렇다면 우리가 살아가는 공간, 일하는 공간에서 너무도 흔하게 이루어지는 주변사람들과의 의사소통 과정에서 이러한 오해의 상황을 최소화하기 위해서는 어떤 노력이 필요하며, 이를 위해 필요한 소통역량은 무엇일지 논해보자.

2013년 나온 <중요한 건 못이 아니야. It's not about the Nail.>라는 제목의 1분 42초짜리 단편 영화가 있다.[13] 영화에는 남녀가 등장하고, 첫 장면에서 여성이 남성에게 자신이 지금 얼마나 압박감에 시달리는지 설명하기 시작한다. 그녀는 말 그대로 그 고통을 무지막지하게 느끼고 있다고 말한다. 그런데 이런 고통이 언제나 끝이 날지 모르겠다고 한다. 그러자 카메라는 남자친구로 보이는 남성과 그녀가 이야기하는 것을 비추면서 그녀의 이마에 커다란 못이 박혀있는 모습을 보여준다. 남성은 그 못이 문제의 원인일거라 바로 지적한다. 여성은 그의 말을 자르면서 '중요한 건 못이 아니야.'라고 말하며, 자신의 말을 조용히 들어주기보다는 문제를 지적하고 섣불리 단정 지으려는 그의 행동에 화가 난다. 그리고 '당신은 늘 그런 식이야'라며, 항상 들어주려고 하지 않고 단정 짓는 남자에 대해 불평한다. 그러자 남성은 (마지못해?) 그녀의 말에 동의하며 그녀의 어려움에 대해 경청하기 시작한다. 그녀의 말을 세심하게 들은 남성은 그녀에게 '정말 힘들 것 같아.'라고 말한다. 여성은 자신의 말을 들어주는 남성에게 위로를 얻으며 자신을 이해해줘서 고맙다고 말한다. 여기까지 영화는 해피엔딩으로 끝날 것 같았다. 그런데 그렇게 두 사람이 화해의 키스를 나누려던 순간 여성의 이마에 있던 못이 남자에게 부딪히면서 통증을 유발하고 그 상황을 본 남자는 '그거 봐 ... 라고 했잖아.'라고 하자, 여성은 '그만 좀 해'하면서 영화는 끝이 난다.

이 단편영화는 남녀 간의 복잡하고 미묘한 커뮤니케이션 방식의

13 영화 It's not about the nail - https://www.youtube.com/watch?v=-4EDhdAHrOg

차이를 흥미롭게 묘사하고 있다. 즉, 남성들은 대개 여성에 비해 '명시적이고 정확한 설명'을 대화상황에서 기대한다. 반면 여성은 대화상대방과의 관계와 상호작용의 측면을 더욱 고려하는 편이기에 발화되지 않은 '미묘한 감정의 표현과 감성적인 언어'를 상대방이 해석해주기를 기대한다. 그래서 영화 속 여자주인공은 외적으로 보이는 문제보다는 현재 자신의 감정을 억누르고 있는 보이지 않는 문제에 남자주인공이 공감해주기를 기대하는 것으로 보인다. 이러한 상이한 언어 사용으로 인한 소통기능의 부조화로 발생하는 소통문제는 비단 남녀 사이의 의사소통에서뿐만 아니라 우리가 일상생활 공간에서 맺고 있는 사람들과의 다양한 관계 그리고 그들과의 소통과정 속에서 발견되며, 이러한 상황에서 우리 개개인이 상대방에 대해 공감하고 경청하고 또 인정해주는 역량을 갖추는 것이 너무도 중요한 조건임을 영화가 인식시켜주고 있다고 하겠다. 그러한 관점에서 영화 속 여자주인공은 그저 누군가가 자신의 말을 들어주고 자신의 상황과 경험을 인정해주기를 바랄 뿐이다. 다시 말해, 그것은 우리 인간이 가진 본능적인 인정의 욕구(need for validation)인 것이다.

그렇다면 다른 사람들과의 행복한 소통을 위해 필요한 중요한 역량 중의 하나는 상대방의 상황과 메시지를 공감하여 '인정할 수 있는 역량(validation competence)'이다. 그러하기에 우선 상대방의 말을 듣고 자신의 발화내용을 준비하고 또 메시지 교환 과정에서 생길 수 있는 미묘한 오해의 상황을 가급적 의식적으로 대처할 수 있는 '마음챙김(mindfulness)'의 습관을 갖추어야 한다. 이에 덧붙여 위에서 상술한 소통의 복잡한 구조로 인해 발생하게 되는 스트레스 상황이나 불쾌한 감정의 상황을 어느 정도 포용할 수 있는 '고통에 대한 내성(distress tolerance)'과 '자기감정을 절제하고 통제할 수 있는 능력(emotion regulation ability)'도 필요하다. 이 세 가지가 소통과정에서 상대방의 상황을 공감하는 '인정능력'의 구성요소이다. 결국 이러한 역량을 전제하는 소통의 과정은 다른 사람들과의 관계형성과 개선과정에 기여를 한다.

- ◆ 인간관계를 형성하고 유지하는데 도움을 준다.
- ◆ 효과적으로 커뮤니케이션하는데 도움을 준다.
- ◆ 상대방과의 관계 속에서 자신의 욕구와 가치를 존중받고 있음을 느낄 수 있게 한다.
- ◆ 타인과의 갈등과 의견불일치 상황을 풀어 가는데 도움을 준다.

'인정(validation)'은 타인과의 소통에 있어 일방적인 판단을 피하는 방법이다. 나 자신이 상대의 감정적 경험을 존중해주고 그의 관점을 인정해주는 행위이다. 따라서 소통과정에서 인정의 행위는 연인, 가족, 동료 등 다양한 인간관계를 조화롭게 만드는 강력한 도구의 기능을 할 수 있다. 인정은 상대방을 자극하지 않고, 또 단정적인 결론으로 상대방을 몰아가지 않고, 상대의 감정, 요구, 선택, 문제를 들어주고 존중하는 행위이다. 실제 대화 상황에서도 내가 상대방으로부터 나의 감정과 상황을 인정받고 있다고 느끼게 되면, 그 문제의 해결책을 찾아가는데 훨씬 수월하게 된다.

그렇다고 인정의 행위가 꼭 상대에 대한 동조나 동의를 의미하지는 않는다. 나 자신의 관점을 포기하지 않더라도 상대의 관점을 인정하는 것은 충분히 가능하기 때문이다. 이마에 못이 박힌 여성의 말을 들어주고 그녀의 어려움을 인정해준다고 해서 영화 속 남성이 그녀의 관점이나 상황에 대해 전적으로 동의하는 것은 아니다. 남성은 그것을 이해하려고 시도하는 노력을 해야 한다. 하지만 우리는 일상의 관계 속에서 이러한 시도와 노력을 잘 하지 않으려한다. 왜냐하면 상대와 공유된 가치와 생각이 많지 않을 경우, 그러한 노력은 너무도 불편하고 힘들기 때문이다. 그래서 우리는 상대방의 말을 인정하는 이 복잡 미묘한 소통 역량(validation competence)을 의식적으로 연습하고, 이를 함양하기 위한 교육이나 훈련을 필요하게 된다. 대화 상대에게 인정을 표출하는 방법은 대략 다음과 같다.

- 상대에게 주의를 기울이며 경청하고 관심 표명하기
- 상대방의 몸짓언어, 얼굴표정, 목소리 톤에 신경을 쓰며 소통하기
- 상대의 관점을 이해하려고 노력하기
- 상대방이 말한 내용을 반복해줌으로써 당신이 확실히 이해하고 공감했음을 보여주기
- 상대방이 말한 내용에 대한 가치판단 또는 비판적으로 대응, 논쟁, 충고, 가르치기 삼가기

상대방의 말에 대해 인정을 표하는 구체적인 표현에는 다음과 같은 것이 있다.

- "지금 얼마나 힘들고 어려울지 정말 이해간다."
- "네가 어떻게 느끼는지 알겠어."

- "네가 무슨 말하는지 충분히 알겠어."
- "네가 그렇게 느끼는 거 당연한 거야."

이제부터 '이마에 못이 박힌' 누군가가 당신에게 와서 자신이 느끼는 압박감, 고통, 감정을 토로한다면, 이렇게 상대의 이야기를 경청하고 인정하는 반응을 보여서 상대가 스스로 자신의 이마에 박힌 못을 뽑을 수 있는 방법을 찾을 수 있도록 도와주도록 노력하자.

영화을 시청한 후 이와 관련된 다음 몇 가지 가능한 시나리오에 대해 논의해보자.

시나리오 1: "못은 실제 존재하지 않아."

대부분의 사람들은 불평을 위한 불평을 늘어놓는 경우가 많다. 상대가 친한 친구이건, 가족 중 누군가이건 아니면 직장 동료이건, 다음과 유사한 이야기를 하는 경우가 있을 것이다. "X가 그런 짓을 했다는 것이 도무지 믿기지 않아?!", "미치겠다, X문제 때문에 너무 스트레스 받아.", "그 문제로 머리가 터질 것 같이 아파!" 이러한 말에 대해 당신은 어떻게 반응할 것인가? 보통 이러한 말을 하는 사람들은 누군가에게 자신의 감정을 표출하고 싶어 한다. 그러면 당신은 반응을 위한 반응으로 대응하면 된다. 즉, 그들의 근심이나 고민을 한번 반복해서 되뇌면서 상대방을 위로하는 것이다. "X가 그런 짓을 했다고? 나도 믿을 수가 없군.", "X 문제 때문에 정말 스트레스 받겠구나.", "듣는 것만으로도 머리가 아파온다야." 이렇게 화답하는 것은 당신에게 '거짓말'을 하라는 것이 아니라 상대방의 '감정에 공감(empathy)'을 보이라는 것이다. 비록 당신이 상대방의 감정에 100% 동의할 수는 없다고 하더라도 적어도 이를 통해 당신이 그를 이해하고 있음을 보여주는 것이다.

시나리오 2: “못은 실재하지만, 내가 말하려는 건 그게 아니야.”

당신은 상대로부터 지속적으로 유사한 불평을 들어오고 있다. 늘 똑같은 불평이다. 당신은 그의 이마에서 빛나고 있는 못을 분명히 보고 있으며 그 못을 뽑아 주고 싶다. 그래서 당신 눈에는 해결책이 명확하다. 하지만 상대방이 “나 어떻게 해야만 하지?”, “너는 어떻게 생각해?”라고 물을 때까지는 기다려야 한다.

당신이 그놈의 못을 뽑아주고 싶겠지만 참아야한다. 상대가 아직 맘의 준비가 되지 않았기 때문이다. 당신이 가능하면 상대가 해당 문제를 인식할 수 있도록 친절하게 대화를 유도해나가야 한다. 예를 들면, 이런 식이다. “X와 같은 문제를 해결할 수 있는 가장 좋은 방법에 대해 늘 궁금했어.” , “혹시 이 문제를 해결할 수 있는 아이디어가 있니?” 다시 말하면, 일방적인 경청이 아니라 양방향적인 대화가 이루어져야 한다. 당신은 상대가 문제해결을 위해 뭔가를 실행할 수 있도록 유도해주는 것이다.

시나리오 3: “못은 실재하며, 나는 이에 대해 뭔가를 할 맘에 준비가 되어 있어.”

앞선 두 번째 시나리오에서 당신이 유도한 방향으로 대화가 흐르고 있다. 상대가 이제 나에게 “나 좀 도와줄 수 있니?”, “내가 어떻게 하면 될까?”라고 묻기 시작했다.

이제 두서너 개의 제안을 하면서 못을 뽑아줘라. “난 네 문제에 대해 매우 깊이 공감하고 있어.”, “이런 것 Y 또는 저런 것 Z 한번 해볼 생각 없니?”

시나리오 4: "드디어 못을 뽑았음!"

당신의 조력이 효력을 발휘하였다.
상대가 얼마나 잘 해냈는지 인정하고 칭찬해줘라. 당신의 역할은 끝이 났다. 하지만 끝이라고 생각할 때 다시 긴장을 풀어선 안 된다. 어쩌면 또 다른 못이 어딘가에 박혀있을지도 모를 일이다. 그럼 시나리오 1에서부터 다시 시작하자.

시나리오 5: "네가 제안한대로 했지만, 못은 여전히 거기에 있어."

당신의 제안이 별 효과가 없었다. 상대방 이마의 못을 뽑으려했는데, 이제 당신의 이마에 못이 꽂히게 된 격이다.

당신 머리에 박힌 못이 문제가 아니니 기다리자. 상대방 이마에 있는 못에 주목하자. 당신이 선택할 수 있는 옵션을 모두 사용했음에도 못은 그대로다. 괜찮다. 그렇다면 다른 사람 혹은 전문가에게 자문을 요청하자. 아니면 어쩌면 그 못은 영원히 빼낼 수 없는 것임을 깨닫는 순간일 수 있다. 그러니 당신이 상대를 돕기 위해 최선을 다했음을 잊지 말라. 이제는 못을 이마에 달고 살 수 있음을 배운 격이다. "난 내 못이 너무 싫어"가 아니라 "난 내 못과 함께 공존하는 거야."이다. 우리 모두는 어딘가에 보이지 않는 못들을 가지고 살아간다. 그건 과거의 감정적 상처, 트라우마(trauma) 일 수도 있고, 만성 통증과 같은 것일 수도 있으며, 또 다른 뭔가 일 수 있다. 어떤 사람들은 이를 쉽게 제거하지만, 어떤 사람들은 그러지 못하고 살아간다. 결국 당신은 당신이 가진 못을 제거하거나 아니면 그대로를 받아들이는 것 사이에서 균형을 맞추며 살아가는 것이다. 그러면서 주위 사람들에게 훌륭한 경청자 또는 조언자가 되어 줄 수 있게 되는 것이다.

5. 커뮤니케이션의 심리학: 낯선 사람과 소통하기

앞선 장에서는 우리의 일상 속 대인관계 과정에서 행복한 소통을 위해 우리 개인에게 필요한 공감과 경청에 기반을 둔 인정의 역량에 대해 살펴보았다. 여기서는 나와는 전혀 다른 환경과 배경을 가진 나아가 다른 정체성을 가진 사람들과의 소통과정에서 커뮤니케이션을 방해하는 요소들을 정리해보고, 이를 기반으로 낯선 상대와 소통하는데 필요한 요소와 방법을 살펴보겠다. 즉, 논의의 대상을 잘 알고 있는 사람들과의 소통에서 잘 모르는 사람들과의 소통으로 확장한다. 또 동일한 언어·문화적 배경을 가진 낯선 사람들과의 소통뿐만 아니라 전혀 다른 언어·문화적 배경을 가진 낯선 사람들과의 소통 영역까지 확대하여 소통의 구조를 분석하겠다.

일반적으로 인간의 소통이나 문화접촉 과정에서 발생하는 갈등이나 오해를 연구하는 학문분야에서 언급하는 우리 인간 개인이 가진 커뮤니케이션을 방해하는 심리적 기제는 '유사성의 가정(Assuming Similarity), 자문화중심주의(Ethnocentrism), 불확실성회피(Uncertainty Avoidance), 오귀인(Misattribution), 고정관념(Stereotype), 편견(Prejudice), 내집단과 외집단 (Ingroup vs Outgroup)에 대한 명확한 구분, 차별(Discrimination), 제노포비아(Xenophobia)' 등이다. 이들 각 방어기제들이 어떻게 커뮤니케이션 과정에서 방해요인으로 작용하는지 하나씩 살펴본다.

유사성의 가정

상대방과 나 사이에 존재할 수 있는 차이(difference)보다는 상대방과 나 사이에 존재하는 유사성(similarity)을 가정하는 것이다. 우리는 낯선 사람과 처음 인간관계를 형성하는 과정에서 상대방이 속한 사회집단에 대한 아무런 정보가 없을 때, 일반적으로 인간으로서의 보편적 공통점에 초점을 맞춰 모든 것이 유사할 것이라 암묵적으로 전제하고 자신이 속한 집단에서 행했던 방식으로 행동하고 사고하는 경향이 강하다. 따라서 양측 사이에 존재할 수 있는 차이를 간과하거나 의식하지 못할 가능성이 높다. 다양한 사회집단들이 함께 보편적으로 공유하는 공통점도 존재하지만, 그 이면에 각 사회집단이 가진 고유성과 차이가 존재함을 잊어서는 안 된다. 하지만 그렇다고 이와 반대로 유사성 대신 차이에만 지나치게 집착하는 것 역시 문화교섭 상황에 소통의 방해요인이 될 수도 있다. 그러니 나와 다른 정체성의 상대와 상호작용하는 상황에서는 의식적으로 무엇인가를 미리 가정하고 예단하여 행동하려는 시도보다는 아무것도 가정하지 말아야하며, 만약 모호한 상황이 소통의 과정에서 발생할 경우, 상대방에게 직접 그 상황에 대해 설명을 요청하거나 물어보는 것이 올바른 행동이다.

<'유사성의 가정'과 관련된 사례>

1997년 어느 덴마크 여성이 미국 맨해튼에 있는 한 레스토랑에서 식사하는 동안 14개월 된 아이를 레스토랑 밖 유모차에 놔두었다. 레스토랑에 있던 다른 손님들이 이를 보고 걱정이 되어 뉴욕 경찰에 신고한다. 여인은 유아를 위험에 방치한 혐의로 이틀간 구치소에 감금되었고, 아기는 그 사이 유아보호시설에 맡겨졌다. 여인과 현지 덴마크 대사관은 카페 밖에 아이를 혼자 두는 것이 덴마크에서는 매우 일상적인 일이라고 설명했다. 그리고는 부모들이 식당 안에서 식사를 하고 있는 동안 수많은 유모차들이 레스토랑 밖에 세워져 있는 사진을 증거물로 제출하였다.

출처: Fred E. Jandt (2017), An Introduction to Intercultural Communication. Identities in a Global Community, Sage.

중국인 유학생 판모씨(24 여)는 2ℓ짜리 생수를 들고 수업에 들어갔다가 한국 학생들에게 비웃음을 샀다. 중국에선 흔히 볼 수 있는 장면이지만, 한국인 학생 몇몇은 손가락질하며 판씨를 구경거리로 만들었다. 그는 "당장이라도 고향에 돌아가고픈 심정이었다"고 어려움을 토로했다.

출처: 머니투데이, "한 지붕 아래 두 가족?" 캠퍼스 내 韓·中 갈등, 2016년 3월 20일자.

자민족/자문화중심주의

미국의 사회학자 윌리엄 섬너(William G. Sumner)가 1906년 처음 사용한 용어인 '자민족중심주의'는 자신이 속한 민족집단 또는 문화집단이 가장 중요하다고 믿는 성향을 일컫는다.[14] 즉, 다른 집단을

14 William Graham Sumner(1906), Folkways: A Study of the Sociological Importance of Usages, Manners, Customs, Mores, and Morals, Ginn and Company. p. 13. "the technical name for [the] view of things in which one's own group is the center of everything, and all others are scaled and rated with reference to it."

자신이 속한 집단을 기준으로 판단하고 평가하는 마음가짐이다. 이러한 성향은 우리 개인이 속한 자기집단과 그 문화에 대한 맹목적인 추종과 신뢰를 기반으로 자기집단에 속하지 않는 모든 상대들에 대해 거부하고 경시하는 마음가짐을 포함하고 있다. 여기서 중요한 사실은 세상 어느 누구도 이러한 마음가짐에서 절대로 자유로울 수 없다는 사실이다. 그러하기에 이를 극복하기 위해서는 우리 개인 스스로가 끊임없이 이러한 성향이 있음을 의식하고 자각하여 이를 타자와의 상호작용 과정에서 최소화할 수 있도록 노력해야 한다.

우리가 일상생활 속에서 가장 흔하게 자민족·자문화 중심주의 자세를 볼 수 있는 것이 아마 각 나라별 지역별 다르게 제작된 세계지도의 모습일 것이다. 아래 지도들과 같이 지도가 제작된 나라나 지역에 따라 해당 국가와 지역이 지도상의 가장 중심에 위치하는 경향이 있다. 세계지도에서 뿐만 아니라 이러한 자민족 중심 성향이 크게 반영된 용어나 표현들을 우리는 일상에서 쉽게 발견할 수 있다. 예를 들어, 미국사람들이 보통 자신들을 칭하거나 소개할 때 사용하는 'American'이라는 표현은 사실 아메리카 대륙에 사는 사람을 통칭하는 것이지 미국사람들만을 지칭하지 않는다. 또 우리가 흔히 사용하는 '동양'과 '서양'에 대한 구분 역시 특정 지역을 기준으로 하여 임의로 나눈 지리적 용어일 뿐이다. 앞서 메르카토르 투영법을 통해 인식한 것처럼, 지구는 둥글기에 어디를 기준으로 삼느냐에 따라 방향은 달라질 수밖에 없다. 그럼에도 불구하고 우리는 대개 힘의 논리의 의해 관철된 자민족 중심적인 표현들을 당연하게 사용하고 있다.

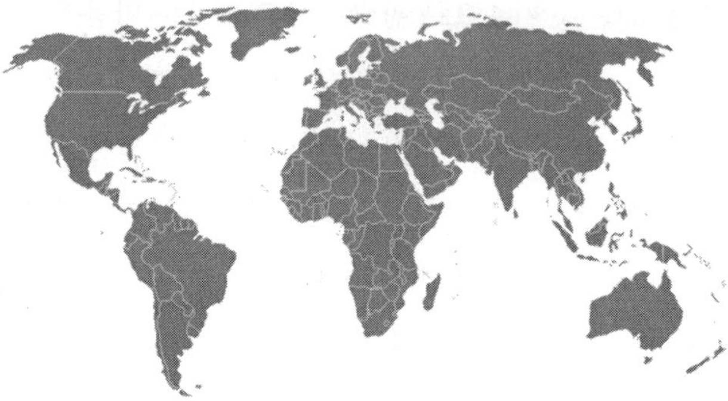

유럽중심 세계지도

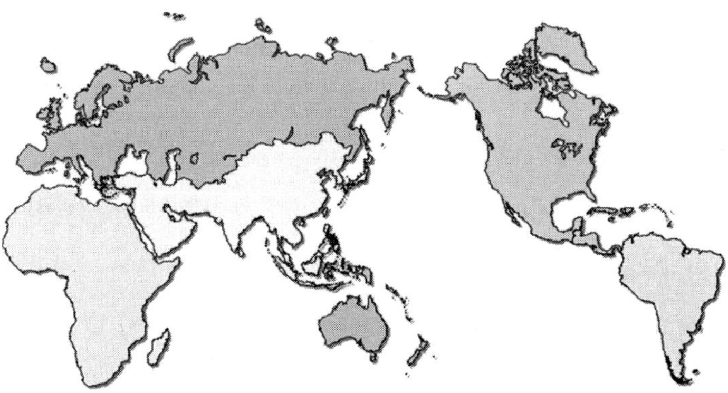

한국중심 세계지도

불확실성 회피

우리는 대개 잘 모르는 사람을 처음 만나게 되면 그에 대한 다양한 정보를 캐내기 위해 여러 가지 방법을 동원하곤 한다. 우리가 상대의 정보를 알아내려고 하는 욕구는 심리적 불편함에서 연유된다. 다시 말해, 상대에 대해 아는 것이 전혀 없다는 상황은 나 자신을 불안하게 만들고 그 불편하고 불확실하고 모호한 상황을 타파하기 위해 상대와 소통을 시작하는 것이다. 물론 이 소통의 행위조차 귀찮아지면, 나 자신의 머릿속에 이미 존재하고 있는 상대와 유사한 부류의 집단이 가진 성향을 일반화(예, 고정관념, 선입견)하여 사용하게 된다. 여기에 바로 소통의 중요한 출발점 '불확실성(uncertainty)'의 기제가 내재되어 있다. 불확실성은 상대방의 입장, 행동, 기분, 감정 등을 예측하거나 설명할 수 없는 무능력의 상황을 의미한다. 이러한 불확실한 상황은 '불안(anxiety)'을 만들어낸다. '불안'은 마음이 편하지 않고 조마조마하고 긴장되며, 걱정되고 근심스러운 마음의 상태를 말한다.

선원들은 직업의 특성상 대개 다른 나라, 다른 지역, 다른 학교 출신의 선원들과 처음 선박에서 만나 팀이 되어 안전한 운항을 위해 함께 생활하고 일하게 된다. 물론 동종업계의 현실상 이미 여러 차례 함께 항해를 했던 구성원들을 만나는 것 역시 빈번하다. 하지만 육상의 업무가 그리워 해상 업무의 세계를 떠나는 사람들만큼 또 새로이 해상 업무에 투입되는 신임선원들도 있고 임금경쟁력으로 한국선원들을 밀어내고 승선하는 외국인 선원들도 우리 국적선에는 점점 많아지고 있다. 그러므로 선상 업무의 일상은 새로운 항차가 시작될 때마다 정기적으로 일종의 '낯선 사람들(strangers)'과 팀을 구성하여 소통하고 협업하는 과정이다. 여기서 말하는 '낯선 사람'은 문화교섭 행위를 구성함에 있어 상당히 중요한 핵심개념이다. '낯선 사람', 즉 타자(他者)는 소통과 상호작용 상황에 존재하지만 내가 속한 내집단(in-group)에는 속하지 않는 사람을 지칭한다. 이렇듯 낯선 혹은 모르는 상대방과의 소통과 협업은 언제나 우리에게 불안감을 조성하며, 이러한 불안감을 해소하기 위해 우리는 상대와 소통을 시도하거나 또는 상대를 회피하는 경향이 있다.

1990년 후반 한 일본인 학자는 미국 어느 도시에 있는 일본계 기업에 근무하는 일본인 직원 168명과 미국인 직원 135명을 대상으로 두 집단 간의 의사소통 방식에 대해 설문조사를 진행한 적이 있다. 조사결과 설문에 응답한 미국인 직원의 8%만이 일본인 동료와의 영어 소통과정에 어려움이 있다고 대답했다. 반면 일본인 응답자의 19%는 자신의 영어실력이 형편없다고 생각한다고 했고, 또 다른 20%의 일본인 직원들은 미국인 동료와 영어로 말할 때 불안감을 느낀다고 응답했다. 그리고 일본인 응답자의 30%는 미국인 동료들이 자신과 영어로 소통할 때 일본식 억양 때문에 매우 불편해하는 것 같다고 느꼈다. 따라서 미국인 직원들과 달리 일본인 응답자의 70% 정도는 미국인 동료와의 협업에 있어 언어가 가장 큰 문제라고 생각한다는 결과가 나오는 것이다. 이를 통해 연구자는 일본인 직원들이 실제 자신의 영어실력과는 무관하게 모국어가 아닌 영어로 영어를 모국어로 사용하는 미국인 직원들과 의사소통해야 한다는 것에 대한 불확실성으로 인해 결국 미국인 동료직원들과의 소통행위 자체를 회피하는 결과를 낳았으며, 심지어 미국인 직원과 일본인 직원 두 집단이 하나의 기업조직 안에서 잘 소통하고 이해하지 못하는 결과를 낳았다고 전하고 있다. 이 사례에서처럼 인간은 대개 불편하고 모호한 상황을 피하려는 나머지 소통 자체를 회피하게 되어 소통의 부재로 인한 관계적 어려움을 경험하는 경우가 빈번하다.

오귀인효과

'귀인(歸因)'은 인간이 어떤 상황이나 행위 또는 다른 사람의 행동이나 자신의 행동의 원인을 설명하는 행위를 일컫는 사회심리학 용어이다. 사람들은 어떤 상황이나 사건이 발생하면 끊임없이 인과 추론(causal inferences)을 하는 경향이 있다. 이러한 추론행위는 그 순간 자신이 경험하고 있거나 관찰하고 있는 상황에 대한 예측과 이해를 가능하게 하는 기능을 한다. 귀인 행위는 앞서 설명한 '불확실성'으로 인해 심리적으로 발생하는 불안감을 극복하기 위해 대화의 상대방이나 현재의 상황에 대해 미리 예측하여 심리적 안정을 찾으려는 일종의 방어기제라고 할 수 있다. '귀인'의 종류에는 '내부적 귀인'과 '외부적 귀인' 두 가지가 있다. 내부적 귀인은 주어진 행동의 원인을 그 행동의 주체 즉, 행위자의 성품, 성격, 자세, 기질 등에서 찾으려고 하는 것이며, 외부적 귀인은 주어진 행동의 원인을 그 행위가 발생한 주변 환경에서 찾으려고 하는 것이다. 하지만 문제는 이러한 본능적 방어기제인 '귀인'의 행위를 통해 예측하고 판단한 상대방 행동의 원인에 대한 추론이 항상 올바를 수 없다는 것이다. 즉, 우리는 낯선 상황이나 낯선 상대방과 조우한 상황에서 심리적인 불안감으로부터 안정을 찾기 위해 귀인을 시도하지만, 앞서 '유사성의 가정'

에 대한 조언에서처럼 상대방에게나 제3자에게 직접 물어보지 않고 자신의 경험 및 내적 판단, 그리고 해당 상황이나 상대방에 대한 지극히 개인적이고 단편적인 지식을 바탕으로 원인에 대한 추론을 시도하기 때문에 원인 분석의 과정에 개인적이고 자기중심적인 판단이 개입되어 인과관계를 판단하게 되는 결과에 이를 수밖에 없다. 이를 '오귀인'의 과정이라고 한다.

미국의 문화심리학자 리처드 니스벳(Richard E. Nisbett)은 특히 동아시아인들이 대개 외적인 맥락이나 상황에서 어떤 행동이나 사건의 원인을 찾으려는 경향이 있다고 주장한다.[15] 이에 반해 미국인들은 행동의 주체 내부에서 그 행위의 원인을 찾는 경향이 높다고 한다. 예를 들어, 뭉크(Edvard Munch)의 <절규>라는 그림을 보여주고 한국, 중국, 일본 사람들에게 그림 속 인물이 왜 절규하고 있겠느냐고 물어보면, 동아시아 응답자들의 대다수는 뒤에서 그를 따라오는 무서운 사람들 때문이라고 하거나 아니면 분명 그를 압박하는 외적인 요인이 있을 것이라 규정한다는 것이다. 이러한 경향은 단순히 사람의 행동에 대한 인과 추론의 과정에서만 나타

뭉크의 <절규>

15 리처드 니스벳 (2004), 생각의 지도, 김영사, 참조.

나는 것이 아니다. 풍선이 날아가는 장면을 보여주고 풍선이 날아가는 이유에 대해 설명해보라는 실험에서는 대부분의 미국인 응답자들은 풍선의 내부적인 요인을 중국인 응답자들은 풍선 밖의 외부적인 요인을 그 이유로 설명하였다고 한다. 니스벳은 동양인과 서양인의 인지방식의 차이를 문화적으로 설명하려는 시도에서 이러한 주장을 하였으나, 여기서 우리가 주목할 만한 점은 그의 주장대로 한국인을 포함한 동아시아 사람들이 미국이나 중서부 유럽 사람들 보다 외부적인 요인을 행동이나 현상의 원인으로 삼으려는 경향이 더 높다면, 그 만큼 잘못된 인과추론 즉, 오귀인에 빠질 가능성이 높다고 할 수 있다.

고정관념

고정관념은 특정 사회집단이나 특정부류의 사람들에 대해 가지고 있는 성급하게 일반화된 확고한 생각이다. 고정관념은 몇 가지 경험에 의거한 추측을 바탕으로 대중들에게 견고하게 각인된 단순화되고 획일화된 신념이다. 원래 고정관념을 의미하는 영어단어 'stereotype'은 인쇄소에서 원본을 여러 장 반복해서 인쇄하기 위하여 만든 쇠로 된 알파벳 모형 틀을 의미하는 단어였다. 즉, 동일한 내용의 책이나 문서를 똑같이 찍어내기 위해서는 '견고한 stereo-' 형태의 '모양 틀 type'이 판 위에 단단히 고정되어 배치되어 있고 그 판 위에 잉크를 바르고 종이를 덮어 인쇄하는 형식이었다. 따라서 오늘날 우리가 사용하고 있는 '고정관념'의 의미, 즉 특정 인물이나 특정 대상물에 대한 지극히 단순화된 의견, 편향된 자세, 또는 섣부른 판단이란 의미는 우리 머릿속에 견고하게 존재하는 '정신의 모양 틀'을 비유적으로 일컫는 어원적 기원을 가지고 있다. 그러므로 고정관념은 '우리 머릿속에 존재하는 특정집단이나 사람들에 대한 상(picture in our heads)'이라고 말할 수 있다. 일반적으로 '고정관념(stereotype)'은 '편견(prejudice)'과 혼동되어 사용되는 경향이 있는데, 고정관념은 일종의 지식의 한 형태로 인지적(cognitive) 개념이다. 아래 그림은 유럽연합(EU) 회원국들이 다른 회원국들에 대해 가지고 있는 고정관념을 소재로 희화화한 그림엽서이다.

유럽인들이 보는 유럽연합 회원국

편견

앞서 설명한 고정관념이 인지적인 개념이었다고 한다면, 편견은 정서적인(affective) 측면과 매우 연관되어 있다. 편견은 상대방에 대해 적절하거나 정확한 이해나 지식을 형성하기 전에 만들어낸 상대방에 대한 예단 또는 가정을 말한다. 편견은 일반적으로 특정 인종, 사회적 약자, 나이, 장애인, 비만, 동성애자 등 개인의 특성을 기반으로 상대방을 미리 예견하여 판단하는 것을 지칭한다. 따라서 '이성적인 판단을 거부하는 비이성적인 태도'를 내재하고 있으며, 사실에 기반 하지 않는 일종의 믿음이다. 아울러 일상생활에서 우리는 편견과 고정관념을 대개 동의어로 사용하고 있다.

앞서 I장에서 언급했던 것처럼 특정 집단에 대한 일반적인 성향을 이야기하는 '문화적 일반화'와 '편견' 및 '고정관념'을 철저히 구분하는 것이 중요하며, 개인과 집단에 따라 특정 인물이나 특정 집단을 예단한 이미지, 고정관념이나 편견은 각각 상이하다.

내집단/외집단 구분

'내집단'은 우리 개인이 구성원으로 소속되어 있는 사회집단을 일컬으며, 일반적으로 우리는 자신이 속한 집단과 그 구성원에 대해 편안하게 느끼고, 다른 집단에 비해 훨씬 우호적으로 판단하고, 유대감을 가지고 충성하려는 경향을 보인다. 이에 반해 '외집단'은 자신이 속하지 않은 집단을 말하며, 내집단에 대해서 와는 상당히 대조적으로 자신과 전혀 관련이 없고 소속되지 않은 외집단에 대해서 잘 모르기 때문에 불편하고, 때로는 내가 속한 내집단을 위협하는 대립적이고 적대적인 존재로 인식하는 경향이 많다.

일반적으로 사람들은 자신이 속한 집단에 대해 긍정적인 자세를 보이는 '내집단 편견 ingroup bias'에 빠지게 된다. 이러한 내집단/외집단의 구분은 단 몇 분 안에도 결정될 수 있다. 예를 들어, 선박에 승선하여 출항을 준비하기 위해 처음 만난 세 사람이 서로 자기소개를 하면서 한 명이 목포해양대 출신이고 나머지 두 명이 한국해양대 출신이라면, 이 세 명 사이에는 그 순간부터 보이지 않는 내집단과 외집단의 구분이 시작될 가능성이 높다. 이러한 집단의 범주는 출신학교 뿐만 아니라 '선호하는 색깔'이나 '좋아하는 음식'과 같이 지극히 사소한 특징들도 구분의 기준으로 작용할 수 있다. 수많은 연구에서 일반적으로 사람들은 내집단 구성원에 대해 보다 우호적인 평가를 내리는 경향이 월등히 우세함이 밝혀졌다. 결국 이러한 내집단/외집단에 대한 무의식적 구분 성향은 대인관계의 형성에 있어 다양한 오해와 갈등의 원인으로 작동하게 된다.

차별

내집단/외집단의 경계 구분을 기반으로 특정 집단이나 범주의 사람들에 대해 부당한 대우를 하는 현상을 '차별'이라고 한다. 차별의 행위는 일반적으로 자신이 속하지 않은 다른 집단(외집단)에 대한 적대적인 행동으로 드러난다. 따라서 특정 인물을 외집단이라고 규정한 이후 이어지는 해당 인물에 대한 불공평하고 적대적인 처우라고 할 수 있다. 대개는 특정 집단의 소속임을 이유로 모두에게 제공될 수 있는 기회를 박탈하거나 해당 구성원을 배제시키는 행위로 구현되어 나타난다. 국제연합(UN)에서는 차별의 행동에 대해 여러 가지 형태가 있음을 규정하고, 누군가를 배제하고 거부하는 행위가 수반된 모든 종류의 행동이라고 기술하고 있다. 이러한 차별행위가 집요해지고 폭력적으로 바뀌면, '인종차별(racism)'이나 '제노포비아(Xenophobia)'와 같은 극단적인 양상으로 치달을 수 있다.

제노포비아

'외국인이나 타자에 대한 혐오' 또는 '그들의 정치나 문화에 대한 혐오'를 일컫는 '제노포비아'는 앞서 말한대로 차별의 극단적 표출 양상이라고 할 수 있다. 일반적으로 제노포비아 역시 내집단과 외집단에 대한 명확한 구분을 기반으로 발현되며, 외집단 또는 타자의 존재 자체가 내집단 또는 자신의 정체성에 대한 위협 및 '이상적으로 설정된' 순수성을 오염시킨다는 의심 아래 그들의 존재를 없애려는 행위로 드러난다. 제노포비아는 특정 문화나 집단에 대한 혐오 뿐만 아니라 이들에 대한 무비판적이고 맹목적인 예찬이나 칭송 행위도 포함하고 있다. 그러므로 비현실적이고 정형화된 이국적 특징을 가진 문화에 대한 맹목적 동경행위 역시 일종의 제노포비아라고 할 수 있다.

다음 에피소드에 등장하는 한국인 사관의 행동 원인을 커뮤니케이션을 방해하는 심리기제를 기반으로 설명해보시오.

1) 유럽으로 운항하는 A해운의 컨테이너선에는 한국인 선장과 사관들을 제외한 15명 정도의 구성원이 모두 필리핀 출신이었다. 배에 탑승한 황철규 삼항사는 필리핀 부원들과 함께 선상 업무를 하는 일이 빈번하였다. 그런데 황 삼항사는 필리핀선원들이 전체적으로 인내가 부족하고 능동적인 업무진행보다는 규정에 의거한 당직과 업무활동 이외에는 솔선수범하지 않는다는 느낌을 받게 된다. 그래서 하루는 필리핀 선원 몇 명을 불러놓고 '당신들은 한국인 선원들에 비해 업무자세가 태만하고 솔선수범 하는 자세가 부족하며, 위계 의식도 없어 보인다'라고 불평하였다.

2) 한국인 선장이 지휘하는 컨테이너선이 쿠웨이트 항구로 입항을 시작하는 과정에서 입항을 돕기 위해 이슬람 도선사가 탑승하였다. 그런데 이 도선사가 입항 작업 중간에 갑자기 이슬람 성지 메카 방향으로 절을 하기 시작했다. 한국인 선장은 신중함을 요하는 입항 작업 중에 종교적 의식을 이행하는 모습에 당혹스러웠고, 혹시나 사고라도 나지 않을까 마음을 조려야했다. 그래서 이슬람 신자들은 업무보다 종교를 더 중요하게 생각하는 정말 이상하고 도무지 이해 안 되는 집단이라고 생각했다.

위에서 살펴본 커뮤니케이션 과정에서 방해요인으로 작용하는 심리기제를 바탕으로 여기서는 효과적인 커뮤니케이션에 필요한 마음가짐에 대해 설명해본다. '효과적인 커뮤니케이션'이나 '바람직한 커뮤니케이션'이라는 개념 자체가 바라보는 관점에 따라 다르게 규정될 수 있기에 일반적으로 앞서 기술된 방해요인으로 작용하는 심리기제를 최소화시킬 수 있는 몇 가지 마음가짐을 규정해본다. 낯선 상대와의 소통에 있어 필요한 마음가짐은 '모호함에 대한 내성/포용력(Ambiguity Tolerance)', '감정이입/엠퍼시 능력(Empathy)', '긍정적인 마음가짐(Positive Attitude)', '문화상대주의(Cultural Relativism)' 등으로 정리할 수 있다.

모호함에 대한 포용력/내성

인간이 가진 낯설음의 상황에서 발원하는 불확실성으로 인한 불안감의 회피 경향은 누구에게나 존재하지만, 이러한 상황에 대처하는 방식은 개인에 따라 천차만별일 가능성이 높다. 예를 들어 중차대한 챔피언 도전 시합을 앞둔 권투선수가 강력한 챔피언의 펀치를 견디기 위해 스파링 상대와 강펀치를 견디어 내는 연습을 통해 맷집을 기르듯이, 낯설고 모호한 상황 역시 이와 유사한 상황에 자주 노출되어 상황 대처 능력을 기르게 되면 일정 정도의 모호하고 불안한 상황에 대한 '맷집'이 형성될 수 있다. 이를 '모호함에 대한 포용력/내성'이라 칭하고자 한다. 즉, 모호함에 대한 포용력이란 특정 정보의 부족이나 애매함 또는 어떤 행동의 모호함에 대해 중립적이고 열린 자세로 받아들이는 자세이다. 이는 개인의 자아발전과 인성교육에 있어 매우 중요한 요소이다. 심리학과 경영학에서는 모호함에 대한 포용력 수준이 개인의 창의성, 위험에 대한 방어력, 심리적 탄력성, 라이프 스타일, 다양성에 대한 자세, 리더십 스타일과 밀접한 관계에 있다고 언급한다. 따라서 모호함에 대한 내성은 강펀치를 맞아

보는 경험을 통해 펀치에 대한 내성을 기르는 것처럼 개인이 다양한 삶의 경험이나 여행 등의 직접적인 경험과 독서나 영상시청 등의 간접적인 체험을 통해서 함양할 수 있다.

감정이입/엠퍼시

감정이입(empathy)은 다른 사람이나 다른 생명체가 경험한 슬픔이나 행복과 같은 감정을 인지하고 어느 정도 공유할 수 있는 능력을 말한다. 다시 말해, 다른 사람의 감정과 요구를 이해할 수 있는 능력이다. 깊은 연민, 즉 동정을 느끼기 위해서는 어느 정도의 공감이 이루어져야 한다. 아울러 소통의 과정에서 상대방의 상황을 정확하게 파악하여 이해할 수 있는 역량인 '엠퍼시'는 소통의 필수 전제조건이다.

<차이를 좁혀가는 바람직한 소통의 열쇠 – 엠퍼시>

다음은 영국에 거주하는 일본계 여성이 스코틀랜드 출신의 남편 사이에서 태어난 아들과 함께 시내에서 경험한 사례를 통해 '감정이입/엠퍼시'에 대한 정의를 시도하고 있다.

은행의 현금인출기 옆에 앉아 있던 남성 노숙자가 우리에게 말을 걸었다.
"니하오, 니하오, 니하오, 니하오."
어깨부터 담요를 두른 남성은 나와 아들에게 눈을 맞추고 히죽히죽 웃으며 몇 번씩 "니하오"라 말했다. 나는 그에게서 눈을 돌리고 완전히 무시하면서 앞을 지나쳤다. 대낮부터 약에 취했는지 눈은 흐리멍덩한데 실례가 이만저만이 아니었다. 아무리 노숙자라도 무례한 것은 틀림없기 때문에 온정을 줄 여지는 없다고 생각하는데 아들이 입을 열었다.
"중국인 아닌데."
"뭐, 그게 핵심은 아니다만."
내 말에 아들이 투덜거렸다.
"저 말은 진짜 오랜만에 들었어."
"니하오, 니하오?"
"응, 친구들이랑 다닐 때는 들은 적이 없거든."
'오!'하고 내심 놀랐다. 드디어 그 시기가 시작되는 건가.
영국에 거주하며 유럽인과 사이에 자녀를 낳은 아시아인들이 종종 말하는 것이 있다. "아이가 사춘기에 접어들면 아시아인 부모와는 거리를 두려 한다." 예전에 런던의 일본기업에서 근무할 때, 함께 일하던 일본인 여성들이 이야기하는 것을 종종 듣곤 했다. 어떤 아이는 엄마가 일본인이라는 걸 숨기려 했다든지, 다른 아이는 엄마에게 발음이 부끄러우니까 다른 사람 앞에서는 영어로 말하지 말라고 했다든지.
마침내 우리 집에도 그런 시기가 찾아온 것인가. 마음을 다잡는데 아들이 말했다.

"방금 전 일에 대해서는 두 방향으로 생각해볼 수 있어.
우선 첫 번째는 친구와 함께 있으면 내가 동양인으로 보이지 않을 거라는 생각이야. 실제로 나를 라틴계로 착각하는 사람도 있으니까. 하지만 엄마랑 함께 있으면 아무래도 가족일 테니까 동양인으로 보이는 거지." [...]

"그리고 두 번째로 친구랑 있든 엄마랑 있든 나는 동양인으로 보인다고 생각할 수 있어. 하지만 친구들이랑 있을 때는 남자밖에 없고 덩치 좋은 애도 있으니까 무례하게 굴었다가는 한 대 맞을 수도 있지. 그래서 아무도 나한테 차별적인 말을 하지 않는 거야. 엄마랑 함께 다니면 여자와 아이라는 약자 콤비가 되니까 시비 걸기 좋은 거고. 만약 동양인 남성 둘이 지나갔다고 해도 저 아저씨가 똑같이 말했을까?"

"그러지는 못했을걸, 분명히."

이주민과 영국인, 남성과 여성, 어른과 아이. 아이가 다양한 틀로 방금 전 일을 분석하며 말하는 것을 듣고 조금 감탄했다. 아들이 말을 이었다.

"하지만 실은 세 번째 방향도 있어. '니하오'란 영어로 옮기면 '헬로'잖아? 중국인에게 중국어로 인사를 하면 한결 친숙해 보여서 돈을 주지 않을까? 이런 사업적인 판단 때문에 아까 그 아저씨가 '니하오'라고 했을 수도 있어."

"뭐? 그건 전혀 생각하지 못했는데."

나도 모르게 목소리가 커졌다.
"그런 의도는 아니었을 것 같아. 친절한 말투도 아니었고. 기분 나쁘게 히죽히죽 웃는데 친숙하게 느껴질 리 없잖아."
"하지만 단정하지 말고 이런저런 방향으로 생각해보는 게 중요하대. 시티즌십 에듀케이션 선생님이 이렇게 말했어. 그게 엠퍼시로 향하는 첫발이라고."

출처: 브래디 미카코 (2020), 나는 옐로에 화이트에 약간 블루 – 차별과 다양성 사이의 아이들, 김영현 옮김, 다다서재, pp. 141-143.

심퍼시(sympathy) vs 엠퍼시(empathy)

심퍼시 정의

1. 누군가를 가엾게 여기는 감정, 누군가의 문제를 이해하고 염려하고 있음을 표현하는 것. (the feeling of being sorry for somebody; showing that you understand and care about somebody's problems)
2. 어떤 생각, 어떤 감정이나 행동의 이유, 어떤 조직 등에 대해 지지하거나 동의하는 행위 (the act of showing support for or approval of an idea, a cause, an organization, etc.).
3. 비슷한 의견이나 관심을 지닌 사람들 사이의 우정이나 이해 (friendship and understanding between people who have similar opinions or interests).

(출처: 옥스퍼드 학습자 영어사전 홈페이지 https://www.oxfordlearnersdictionaries.com/)

누군가의 문제에 대해 이해하고 염려하는 감정 the feeling of understanding and caring about someone's problems

(출처: 캠브리지 영어사전 https://dictionary.cambridge.org)

엠퍼시 정의

타인의 감정이나 경험을 이해하는 능력 (the ability to understand another person's feelings, experience, etc.)

(출처: 옥스퍼드 학습자 영어사전 홈페이지 https://www.oxfordlearnersdictionaries.com/)

자신이 타인의 입장이었다면 어떨지 상상함으로써 누군가의 감정이나 경험을 함께 나누는 능력 (the ability to share someone else's feelings or experiences by imagining what it would be like to be in that person's situation)

(출처: 캠브리지 영어사전 https://dictionary.cambridge.org)

결국 심퍼시는 무의식적으로 작동하는 '감정', '행위', '이해'이지만, 엠퍼시는 의식적으로 작동해야하는 '능력'이다.

심퍼시는 평범하게 동정하거나 공감하는 것을 가리키지만, 엠퍼시는 그렇지 않다. 심퍼시는 가여운 사람이나 문제를 떠안고 있는 사람, 자신과 비슷한 의견을 지닌 사람을 보며 품는 감정이기 때문에 딱히 노력하지 않아도 자연스럽게 생겨난다. 하지만 엠퍼시는 자신과 이념이나 신념이 다른 사람, 또는 그다지 가엾지는 않은 사람들이 어떤 생각을 하는지 의식적으로 상상해보는 능력이다. 심퍼시가 감정적 상태라면, 엠퍼시는 고도의 지적 작업이라고 할 수 있다. 따라서 엠퍼시가 선의(善意)와 연결된다. 얼핏 생각하면 감정적인 심퍼시가 선의와 관련 있을 것 같지만, 의견이나 처지가 비슷한 사람들과 공감하는 데에는 굳이 선의가 필요 없다. 인간이 남의 신발을 신어보려 노력하는 것. 그렇게 한번 분발하게 하는 원동력. 그것이야말로 선의, 아니 선의와 가까운 어떤 행동이다.

긍정적인 마음가짐

태도/마음가짐은 특정 대상에 대해 개인이 가지는 싫음과 좋음의 정도를 나타내는 것이다. 태도/마음가짐은 특정한 사람, 장소, 사물, 사건 등에 대한 긍정적이거나 부정적인 입장이다. 사람들은 경우에 따라서는 특정 대상에 대해 모호한 입장을 취할 수도 있다. 이는 긍정/부정이라는 두 가지 입장이 동시에 마음속에 존재하고 있기 때문이기도 하며, 때로는 이중적인 태도를 통해 이익을 챙기려는 사람의 심리가 그 원인이 되기도 한다. 대개 태도는 주변 환경으로 부터 직접 경험하거나 관찰하여 학습한 결과물이다.

문화상대주의

문화상대주의는 절대적인 진리는 있을 수 없으며 어떤 입장도 그 나름대로 옳다고 주장하는 입장이다. 각 집단의 문화 형성과 생성 배경을 상대적으로 바라보는 태도이다. 서로 다른 자연환경과 역사·사회적 환경 속에서 문화 형성은 서로 다르게 진행될 수밖에 없으며, 이는 문화 간에는 우열이 없다는 인식으로 나아가게 된다. 문화상대주의에서는 어느 집단의 문화가 다른 집단의 문화보다 더 우월하다는 문화절대주의 또는 보편주의를 거부한다. 모든 문화는 고유한 환경에 대응하면서 얻게 되는 한 사회의 경험 지식의 총체이며 그 나름의 존재 이유와 가치를 가지고 있다. 이렇듯 문화상대주의는 어떤 특정 문화의 우월성이 아닌 여러 지역, 국가, 집단의 문화다양성을 인정하자는 의미로써, 한 문화는 그 문화가 처한 환경이나 역사 사회적 맥락 속에서 이해를 해야 한다는 것이다. 하지만 앞서 '다양성'과 '다문화주의' 담론 논의에서 설명하였듯이, 무조건적 상대성을 주장하여 모든 문화적 재현물이나 문화적 행위 자체를 그 자체로 인정해야 한다는 주장이나 자세는 또 다른 문제를 야기할 수도 있음을 잊어서는 안 될 것이다.

낯선 상대와 소통하는 방법[16]

1) 당신이 가장 인지하지 못하지만 당신에게 가장 큰 영향을 미치는 것은 당신 자신의 문화(자신이 속한 집단의 문화)이다. 우리는 다른 문화나 집단에 대해서는 관찰하고 평가할 수 있지만, 정작 나 자신과 나의 문화에 대해서는 무지하다.

2) 상대가 당신과 같은 방식으로 생각하고 행동할 것이라 기대하지 말라. 당신이 선호하는 일처리 방식은 다양한 방식들 중 그저 하나일 뿐이다. 그러니 다른 사람들은 나와는 다르게 생각하고 행동할 수 있음을 인지하라. 경우에 따라서는 당신의 방식이 표준이 아니라 예외가 될 수도 있음을 인식하라.

3) 당신이 익숙했던 집단을 떠나 새로운 집단이나 사회에 체류하게 된다면, 현지 관습을 존중하고 현지 규칙과 규범에 적응하려고 노력하라. 그렇다고 무조건 모방해서는 안 된다. 원숭이가 흉내 내듯 그들을 따라하는 것은 오히려 상대에 대한 모독으로 여겨질 수도 있다.

4) 언제든 가능하면, 상대에 대해 가지고 있는 당신의 가정과 기대를 수시로 점검해보라. 상대방에 대해 당신이 가진 무의식적 기대와 예상이 상대와의 상호작용에 있어 문제를 유발할 수 있다.

5) 누구나 다른 집단에 대한 고정관념은 가지고 있다. 당신이 가진 이러한 고정관념을 인정하라. 단, 이런 선행지식은 상대를 이해하는데 필요한 단순한 실루엣에 불과하므로 경험을 통해 상대에 대한 지식을 업데이트하고 바꿔나가도록 노력해야 한다.

---

16 프랑스 비즈니스 스쿨 INSEAD André Laurent 교수의 "30 Tips on how to learn across cultures" 내용 중 일부 발췌 정리(Reineke and Fussinger 2001 참조).

6) 늘 경청하고 관찰하며, 판단과 평가하기에 앞서 이해하려고 노력하라.

7) 인내심을 가져라. 원하는 결과를 얻는 데는 훨씬 더 많은 시간이 걸릴 수 있음을 인정하라.

8) 당신이 보기에 이상하고 비효과적이고 의미 없고 정상이 아니거나 심지어 멍청해 보이는 낯선 행동과 조우하게 되면, 가치판단은 잠시 미뤄두고 그러한 행동이 어디에서 출발했고, 어떤 의미를 갖는지 이해하려고 먼저 노력하라. 이를 위해 충분히 노력했다면, 그 행동의 이면에 숨은 참 의미를 깨닫게 될 것이며, 어쩌면 그 낯선 행동방식으로부터 뭔가 새로운 것을 배우게 될 것이다.

6. 다양한 커뮤니케이션 스타일 '공기도 읽어라'

다음의 상황 중 두 사람 사이에 가장 소통이 잘 될 것 같은 상황에서부터 그렇지 않은 상황 순으로 나열해보시오. 그리고 그 이유에 대해 설명해보시오.

1) 한 가정에서 함께 성장한 10대 쌍둥이 사이의 의사소통
2) 재판장에서 처음 만나 서로 자신의 의뢰인을 변호하려는 변호사 두 사람의 의사소통
3) 상선에서 처음 만난 한국해양대 출신 이기사와 목포해양대 출신 이항사 사이의 의사소통
4) 결혼 후 60년을 함께 산 80대 노부부 사이의 의사소통
5) 미얀마에서 교사생활을 하다 생계를 위해 상선에 승선한 미얀마인 부원과 한국인 선장 사이의 의사소통
6) 갓 승선한 20대 삼항사와 승선 25년 경력의 50대 선장
7) 한국해양대 해사대 1학년 학생과 국제대 1학년 학생 사이의 의사소통

1914년 미국 미주리 州에서 태어나 미국 남서부지역에서 성장한 문화인류학자 에드워드 홀(Edward T. Hall)은 1930년대 초(1933-1937) 미국 북서부 아리조나 州에 있는 원주민 보호구역에서 나바호족과 호피족과 함께 거주하면서 감독관으로 근무하였다. 당시 홀의 임무는 원주민들을 위한 주택, 도로, 댐 건립에 있어 (미국인의 관점에서는 문화적으로 낯선) 원주민들을 지도하고 그들에게 동기부여를 하는 것이었다. 홀은 1942년 콜럼비아 대학에서 고고학 박사학위를 받았으며, 그 후 제2차 세계대전의 발발과 함께 아프리카계 미국부대의 장교로 참전하여 유럽 및 필리핀 등 아시아지역에서 다양한 현장

연구와 참여관찰 연구를 진행 할 수 있게 된다. 전후 홀은 연구영역을 바꿔 문화인류학 분야에서 '문화-퍼스낼러티 관계론(culture-and-personality theory)'의 대가인 에이브럼 카디너(Abram Kardiner)와 클라이드 클럭혼(Clyde Kluckhohn)의 수업을 들으면서 문화인류학과 심리분석 간의 밀접한 연관성을 인식하게 된다. 에드워드 홀은 '문화 간 커뮤니케이션'이라는 학문분야를 설립한 인물로 인정받고 있다. 1950년부터 1955년까지 홀은 미 외무부 산하 해외서비스 연구소(Foreign Service Institute, 이하 FSI)에서 개발 원조를 위해 외국에 파견되는 실무자, 외교관, 정부공무원들에게 파견근무 준비교육을 담당하였다. 사실상 FSI에서 문화 간 커뮤니케이션의 역사가 시작되었다고 할 수 있다. 홀은 이곳에서 에드워드 사피어(Edward Sapir)와 벤자민 리 워프(Benjamin Lee Whorf)의 제자 중의 한 명인 언어학자 조지 트래거(George L. Trager)와 함께 문화적응 훈련프로그램(intercultural training program)을 개발한다. 하지만 당시 이곳에서 문화이론과 문화인류학 지식을 가르치려던 홀의 시도는 실패하게 된다. 왜냐하면 대부분의 FSI 교육생들은 당시 문화인류학의 주요 연구주제였던 원주민 집단의 친족구조와 사회제도에 대해서는 전혀 관심을 보이지 않았기 때문이다. 반면 교육생들의 주요관심사는 투입되는 지역(예를 들어, 모로코나 일본 등)의 현지 사업가나 실무자 또는 정치 관료들과의 직접적인 상호작용에 있었다. 따라서 홀과 트래거는 1952년 이후 FSI 교육에서 미시적인(micro) 영역에서 발생하는 문화적 차이들을 중심으로 하여 교육생들이 파견되는 지역의 현지인과 미국인 사이의 커뮤니케이션 스타일의 차이를 집중적으로 교육하였다.

1959년 출판된『침묵의 언어(The Silent Language)』에서 홀은 자신의 문화에 대한 관점을 실증적으로 설명하고 있다. 이 책의 핵심내용은 문화가 상당히 광범위하게 그리고 무의식적으로 인간의 행동방식에 영향을 미치고 있다는 것과 커뮤니케이션 수단으로써 비언어적인 행동이 중요한 의미를 가지고 있다는 것이다. 즉 인간은 전혀 상호 간에 전달된 적이 없는 메시지를 받고도 '문화 간 오해(inter-cultural misunderstanding)'를 하게 된다고 언급하고 있다.

홀의 이론 정립에 지대한 영향을 준 이론은 바로 프란츠 보아스(Franz Boas)의 '문화상대주의' 이론이다. 홀은 1950년대 이미 '순진한 진보주의적인(naively evolutionary)' 인식에 입각하여 외국인을 단순히 '미숙한 미국인(underdeveloped Americans)'정도로만 분류하는 것에 대해 강하게 비판하였다. 다시 말해, '저개발(underdeveloped)' 국가의 주민들이 미국인으로부터 새로운 기술을 전수받아야 하지만 이에 저항하는 고집 센 민족들 정도로 당시 미국에서 파견되는 공무원 및 외교관들은 타지역을 바라보았다는 것이다. 홀과 보아스 이론과의 관련성은 홀이 롤 모델로 삼았던 루스 베네딕트(Ruth Benedict)와 언어상대주의 가설을 정립한 사피어/워프의 제자였던 (FSI시절 그에게 가장 많은 영향을 미친) 트래거를 통해 이어진다. 그 외 홀의 연구에 지대한 영향을 준 것은 프로이트의 무의식 이론이라고 할 수 있다. 홀 스스로가 수년간 정신분석 치료를 받은 경험이 있으며, 그의 부인도 당시 유명한 프로이트 전문가였던 정신의학자 해리 설리번(Harry Sullivan)이 운영하던 워싱턴에 위치한 정신병원에서 근무하였다. 홀(1990: 59)은『침묵의 언어』에서 프로이트의 가장 극적이고

혁명적인 업적 가운데 하나는 무의식(the unconscious)의 역할에 대한 치밀한 분석이라고 언급하고 있다. 프로이트 이론에 의거하면 인간이란 더 이상 논리와 이성에 의해 지배되는 합리적인 존재로 간주될 수 없으며, 그러한 관점에서 문화의 상당 부분이 의식 밖에서 구현된다는 것이다.

오늘날까지도 '무의식의 문화'와 '문화 상대성' 개념은 상이한 문화정체성의 구성원들 간의 커뮤니케이션 연구에서 중요한 전제조건이다. 그래서 문화적응 교육 및 훈련 프로그램의 가장 본질적인 목적 중의 하나는 '자문화로부터의 각인'과 '타문화에 대한 존중'을 의식화하는 것이다. 홀에 따르면, 문화는 배워서 습득된 것이므로 가르칠 수 있어야 한다. 그러나 과거에는 모든 문화에서 하나의 지배적인 줄기를 이루어는 언어라는 예외 말고는 그 점에 관련하여 거의 성공을 거둔 바가 없었다. 이 문제에 대한 해답은 습득(acquisition)과 학습(learning)의 차이를 이해하는데 있다. 대부분의 문화는 습득된 것이므로 가르칠 수 없는 반면, 언어는 어린 시절 습득된 다음 다시 가르치기 때문에 현대 언어학에 의해 가능해진 언어교육, 언어분석, 언어 활용에 극적인 진보를 가져왔다. 우리 인간의 삶은 어떤 면으로나 문화의 영향을 받고 그로 인해 변용된다. 즉, 문화는 사람들이 자기를 어떻게 표현하는가, 어떻게 사고하고 행동하는가, 문제를 어떻게 해결하는가, 도시를 어떻게 설계하고 수립하는가, 교통 체계는 어떻게 기능하고 조직하는가, 경제 및 정치 체제는 어떻게 구성하고 기능하는가를 좌우한다. 그러나 홀은 이러한 문화의 측면은 너무나 분명하고 당연한 것으로 여겨져 충분히 연구되지 않았다고 주장한다.

우리는 매일 수없이 많은 사람들과 소통하며 살아간다. 대화와 관련된 실용서나 협상관련 서적을 보면, 누군가와의 소통과정에서 말을 잘하는 것만큼이나 잘 듣는 것이 중요함을 강조한다. 위의 다양한 의사소통의 상황들에서처럼 두 사람 사이의 '소통이 잘 이루어진다.'라는 의미는 과연 어떤 것일까? 어쩌면 이에 대한 대답은 사회마다, 집단마다, 또 개인마다 매우 다를 수밖에 없다. 무의식 이론에 영향을 받았던 홀은 사람과 사람 사이의 의사소통 과정에서 '전달되지 않은 메시지'에 집중하였다. 여기서 전달되지 않은 메시지는 두 사람 사이의 커뮤니케이션 상황을 에워싸고 있는 정보로써 대화나 협상 상황에서 이미 화자와 청자의 조밀한 관계망을 통해 공유되어 구체적이고 명시적으로 전달될 필요가 없는 정보를 일컫는다. 홀은 이를 '맥락(context)'이라 칭했다. 그런데 중요한 것은 이러한 맥락 자체가 발화자의 커뮤니케이션 과정에 무의식적으로 지대한 영향을 미친다는 것이다. 홀은 커뮤니케이션 연구 분야에서 소통과정에서의 맥락의 중요성이 광범위하게 인정되고 있지만 그 과정이 적절하게 설명된 경우가 드물고 특히 일반인들은 이에 대한 인식이 부족하다고 언급한다. 그리고 이에 대해 이해가 되었다고 하더라도 그로부터 얻은 통찰이 실제 행동에서 활용되지 못하는 것이 일반적이다. 홀은 인간 개인과 외부세계 사이에 놓인 선택적인 스크린에 대한 인식의 정도가 맥락의 척도와 밀접하게 관련되어 있다고 주장한다.[17]

소통의 상황에서 생략된 정보의 양이 많으면 '고맥락(high-context)'

---

17 홀에 따르면, 저맥락에서 고맥락으로 갈수록 선택 과정에 대한 인식도 높아진다.

커뮤니케이션에 속하고, 적으면 '저맥락(low-context)' 커뮤니케이션에 속한다. 고맥락 커뮤니케이션을 선호하는 사람들에게 훌륭한 의사소통이란 직설적이기보다는 세련되고, 미묘하고, 다중적 의미를 가진 어휘들을 활용한 의사전달이다. 이들에게 중요한 것은 발화된 내용보다는 발화된 메시지 사이사이에 암묵적으로 표현되는 요소들이다. 반면 저맥락 커뮤니케이션에 있어 훌륭한 의사소통이란 정확하고, 단순하고, 분명하게 메시지를 전달하는 것이다. 즉, 군더더기 없이 전달하려는 내용이 아주 명확하게 드러나고, 오해를 피하기 위해 의사소통 과정에서 이미 끊임없는 질의응답을 통해 전달하고자하는 내용을 명시적으로 전달하는 것이 중요하다.

고맥락 커뮤니케이션에서는 대부분의 정보들이 발화가 되는 물리적인 조건(장소, 시간, 대화 상대의 직위, 관계 등)을 통해서 말없이 전달되거나 또는 대화참여자들이 이미 알고 있다고 전제하기 때문에 극소수의 정보만이 명확한 메시지의 형태로 전달된다. 이러한 형태의 커뮤니케이션은 주로 구성원 간의 상호의존도가 높아 공유된 정보의 양이 많은 집단에서 주로 발견된다. 저맥락 커뮤니케이션은 그러한 숨겨진 정보의 양이 적기 때문에 모든 정보가 대화 상황에서 명시적으로 전달되어야 한다. '저맥락' 커뮤니케이션에서는 의사소통이나 인간관계를 위해 부가적인 상세한 정보가 필요하게 되는데, 이는 비공식적인 정보채널이 폭넓게 존재하지 않아 알려져 있는 혹은 이미 주어져 있는 정보가 많지 않기 때문이다. 이러한 맥락의 차이로 인해 두 집단 또는 두 사람 사이의 선호되는 커뮤니케이션 방식이 상당히 차이가 난다.

고맥락 커뮤니케이션 방식은 정보가 맥락 속에 위치하여, 굳이 구두 상으로 표현되어 전달될 필요가 없다. 협상의 과정은 보통 핵심 주제의 주변을 맴돌곤 한다.

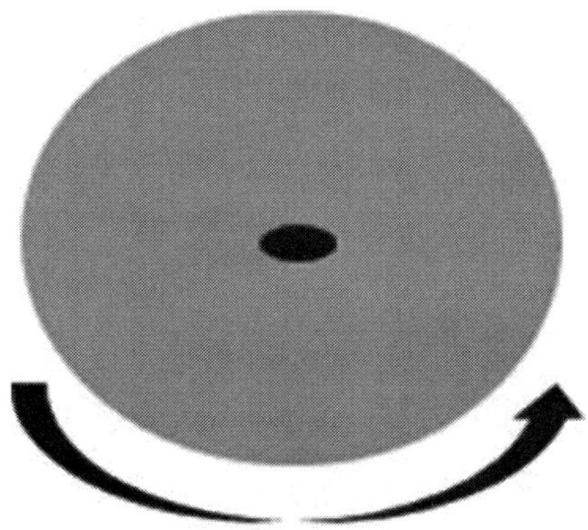

고맥락 커뮤니케이션(High-Context Communication)의 발화 스타일

저맥락 커뮤니케이션(Low-Context Communication)의 발화 스타일

저맥락 커뮤니케이션 방식에서는 미리 암묵적으로 주어진 정보의 양이 상당히 적기 때문에, 대화나 협상과정에서 중심의제가 직설적이고 명확하게 다루어진다.

특정 사회, 특정 집단, 특정 개인에 따라 선호하는 커뮤니케이션 스타일이 존재하고, 그 선호의 정도는 그 사회나 집단 또는 개인의 환경조건과 구성원들 사이의 상호의존 정도에 따라 달라진다. 최근 '맥락'에 대한 관심은 지구화의 증대를 통해 국가 간, 지역 간, 개인 간의 교류가 증대됨에 따라 언어 번역의 필요성이 높아지면서 단어와 문법이 갖추어지는 것만으로 전달되지 않는 숨겨진 의미들을 어떻게 전달하고 이해할지 해답을 찾는 과정에서 나타나고 있다. 즉, 번역이나 통역의 과정에서 발화자와 청자 사이에 생략된 정보의 번역의 문제는 여전히 남게 된다. 맥락이론을 기반으로 일반적인 의사소통의 양상을 살펴보면, 아무리 처음 만나는 사람 사이의 의사소통이라도 두 사람 사이에 공유되는 정보가 어느 정도냐에 따라 '소통이 잘 이루어지는' 정도는 달라질 수밖에 없다. 다시 말해, 두 사람이 살아온 환경이나 직업 분야 또는 관심 분야 등이 유사하여 서로가 가진 정보가 유사할수록 명시적으로 전달하지 않고 생략할 수 있는 정보가 많아질 수 있다. 예를 들어, 위 3번과 6번의 상황 모두 처음 만나 대화를 나누는 상황이긴 하지만, 6번에 비해 3번 상황에서의 의사소통이 보다 잘 이루어질 가능성이 높다. 두 사람 모두 직급이 동일하며 서로 다른 학교출신이긴 하지만, 유사한 전공과 커리어를 쌓아왔기 때문이다. 이에 반해 6번의 상황에서는 동일한 분야를 공부하여 상선 사관으로의 직업 활동을 하는 두 사람이지만, 서로가 경험하고 살아온 환경이나 조건이 두 사람의 나이나 승선경력만큼이나 차이가 날 가능성이 높다. 물론 이를 지나치게 일반화시킬 수는 없지만, 맥락 이론의 관점에서 보면 6번의 상황이 3번의 상황 보다 훨씬 저맥락적 소통이 이루어져야 할 것으로 보인다. 즉, 두 사람 사이의 공유된 가치나 경험이 많지 않기에 생략된 정보가 많아지면 둘 사이의 소통은 쉽게 오해로 이어질 가능성이 높다. 하지만 이러한 가능성에 대해 전혀 고려하지 않고 소통을 시작하기 때문에 앞서 4장(117쪽 참조)에서 언급한 실습기관사와 3등 기관사 사이의 오해 과정과 같은 문제가 발생하는 것이다.

한국인과 미국인의 비즈니스 협업 가상의 사례

부산 벡스코에서 해양안전과 관련된 대규모 국제 컨퍼런스를 준비하던 한국측 주관사는 행사개최를 불과 3주 남겨놓고 미국 협력업체에 참석 가능한 미국측 주요인사 명단을 보내달라고 요청한다. 하지만 미국측 관계자는 행사가 얼마 남지 않은 시점에서 어떤 인사를 어떤 목적으로 초청하는 것인지에 대한 구체적인 설명도 없이 명단을 요청하는 것에 대해 이해할 수 없으며, 명단을 제공할 수 없다고 통보한다. 이러한 미국측의 비협조적 업무 방식에 대해 한국측 주관사는 매우 실망한다.

한국인과 미국인의 비즈니스 협업 사례 – 맥락이론에 입각한 해석

한국에서는 특정 주제관련 대규모 국제 컨퍼런스가 진행되면 컨퍼런스의 주제와는 관계없이 자리를 빛내줄 관련 정부부처나 시당국의 관계자 등 주요인사를 초청하는 것이 통상적이다. 이러한 내빈은 컨퍼런스의 격을 높이는 역할을 한다. 그러므로 초청받는 인사들도 그 자리가 충분히 참석가치가 있는 자리라면 이미 정해진 스케줄을 변경하고서라도 참석할 가능성이 높다. 이에 반하여 미국인들의 경우, 미리 정해진 스케줄과 일정에 따라 업무를 이행하고 자신의 분야와 직접적으로 관련된 일에 관여하는 경향이 강하다. 따라서 위 사례에서 발생한 오해의 상황은 고맥락 문화적 성향이 강한 한국 관계자와 저맥락 문화적 성향이 강한 미국관계자 간의 이러한 보이지 않는 차이에 의해서 발생하였다고 해석할 수 있다.

홀의 맥락이론과 유사하게 특정 집단이나 사회가 선호하는 커뮤니케이션 스타일과 이에 따른 정보수집의 양상을 범주화한 이론이 있다. 영국 언어학자이자 문화 컨설턴트인 리처드 루이스(Richard D. Lewis)는 설문조사와 실무경험을 바탕으로 문화권별 커뮤니케이션 양상을 설명하는 'LMR 분류모형'을 만들었다. 루이스는 사회 구성원들의 커뮤니케이션 방식뿐만 아니라 커뮤니케이션 행위를 위한 정보수집 방식에 따라 '선형행동(linear-active)' 문화, '복수행동(multi-active)' 문화, '반응행동(reactive)' 문화로 분류하고 있다.

'선형행동(linear-active)' 문화권 구성원들은 객관적인 자료, 업무중심, 철저한 시간 관리 및 계획수립 등을 선호하는 특징을 가지며 대화에 있어 핵심주제에 초점을 맞춰 대화상대방과의 논리적이고 객관적인 소통을 선호하는 편이다. '복수행동(multi-active)' 문화권의 구성원들은 문서화된 자료보다는 구두(oral) 정보 중시, 인간관계 중심 업무처리, 융통성 있는 시간 관리와 임기응변식 계획수립 등을 선호하는 특징을 지니고 있다. 따라서 이들은 대화 상황에서 현안이 되는 주제보다는 대화자 상호 간의 관계 및 감성적인 요소에 호소하는 편이며, 상대방의 말이 끝나기도 전에 다른 상대가 끼어들기도 하고 신체접촉이나 몸짓, 표정, 목소리 톤과 같은 비언어 및 준언어적 요소들이 대화 상황에서 중요한 역할을 한다. 이 두 가지 범주는 홀의 저맥락과 고맥락 범주와 유사하다. 그런데 루이스의 경우, 이 두 가지 범주의 특정이 어느 정도 혼합된 세 번째 유형을 설명하고 있다.

이 세 번째 유형은 위 두 가지 양상과 달리 커뮤니케이션에 있어 말하기 보다는 듣는 것을 선호하고 상대방의 입장을 배려하고 존중하려는 성향을 가진다. 루이스는 소통상황에서 대화를 주도하기 보다는 상대방의 입장에 반응하는 성향이 높은 이러한 범주의 집단을 '반응행동(re-active)' 문화권이라 하였다. 이 유형은 일본, 중국, 한국 등 동아시아 국가들과 핀란드, 스웨덴 등 북유럽 사람들의 대화방식의 특수성을 잘 설명해준다. '반응행동' 문화권의 구성원들은 앞선 두 가지 범주의 특징을 모두 어느 정도 가지고 있다고 볼 수 있는데, 정보수집에 있어서 이들은 객관적인 자료뿐만 아니라 비공식적 네트워크를 통한 정보 활용, 업무에 있어 인간관계 중시, 신중한 계획수립과 진행 등의 특징을 지닌다. 따라서 이들은 대화 상황에서 상대방과의 갈등이나 대립보다는 조화를 중시하는 편이며, 절제된 비언어적 요소를 통한 메시지 전달에도 익숙한 편이다.

인류학적 질적 연구를 바탕으로 사회집단이 선호하는 커뮤니케이

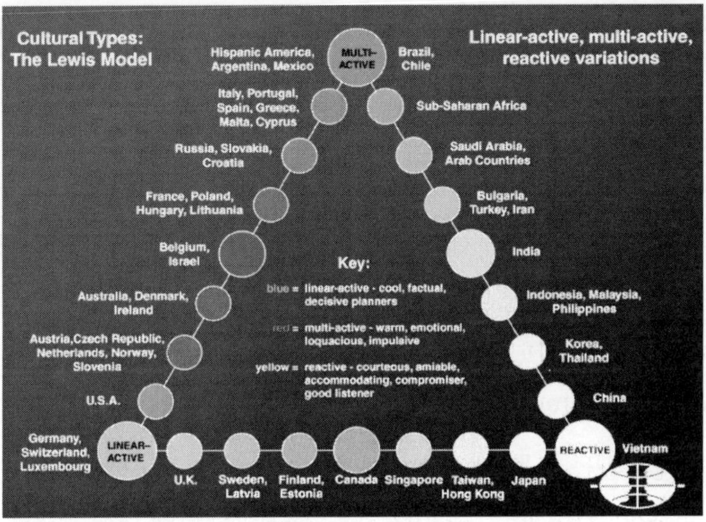

루이스의 LMR 삼각형

션 양상을 범주화 하였던 홀의 맥락이론과는 달리 루이스의 LMR 모형은 비교적 정량적인 조사를 바탕으로 국가사회 집단 간의 상이한 커뮤니케이션 양상을 범주화하여 제시하고 있다.

그의 분류에 따르면, 한국은 복수행동과 반응행동 문화권 사이에 위치한 반응행동 문화가 지배적인 사회이다. 즉, 대화나 협상의 상황에서 발언이나 토론을 주도하기보다는 상대방의 의사를 듣고, 상대의 입장을 경청한 후 그에 따라 반응하고 자신들의 의견을 개진하는 성향이 강한 편이다. 이 삼각형 모형에 따르면, 한국은 선형행동과 반응행동 문화권 사이에 위치한 일본에 비해 관계지향적 성향이 보다 강하고 경우에 따라서는 복수행동 성향인 감정표출이 나타날 수 있다는 것이다. 반응형 문화적 성향은 중국, 대만, 싱가포르, 한국, 터키, 핀란드에서 주로 발견된다. 나라에 따라 복수행동형 성향이 나타나는 동아시아 국가도 있긴 하지만, 동아시아는 대체적으로 이 문화권에 속한다. 유럽에서는 핀란드 사람들이 상당히 반응형 문화에 속하며, 영국, 터키, 스웨덴도 경우에 따라 '경청형' 모드로 바뀌곤 한다. 반응형 문화권에서 온 상대방이 발언하기 시작한다고 해서 이것이 곧 그들의 생각을 강하게 표출하는 것일 가능성은 낮다. 오히려 상대방의 의도를 명확히 알아보기 위해 질문을 던지거나 전략적인 태도를 취할 가능성이 높다. 루이스에 따르면, 반응형 문화 구성원의 대화는 보통 monologue - pause - reflection - monologue 순으로 구성된다고 한다. 즉, 여기서는 '침묵(silence)'에 대해 관대할 뿐 아니라 매우 의미 있고 세련된 대화의 수단 중 하나로 여긴다는 것이다. 따라서 반응형 문화의 대화 성향은 맥락 중심적이며, 상대방이 이미 대화 내용과 관련하여 상당한 이해를 가지고 있다고 전제하고 대화를 진행한다. 루이스는 선형행동 문화권 사람들은 반응형 문화권 사람의 답변내용이 그들 주장의 전부가 아님을 명심해야 한다고 언급한다. 즉, 맥락중심적 발화내용은 결국 무엇을 말하느냐가 아니라 어떻게 말했느냐, 누가 말했느냐, 그 말의 뒤 배경은 무엇이냐에 달려 있다는 것이다. 그래서 사실상 대화 상황에서 발화되지 않은 내용이 훨씬 더 중요할 수 있다.

지금까지 상술한 홀의 맥락이론과 루이스의 LMR모형은 현재 異문화 교육 등 국가사회별 문화차이를 설명하는데 널리 활용되고 있다. 그러한 만큼 이러한 문화범주 이론의 오남용 역시 심각한 수준이다. 앞선 장에서 설명했던 것처럼, 이러한 이론들은 이론의 최초

의도와는 다르게 지나치게 결과 중심적으로 국가별 특수성을 문화 범주에 입각해서 단순화 시켜버리는 경향이 있다. 이는 거시적인 차원에서 다양한 세계 지역과 국가사회의 문화를 특정 범주라는 기준에 의거하여 비교하는데 그 의미가 있는 것이며, 이를 미시적인 차원 즉, 개별 국가나 개별 집단 또는 개인에게 직접적으로 적용하여 상대방의 행동이나 사고방식을 예단하는데 사용하게 되면 문화 간 만남과 상호작용 상황에 오히려 큰 위험요소로 작용할 가능성이 크다는 것을 명심해야 할 것이다. 따라서 이 책에서는 두 이론의 활용의 범주를 단순히 국가사회가 아닌 개인의 행동맥락에서 적용하는 것을 시도하고자 한다.

한 개인의 개성이나 심리적 특성을 결정짓는 중요한 요소 중의 하나는 그 개인이 행동하고 살아가는 맥락라고 할 수 있다. 물론 개인이 노출되는 상황적인 맥락이란 몇 가지가 아니라 무한하다고 할 수 있다. 그럼에도 불구하고 우리가 인생을 살아가면서 자신의 개성과 심리적 특성에 지대한 영향을 미치게 되는 중요한 상황적 맥락들은 존재하기 마련이다. 한 사람의 연령, 직업, 전공분야가 그 대표적인 상황맥락의 범주들이라고 할 수 있다. 즉, 이렇게 개인이 속한 범주를 기반으로 하는 다양한 문화적 층위가 사회, 권위, 법, 자유 등에 대한 자신의 독특한 입장을 만들어내는 것이다. 예를 들면, 특정 사회 내 세대에 따라 사회를 바라보는 관점이나 정치색 등이 확연히 다르게 나타나게 된다. 이를 LMR 모형에 대입해본다면, 젊은 세대는 나이든 세대에 비해 선형행동이나 다중행동형 범주에 속하는 사람들이 더 많을 것이다. 또 사람들은 나이가 들면 상대방에 대한 이해가 심화되고 상황파악에 있어 신중해지는 경향이 있다. 즉, 나이든 세대의 사람들은 대개 의사소통 방식에 있어 경청하고 들어주는 반응형 유형으로 바뀌게 되는 것이다.

직업 역시 의사소통 방식을 결정짓는 매우 중요한 영향력 중 하나이다. 예를 들어, 공학자, 회계사, 기술자들은 조그만 오차나 실수가 큰 문제를 야기할 수 있는 영역에서 일을 하고 살아가기에, 이러한 직업세계 사람들은 일반적으로 선형행동 유형의 소통방식을 나타낼 가능성이 높다는 것이다. 선박 안에서도 업무영역에 따라 기관사와 항해사의 일반적인 특징을 살펴본다면, 선박의 운항관리를 책임지는 역할을 수행하는 항해사와 선내 기관의 정비 및 운전과 선내의 동력을 공급하고, 해양오염 방지 직무를 수행하는 기관사는 이들의 교육배경과 작업환경이 다른 만큼 소통방식도 다를 수밖에 없다. 그러한 측면에서 상대적으로 넓고 열린 공간인 선교에서 근무하는 항해사들은 일반적으로 다중행동형 또는 반응형 유형을 보일 가능성이 높고, 이에 반해 선박의 밀폐된 기관실에서 선내 기관 및 동력을 관리하는 기관사들의 경우는 선형행동 유형을 보일 가능성이 높은 것이다.

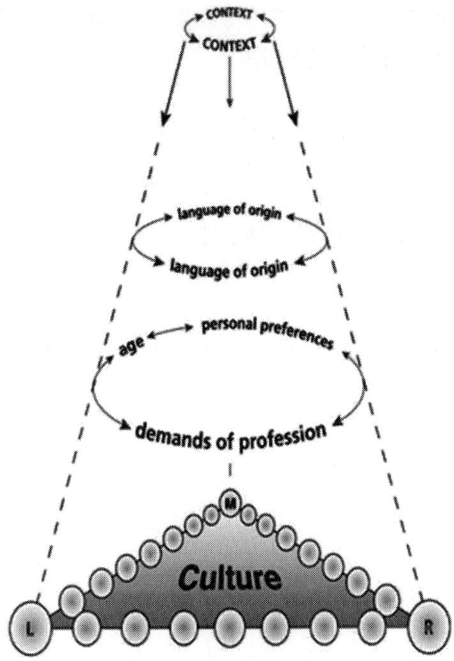

LMR 모형의 미세조정

따라서 아래 그림에서 볼 수 있는 것처럼 개인의 개성과 심리적 특성은 자신의 직업세계, 연령, 자신이 속한 집단 중 가장 영향을 많이 주는 집단의 문화적 특성을 반영하는 것이며, 이러한 다양한 층위의 요소들이 서로 힘겨루기를 하면서 개인의 성격과 심리적 특성이 형성되고 변화하는 것이다.

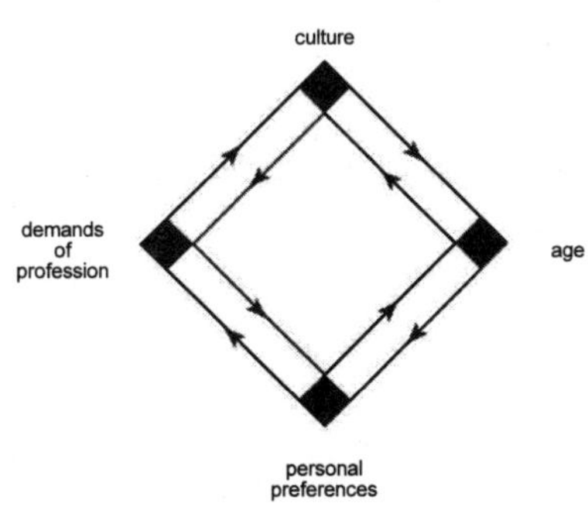

▶ 인간 개인의 마음 속 힘겨루기

고맥락 의사소통과 한국인의 情

<갯바람>이라는 소설 작품 속 늙은 부부의 사별 장면묘사

"영감, 손, 손....."
할멈은 가쁜 숨을 몰아쉬며 팔을 내밀면서
정노인의 손을 찾았다.
"어서 가."
정노인은 임종하러 온 딸이 끌어다 잡혀 주는 대로 손을 맡긴 채 퉁명스럽게 내 쏘았다.
"내가 먼저 아들 옆으로 가요."
"지랄."
"영감 혼자....."
"먹을 것 싸놔서 눈 못 감엇."
"험한 꼴.....같이 갔으면....."

죽어 가는 아내를 향해 안타까움을 표시하기는커녕 걸쭉한 욕지거리를 내뱉는 노인을 만약 어느 서양 사람이 보았다면 그를 피도 눈물도 없는 냉혈한쯤으로 치부했을 것임에 틀림없다. 그러나 한국인들은 어느 누구도 이 남편을 욕하지 않을 것이다. 욕은커녕 행여 노인이 더 이상 버티지 못하고 무너질까봐 걱정할 것이다. 죽어 가는 아내를 대하는 무감각한 듯한 남편의 표정 이면에 말로는 표현할 수 없는 "가슴 미어짐"이 간신히 억제되고 있다는 것은 오직 한국 사람만이 이해할 수 있기 때문이다.

출처: 임태섭 편저 1995, 정, 체면, 연줄 그리고 한국인의 인간관계, 한나래, p. 16-17 참조

Ⅲ. 바다 위의 삶

미국 저널리스트 말콤 글래드웰은 '아웃라이어'라는 책의 7장에 1997년 8월 괌에서 발생한 대한항공 801편 추락사고(254명 탑승객 중 228명 사망)를 언급하고 있다. 저자는 비행기 추락 사고를 유발하는 실수들은 예외 없이 팀워크나 의사소통의 문제라고 설명하면서 대한항공 사고의 원인을 문화적으로 설명하고 있다.

괌 사고도 [...] 비행기 추락 사고를 유발하는 세 가지 요인, 즉 사소한 기술적 잔 고장, 나쁜 날씨, 피곤한 조종사가 모두 결합되었다. 그렇게 해서 대한항공 801편은 문제의 한 가운데로 빨려 들어가고 말았다. 다음은 대한항공 801편이 추락하기 30분 전부터 블랙박스에 녹음된 것이다. 그 내용은 피곤하다고 불평하는 기장의 말로 시작된다.

[오전 1시20분 1초]
기장: 이거 뭐, 왕복해가지고 아홉 시간 나와야 뭐 조금이라도 있는 것 아니야? 이것 여덟 시간 나오면 말짱 헛일 아냐? 여덟 시간 가지곤 아무 도움 안 되는 것 ..... 아이고, 맥시멈으로 고생시키는구나. 맥시멈으로. 이게 아마, 이래되면 캐빈 승무원들 호텔비 안 들어가지요, 비행시간 맥시멈으로 태우지요, 그래서 노멀 점보(조종사 세 명이 타야 하는 구식)만 잡아먹는 거야(김포-괌 왕복시간은 여덟 시간이 안 되므로 초과근무 수당에 해당되지 않는 것을 두고 하는 말)
의자를 움직이는 소리가 들린다. 1분 경과 후.

[오전 1시21분 13초]
기장: 어 .... 정말로 .... 졸려서 .... (알아들을 수 없는 말)
부기장: 그럼요. 괌이 안 좋네요, 기장님.

이 비행에서 결정적인 부분이 바로 여기 나온다. 부기장은 이렇게 말했다.
기장: 야, 비가 많이 온다.
부기장: 예, 더 오는 것 같죠, 이 안에 ....

부기장은 이 말을 하기 까지 오랜 시간 많은 생각을 해야만 했을 것이다. [...] 대한항공 승무원들 사이에는 선배가 은퇴할 때 후배가 식사를 대접한다거나 선물을 제공하는 풍습이 있다. 한 전직 대한항공 조종사에 따르면 상당수 조종실의 분위기가 '기장이 책임지고 자신이 원하는 방향으로, 자신이 생각하는 대로 비행기를 조종하고 다른 사람은 조용히 앉아서 아무것도 하지 않는 것'이었다고 한다. [...]
부기장은 "예, 더 오는 것 같죠, 이 안에 ....."라고 말하는 대신 어떻게 말해야 했을까? 우리는 그가 말하고자 했던 것을 알고 있다.
"기장님, 비상 대책 없이 시계 접근을 하겠다고 하셨지만 바깥 날씨가 끔찍합니다. 구름을 뚫고 나가면 활주로를 볼 수 있을 것 같다고 하셨는데, 만약 안 보이면 어떡하시겠습니까? 밖은 완전히 깜깜하고 비는 쏟아지는데 글라이드 스코프는 작동하지 않고 있습니다."
하지만 이렇게 말하지 못했다. 그는 힌트를 주면서 스스로 상급자에게 할 수 있는 최선을 다했다고 생각했을 것이다. 부기장은 날씨에 대해 다시는 언급하지 않았다. [...] 개인은 그가 속한 문화로부터 자유로울 수 없다. 문화를 무시하면 비행기가 추락한다.

출처: 말콤 글래드웰(2009), 아웃라이어, 김영사, pp.245-249.

1. 문화접촉 공간으로서의 상선

지구상의 어떤 직업세계도 해상근무에 기반하고 있는 상선이라는 업무공간만큼 지구화의 흐름에 직접적으로 영향을 받는 곳은 없다. 교통과 통신 기술의 발달에도 불구하고 전 세계 교역의 약 80% 이상은 바다를 통해 이루어지고 있으며, 우리나라에서 수출하는 상품의 99%는 선박을 통해 해외로 수출된다. 따라서 상선은 국내외 경제에 있어 중추역할을 담당하는 지구화의 선봉에 있는 업무공간이다. 이렇듯 세계의 무역흐름에 영향을 받는 글로벌 해운산업은 각국 해운선사들의 소리 없는 전쟁터와 같다.

국내외 경기침체, 한진해운의 파산, '워라밸(Work-and-Life Balance)'을 추구하는 일에 대한 가치관 변화 등으로 인해 최근 해운환경은 국적선 선원구성이나 업무환경에서 급격한 변화를 경험하고 있다. 과거 '마도로스의 낭만적 공간'으로만 인식되었던 상선은 이제 임금 경쟁력을 가진 다양한 국적의 선원, '승선근무예비역' 군복무를 위해 승선한 젊은 해기사(항해사/기관사), 전통적 남성중심의 직업세계에 과감히 뛰어든 소수의 여성 해기사, 바다를 평생직장으로 20-30년 이상 승선하고 있는 경험이 풍부한 선장과 기관장에 이르기까지 그야말로 다양한 인간 군상들이 물리적으로 또 심리적으로 협소하기만 한 공간 안에서 고강도 업무를 진행하고, 주거와 휴식을 포함하여 생활하는 문화접촉의 공간이다. 따라서 오늘날의 상선은 세계 곳곳을 누비며 다양한 문화를 보고 경험할 수 있는 그저 낭만적인 공간만은 아니다. 치열한 글로벌 경쟁 체제 안에서 최대한 신속·정확하고 안전하게 화물을 운송해야 하는 압박감, 20명 남짓의 구성원들이 짧게는 3개월, 길게는 1년 간 제한된 공간 및 인간관계 속에서 생활해야하는 업무환경, 해양사고예방과 해양환경보호를 위해 자국항만에 입항하는 외국 선박의 구조 및 설비를 엄격히 점검하는 항만국통제(Port State Control) 등은 전통적으로 일과 삶의 구분이 모호했던 상선의 업무환경을 더욱 더 팍팍하게 만들고 있다. 여기에 선박소유자, 선박관리회사, 선원 송출업자 등 다양한 이해관계자들이 저마다 각자의 관점에서 자신들의 방식으로 선박과 선원을 소유 및 고용하여 관리하고자 시도하고 있다.

여기서는 상선을 다양성과 다원성이 지배하는 '문화교섭(cultural interaction)'의 공간, 즉 '바다 위의 작은 사회'로 규정하고, 다국적 선원구성으로 인한 환경변화, '4차 산업혁명'의 허상에 도취된 채 사람이 아닌 기술과 직무 중심으로 진행되는 선박관리, '꼰대 대 비꼰대'로 대변되는 나이든 선원과 젊은 선원 간의 문화충돌, 안전을 강조하지만 결국 경제적인 이유로 최소승무정원만을 유지하려는 선주 및 선박관리회사 등 상선을 둘러싸고 있는 다양한 주체들의 양상을 고찰한다. 이를 통해 선박은 육상지원팀(선박소유자 또는 선박관리회사)과 본선 간의 지속적인 긴장관계 속에서 작동하는 공간이며, 구성원 간의 국적과 언어의 차이뿐 아니라 세대, 출신학교, 남녀, 직급 및 업무영역, 심지어는 성적 정체성의 차이로 발현되는 다원적 정체성들이 조우하는 다문화적 공간임을 조명한다. 이 부분은 필자가 국내 상선에 승선하는 사관들을 대상으로 한 선내문화와 관련한 직무

교육을 진행하면서 취합한 선내·외 다양한 이해관계자들의 목소리와 일화를 통해 문화접촉 공간으로서의 상선의 실체를 기술하고자 하였다. 이를 통해 도출된 연구결과는 상선사관 및 선박관리회사의 직원들과 이루어진 대화와 심층면담을 기반으로 하고 있다.

다국적 선원구성: ‘내국인 vs. 외국인’

육상의 위험한 업무와 저임금 노동에 외국인 노동자들이 투입되고 있듯이, 한국 국적 선박에서 근무하는 외국인 선원들은 이미 모든 선박에서 없어서는 안 될 구성원으로 자리 잡고 있다. 2019년 한국선원통계연보에 따르면, 2018년 말 기준 국내 취업선원은 총 6만 1,072명이었으며, 이들 가운데 한국인 선원은 3만 4,751명(57%), 국내 선박에서 일하는 외국인 선원은 총 2만 6,321명으로 전체 선원의 43%를 차지하는 것으로 나타났다(<표 1> 참조). 외국인 선원은 13년 전인 2005년 1만 2,777명의 2배 정도, 1992년 192명보다 137배 이상 늘어난 수치다. 한국인 선원은 최근 10년 동안 연평균 약 0.5%씩 지속적으로 감소하고 있는 반면, 외국인 선원은 매년 약 12%씩 증가하고 있는 것으로 나타나 뚜렷한 대조를 보이고 있다. 일과 삶의 균형을 추구하는 젊은 층을 중심으로 나타나고 있는 내국인의 선원직 기피현상과 단계적인 외국인 선원고용정책으로 국적선의 외국인 선원 승선은 지난 1991년 58명의 조선족 출신 중국 부원의 승선으로 시작된 이래 꾸준히 증가하였다. 특히 2000년대 중·후반 선원고용

개방정책이 급진전되면서 고용인원이 크게 증가하고 있다.

<표 1> 외국인 선원고용 현황

구분 연도	관리현황					국적별						
	계	외항선	원양어선	내항선	연근해어선	계	중국	인도네시아	베트남	미얀마	필리핀	기타
2010	17,558	7,899 (74)	4,006	497	5,156	17,558	4,457	4,248	1,907	3,221	3,653	72
2011	19,550	9,037 (125)	4,540	564	5,409	19,550	4,002	5,339	2,385	3,856	3,880	88
2012	21,327	9,672 (57)	4,647	597	6,411	21,327	3,654	6,275	2,628	4,031	4,587	152
2013	20,789	9,691 (159)	4,298	607	6,193	20,789	2,341	6,073	3,282	3,687	5,175	231
2014	22,695	10,576 (157)	3,551	655	7,913	22,695	2,179	6,731	4,208	4,001	5,504	72
2015	24,624	12,136 (70)	3,374	673	8,441	24,624	2,000	6,895	4,697	4,619	6,321	92
2016	23,307	11,211 (70)	2,991	791	8,314	23,307	1,737	6,991	4,642	4,235	5,503	199
2017	25,301	12,184 (75)	3,810	823	8,484	25,301	1,669	8,275	4,720	4,512	5,903	222
2018	26,321	11,860 (47)	3,850	878	9,733	26,321	1,501	9,084	5,355	4,346	5,779	256

※ 주 : ( )안은 외항여객선으로서 전체에 포함되어 있음

출처 : 2019년도 한국선원통계연보

외국선원 고용이 증가함에 따라 최근 들어 선박이라는 제한된 공간에서 발생하는 선원들 간의 의사소통과 (문화적) 갈등 문제가 점점 더 심각하게 부각되고 있다. 혼승 선원 간의 갈등이나 분규에 따른 심신 불안정은 자칫 선내 폭력, 외국인 선원 무단이탈, 선내 안

전사고 등 크고 작은 해상사고로 이어지고 있다. 따라서 현재 선박의 다국적 구성에 따른 선내 구성원 간의 소통과 선내 다문화 현상에 대한 이해가 중요한 문제로 부각되고는 있으나, 선박을 관리하는 주체도, 선내 구성원들도 이에 대한 체계적인 연구 및 분석과 건설적인 접근이 여전히 미흡한 상황이다. 더욱이 선박운용기술 등 하드웨어 중심의 사고에 기반하고 있는 해운산업 분야의 관리체계는 이러한 인간의 문제에 접근하는 소프트웨어 기반 관리체계나 문제접근 방식을 구상하기에는 여러 가지 어려움과 한계를 지니고 있다. 그러하기에 해운분야 선박인력관리 전문가들은 이러한 선내 구성원 간의 갈등과 소통의 양상에 대해 심도 깊은 분석을 바탕으로 한 해결책 마련보다는 외국인 선원 문제, 선내 자살사고 등 최근 지속적으로 발생하는 문제들에 대처하는 매뉴얼 마련이나 기존의 기술 중심 직무교육에 리더십, 조직 활성화 교육 등을 주제로 두세 시간 정도 교육 프로그램을 마련하여 상선 사관들의 소프트 역량을 강화하고자 노력하고 있다. 그나마 이러한 교육 프로그램도 규모가 큰 해운선사 및 선박관리회사의 경우에만 해당될 뿐이다. 이들 사관 직무교육은 대개 영어를 매개로한 의사소통의 한계, 식습관의 차이, 이슬람 선원들의 종교적 의식 등과 같은 국가 문화적 차이로 인한 갈등을 최소화하기 위한 표준화된 선원교육을 강화해 나가야 함을 강조하고 있다. 하지만 앞서 Ⅰ장에서 설명한 것처럼 이러한 국가 문화차이에 기반하고 있는 선내 갈등 예방교육은 자칫 국적선에 승선하는 외국인 선원들의 출신국에 대한 과도하게 일반화된 고정관념과 선입견을 조장할 수 있는 부작용을 내포하고 있다.

아래 외국인 선원들과의 승선 경험을 이야기하고 있은 한국인 선원들의 목소리를 통해 혼승선 내 한국인과 외국인 선원 간의 소통 양상은 공용어 사용문제, 노동계약, 선내 업무문화, 식문화 및 종교 의식 등 다양한 측면과 관점에서 원인을 찾고 분석해야할 필요가 있음을 보여주고 있다. 뿐만 아니라 한국인 선원들이 지극히 자문화 중심적인 관점에서 외국인 선원들의 행동을 판단하고 해석하는 경향이 강하게 드러나고 있다.

언어문제

"선내 공용어인 영어로 의사소통하는 데에는 거의 어려움이 없는 편이다. 하지만 일부 나이 드신 선기관장님들은 영어가 잘 안 되는 경우가 많다."

선내 업무문화 차이

"문화적인 측면에서 문제가 많은 편이다. 한국인 선원은 overtime을 해도 군소리가 없으나, 필리핀 선원은 MLC(Maritime Labour Convention, 해사노동협약)에 위배되지 않는 범위 내의 overtime 근무를 고집한다. 그것도 일하면서 중얼중얼 거리는 편이다. 한국은 군대 및 유교문화가 깊게 자리하고 있는데, 필리핀 선원은 그렇지 않아 상급자의 말을 잘 듣지 않는 편이다."

"계약에 명시된 근무시간을 초과하여 일하는 경우나 선원들에게 지적하면서 혼낼 때 소리 지르는 등의 상황에서 필리핀 선원은 이를 육상에 신고하여 불이익을 받게 하는 경우가 많다."

"우리는 자기 일이 끝나도 다른 동료나 상사의 일을 도와주는 것이 일상적인데, 외국인 선원들은 이를 이해하지 못한다. 이들은 자신의 일이 아니면 도와주지 않는다. 한번은 한국인 선원이 자신의 일을 인도네시아인 부원에게 맡겼는데 분위기가 험악하게 되어 기관장이 중재했었다."

식문화 차이

"요리사가 인도네시아 사람이라 음식에 적응하기가 너무 힘들었다."
"제가 하선 후 휴가기간에 아예 요리강좌를 수강해서 한국요리 배워서 배에서 해먹습니다."

종교의식

"쿠웨이트 항구에 입항하기 위해 이슬람 도선사가 탑승하였는데, 갑자기 도선사가 입항 작업 중에 절을 하기 시작하였습니다. 신중함을 요하는 작업 중에도 종교적 의식을 게을리 하지 않는 모습이 의아하기도 했지만, 그만큼 그들의 의식 속에서 종교는 무엇보다도 중요한 것임을 느꼈습니다."

"한번은 미얀마 선원이 불교기도 의식 중 선내에서 향을 피웠는데, 향냄새를 화재로 인한 연기냄새로 착각하여 선내가 발칵 뒤집힌 경험이 있습니다."

다수와 소수: '남성 vs. 여성'

오늘날 다양한 직업세계에서 여성의 영역에 남성들이 뛰어들 듯이 금녀의 영역에 뛰어드는 여성들이 점점 늘어나고 있는 추세이다. 전통적으로 남성 직업군으로 분류되는 군인, 경찰, 소방 분야뿐만 아니라 미신에 약할 수밖에 없는 선원들의 직업세계 역시 금녀의 벽이 무너지고 있는 추세이다. 중세시대부터 뱃사람들은 '배에 여자가 타면 재수가 없다'는 미신을 믿어오고 있는데, 이로 인해 항해에 여성이 참여하는 경우는 거의 없었다. 해운분야, 특히 육상이 아닌 해상의 선박은 다른 직종에 비해 최근에야 비로소 여성들에게 문호를 개방한 직업세계이다. 물론 19세기 초반 유럽 등지에서는 여성 스튜어디스들이 크루즈 선박에 승선하기도 하였지만, 여성들이 상선의 관리자 계급을 차지하고 항해사나 기관사로 본격적으로 활약하기 시작한 것은 세계적으로도 불과 1970년대 정도부터이다. 우리나라에서는 현재까지도 여전히 예외적인 상황정도로 받아들여지긴 하지만, 1990년대 이후 국적선에서도 여성 항해사와 기관사들의 진출이 미약하게라도 늘어나고 있는 추세이다.

여성의 분야에 뛰어든 많은 남성들이 남성만의 유리한 조건들을 활용해 비교적 성공적인 경력을 쌓아나가는 것과 달리 해상업무 분야의 여성들은 여전히 고전을 면치 못하고 있다. 여성해기사들은 직업 경력의 초반부터 남성 중심 직업세계가 만들어놓은 편견과 선입견에 시달리기 쉽고, 이를 용케 벗어난다고 해도 유리 천장에 부딪혀 뻗어 나가는 데 한계를 경험할 수밖에 없기 때문이다. 더욱이 한 선박에 여러 명의 여성 선원이 동시에 승선하는 경우는 지극히 드문 상황이다. 그러므로 여성 선원들은 20명 남짓한 선내 구성원들 중 유일한 여성 혹은 소수라는 보이지 않는 낙인(stigma)을 짊어진 채 승선할 수밖에 없다. 이러한 상황은 국내뿐만 아니라 비교적 여성의 사회진출에 우호적인 제도적 장치를 마련하고 있는 유럽이나 북미의 해운산업 분야도 마찬가지이다.[18] 일반적으로 양성평등의 흐름에 어느 정도 동조하는 육상조직의 여성 고용에 비해 선사나 선박관리 회사들은 일과 삶의 공간이 평행 공존하는 상선의 특수한 업무환경에 여성 선원을 고용하는데 여전히 유보적인 자세를 취할 수밖에 없다. 우선 여성 선원 고용은 선사에 남성 선원에 비해 추가적인 문제들, 예를 들어 동일 직급의 남성 선원들의 업무역량을 감당할 수 있는 직무역량 존재 여부에서부터 여성 선원을 위한 선내 구조 변경이나 공간 마련, 나아가 해적 출몰 위험지역에서의 대체선원 확보, 다수 남성 선원들과 비교적 장기간 함께 승선하는 상황에서 일어날 수 있는 성희롱, 성추행 등과 같은 문제들을 고민하게 한다. 뿐만 아니라 해운산업 분야에서는 '여성 사관들은 육상에서의 좀 더 안정적인 직업을 얻기 위한 수단으로 승선하며, 설사 장기간 승선을 하려고 해도 결혼과 출산 등으로 장기 승선이 불가능하다'는 남성중심의 편견과 고정관념이 만연해있는 상황이다. 그러므로 한국 국적선 갑판부와 기관부의 여성 선원이나 사관의 비율은 여전히 낮은 편이다.

18 Cristina Dragomir et al.(2018), Final Report IAMU 2017 Research Project No. 20170305, Gender Equality and Cultural Awareness in Maritime Education and Training (GECAMET), IAMU, Tokyo.

물론 최근 몇 년간 국내외 선사에서 한국인 출신 여성선장과 여성기관장이 배출되는 등 변화의 조짐이 나타나고 있기는 하지만, 여전히 국내 상선에서 여성은 예외적 존재로 머물고 있다. 그럼에도 불구하고 한국해양대학교와 같은 해기교육기관에 지원하는 여학생의 비율은 꾸준히 유지되고 있다.

아래 내용은 선박관리회사의 인력채용 담당자와 여성사관과의 승선경험이 있는 남성사관들의 진술들이다. 여기서 1990년대 이후 국내 해운업계에서 막 시작된 여성사관의 상선승선과 고용경험은 짧은 역사만큼이나 남성 중심의 시각과 관점에서 소수자인 여성의 입장을 일방적으로 일반화시켜 이들에 대한 고착화된 이미지를 생성시키고 있음이 드러나고 있다.

"대개 젊은 여성 사관들은 해수부 공무원에 지원할 수 있는 자격을 갖추기 위해 승선한다. 그래서 일정기간이 지나면 하선해버리는 경우가 많다. 그러니 여성 사관들은 믿을 수가 없다."

"(여성 사관들은) 처음에는 오랫동안 승선하겠다고 하지만, 조금 힘들면 포기하는 편이다."

"어차피 결혼하면 그만둘 것이다."

"선박 내 남녀 사관이 둘이 사귀게 되어 성관계를 하였으며, 하선 후 임신 사실이 드러나 여성의 부모가 선사에 항의하자 선장에게 책임을 묻는 일이 발생하기도 하였다."

"선사들은 지금까지 여성 해기사들로부터 충분히 속아 왔다."

"쉽게 말해, 여성 3항사에게 치핑(chipping) 작업(선박의 부식된 표면의 찌꺼기를 제거하는 작업)을 시키면 안 하려고 한다. 그런데 남자들은 한다. 왜냐하면 가장으로서 참고 견뎌야 승진하고 올라갈 수 있기 때문이다. 그런 책임의식이 남녀가 다를 수밖에 없다."

세대 간 대결: '꼰대 vs. 비꼰대'

최근 조사에 따르면, 직장인 10명 중 9명이 직장 내 세대 차이를 경험한 적이 있으며 세대 차이를 가장 많이 느끼는 부분은 '커뮤니케이션 방식'인 것으로 나타났다. 취업포털 잡코리아가 직장인 475명을 대상으로 '직장 내 세대차이'에 대한 설문조사를 실시한 결과, 응답자의 92.2%가 '직장 내 세대 차이를 경험한 적이 있다'고 응답했다. 이들을 대상으로 세대 차이를 느끼는 부분을 조사한 결과(복수응답) '커뮤니케이션 방식'(53.2%)이 1위를 차지했다. 이어 '출퇴근 시간, 복장 등 직장생활 방식'(36.3%), '회식 등 친목도모 모임 방식'(32.6%), '회의, 보고 등 업무 방식'(28.5%), 'TV프로그램 등 일상적인 대화 주제'(21%) 등의 순이었다.[19]

각종 직업선호도 조사에서도 교사, 군인, 경찰 등 공무원에 대한 인기가 높은 현상이 젊은 층을 중심으로 구직에 있어 일과 삶의 균형을 맞출 수 있는 직업을 선호하는 경향이 높아지고 있음을 반증하고 있다. 이와 함께 2018년 7월 정부는 '주 52시간 근무제'를 도입하여 OECD국가 중 가장 긴 노동시간을 보이고 있는 우리 사회의 업

19 『잡코리아』, 2017년 8월 21일, "직장인 10명 중 9명 '직장 내 세대차' 겪었다"

무 문화에 대한 변화를 시도하고 있으며, 이에 발맞춰 대기업 및 벤처 기업들을 중심으로 탄력 근무 제도를 도입하는 경우도 늘어나고 있는 추세이다. 이는 결국 한국인의 일에 대한 인식과 가치관이 과거에는 국가와 조직에 대한 맹목적 희생과 가족부양에 맞추어져 있던 것과 달리 점점 개인 및 직계 가족 중심의 이해관계와 개인의 사생활과 공적 업무를 구분하는 방향으로 변화하고 있음을 나타내는 것이다.

앞서 언급되었듯이, 일과 삶의 균형을 찾는 것이 거의 불가능한 근무조건에서 일해야 하는 선원직은 그러하기에 젊은 세대가 그리 선호하지 않는 직업이 되어가고 있다. 선원은 크게 항해사와 기관사 교육을 전문적으로 받은 관리자 직급의 '사관(officer)'과 사관의 지휘에 따라 선박의 운용을 담당하는 '부원(ratings)'으로 나누어진다. 해기사는 국립해사고등학교(부산, 인천), 국립해양대학교(한국해양대, 목포해양대), 국립해양수산연수원 오션폴리텍 과정 등 국가가 지원해 양성하는 해상의 전문 인력들이다. 매년 이들 교육기관으로부터 신규 해기사가 배출되고 있긴 하지만, 실제로 배를 타는 해기사 그리고 장기간 승선을 하는 해기사는 점차 줄어들고 있는 추세이다. 이러한 추세는 제한적인 인간관계, 사회로부터의 격리, 문화생활 및 인터넷 사용 제한, 장기간의 해상생활 등으로 최근 구직의 가장 중요한 측면인 '워라밸', 즉 일과 삶의 균형이 사실상 실현 불가능한 선박 근무의 특수성과 깊은 상관관계가 있을 것이다. 적어도 1990년대까지는 해상직이 지상직에 비해 임금이 높다는 유인 동기가 있었지만, 최근에는 임금 격차까지 어느 정도 줄어들면서 해운업계 전반이

인력난을 호소하고 있는 실정이다.

그럼에도 불구하고 지금까지 해기전문인력 수급을 유지할 수 있었던 중요한 버팀목 중의 하나는 '승선근무예비역 제도'라고 할 수 있다. 이 제도는 젊은이들이 해기사라는 특수한 직업분야를 선택하는 중요한 유인 동기가 되어 왔다. 하지만 출산율 저하에 따른 병력자원 감소로 지난 정부부터 시작된 국방부의 병역 특례 및 대체복무 제도의 단계적 축소 및 폐지 방침으로 인해 해양·수산업계에서는 승선근무예비역 제도의 폐지 가능성에 심각한 우려를 표하고 있다. 특히 상선 인력 자원뿐만 아니라 청년들이 기피하는 수산업의 경우는 인재확보에 더욱 차질이 생길 것이라는 전망이다.[20] 실제 해양수산부는 2019년 11월 21일 승선근무예비역 배정인원을 2026년부터 현재 1,000명에서 800명으로 감축하는 내용을 포함한 '병역 대체복무제도 개선대책'이 확정되었다고 밝힌 바 있다.

뿐만 아니라 선원통계에 따르면, 해양계 대학을 졸업하고 3년의 승선근무예비역을 마친 후 수많은 해기사들이 업계를 떠나고 있음을 보여주고 있다. 2018년 말 기준 한국인 선원의 연령 구성을 살펴보면, 한국인 선원 가운데 50세 이상이 2만 3,213명으로 전체 선원의 약 67%를 차지하였다. 특히 이들 중 60세 이상은 전체의 36.9%인 1만 2,833명으로 2010년 말 6,505명보다 거의 두 배 정도 증가하는 등 선원의 고령화가 지속적으로 그리고 매우 급격하게 진행되고 있음을 알 수 있다(<표 2> 참조). 즉, 대부분의 해양계 대학 남학생 지원

20 『현대해양』, 2018년 5월 8일, "흔들리는 승선근무예비역제도, 무엇이 문제인가"

자들은 졸업 후 3년 동안 승선하면 군 복무가 해제되는 유인 동기로 인해 해기사라는 특수 직업을 선택하고, 군 복무로부터 자유로워진 이후에는 일과 삶의 균형을 찾을 수 있는 육상의 직종으로 이직한다는 것이다. 하지만 여기서 보다 심각한 문제는 이러한 젊은 사관들의 승선 동기가 선박 안에서 진행되는 이들의 업무와 인간관계에 직접적으로 영향을 미치고 있다는 측면이다. 더욱이 육상에서 나타나고 있는 일에 대한 급격한 가치관 변화를 경험한 젊은 세대와 승선 경험이 많은 선원 전체의 70% 가까이를 차지하고 있는 기성세대 사관들 사이에 존재하는 세대 간의 간극이 엄청나다는 것이다. 바로 이 '세대갈등'의 문제가 현재 선박관리회사들이 꼽는 해상인력관리에 있어 가장 큰 현안이다.

<표 2> 연령별 선원고용 현황

구분		2010	2011	2012	2013	2014	2015	2016	2017	2018
연령별	계	38,758	38,998	38,906	38,783	37,125	36,976	35,685	35,096	34,751
	25세미만	1,183	1,137	1,275	959	1,150	1,161	1,065	1,299	1,201
	25세이상 30세미만	2,163	2,587	2,630	2,613	2,961	2,969	2,398	2,654	2,566
	30세이상 40세미만	4,032	4,054	3,940	4,388	3,771	3,909	3,299	3,154	3,131
	40세이상 50세미만	9,329	8,610	8,125	8,864	7,156	6,902	5,116	4,747	4,640
	50세이상 60세미만	15,546	14,506	14,466	14,233	12,742	12,252	11,429	10,454	10,380
	60세이상	6,505	8,104	8,470	7,726	9,345	9,783	12,378	12,797	12,833

출처 : 2019년도 한국선원통계연보

아래 진술들은 상선 내 주니어 사관과 시니어 사관들이 서로를 어떻게 바라보고 있는지를 잘 보여주고 있다. 시니어 사관들은 자기 세대의 관점에서 주니어 사관들의 심리적 체력적 나약함과 직무역량의 부실함을 지적하고 있으며, 주니어 사관들은 '워라밸'을 지향하는 현재의 업무자세와 삶의 가치관에 입각하여 시니어 사관들의 시대착오적인 사고와 업무방식을 비난하고 있다. 두 집단 모두 자신이 속한 세대의 업무자세와 삶의 가치관을 이상적 지향점으로 놓고 상대를 평가하고 있는 것이다.

시니어 사관(선장, 기관장, 1등 항해사 및 기관사)이 보는 주니어 사관

"예전에는 상상도 못했던 일들이 지금 배에서 일어난다. 요즘 친구들은 조금만 거슬리면 부모님에게 톡으로 알리거나 아니면 선주회사에 연락해 버린다. 업무역량뿐 아니라 인내심이나 위계의식이 너무 부족하다. 예전에는 윗사람 말이면 군소리 없이 다했는데 요즘은 몸으로 보여주고 일일이 구체적으로 지시하지 않으면 일이 안된다."

"해양대를 없애야 한다. 인성을 갖춘 제대로 된 해기사를 양성하는 것은 학교의 몫이 아닌가? 요즘 젊은 친구들은 일할 자세도 의지도 체력도 되어있지 않다."

"세대차이 느낀다. 사용하는 대화용어를 모른다거나 공유할 수 있는 관심사가 현저히 다르다."

"상급자의 업무지시에 거부감을 느끼는 주니어가 많다. 안전관련 주의사항을 설명하는 것 자체를 싫어한다."

"책임지지 못하고 행동하며, 모든 것을 결정을 내려줘야 할 때가 너무 실망스럽다. 너무 아이 같고 스스로 결정하질 못하고 책임감이 너무 떨어진다."

"옛날에는 군대를 다녀와서 학교졸업하고 초임사관을 했는데 지금 주니어 사관 및 1등 사관도 군대를 가지 않고 했기에 단체행동과 단합하는 마음이 부족한 것 같다."

"정당한 업무지시도 본인이 어렵다고 느끼면 '못하겠다!'라고 대답한다."

"업무시간 이후에는 (노트북이 있어) 개인적으로 생활한다."
"직업의식이 너무 부족하다. 단순히 승선근무예비역만 마치면 승선을 그만둔다는 생각이 너무 많다."

"ISM(International Safety Manual) 코드에 의거하여 선원 각자의 책임과 권한이 부여되어 있지만, 젊은 세대는 오히려 책임은 위쪽으로 전가하고 자기들 좋은 방식으로 해석하고 활용한다."

"선기관장에게만 젊은 세대들의 새로운 가치관이나 문화를 이해하라 할 것이 아니다."

"선내 갈등이 생기면 대내적으로 해결해보려 시도하지 않고 회피(하선 또는 사직)하려 한다."

“동료들과 인간적인 유대관계 형성에 관심이 없고, 의무승선 기간 이후의 삶에 초점이 맞춰진 생활을 한다.”

“배 만큼 좋은 직장도 없다. 육상조직에서는 정말 다양한 사람들의 눈치도 봐야하고 많은 스트레스에 시달려야한다. 하지만 배에서는 그런 스트레스가 없다. 내가 맡은 일 열심히 하면 된다. 그래서 하선해서 육상에 근무하던 사람들이 다시 배를 타는 것이다. 요즘 젊은 사관들도 이를 빨리 깨달아야 한다.”

주니어 사관(2등, 3등 항해사 및 기관사)이 보는 시니어 사관

“요즘 배에서도 카톡이나 인터넷 정도는 할 수 있다. 하지만 개인별로 할당된 데이터가 소진되면 선장에게 요청해야 한다. 이런 부분이 답답하다.”

“실제로 문제가 있는 선임사관이나 선기관장에게 바로 현장에서 이야기해봐야 일이 더 커지거나 악화될 수 있기 때문에 내부고발 제도를 활용하는 편이다. 아니면 해상인력관리 본부장님께 바로 카톡으로 전달한다. 그리고 경우에 따라서는 상대방이 선임이기 때문에 (이야기해봐야) 자기 선에서 커트시키는 경우가 허다하다.”

“시대의 흐름을 거스를 수 없다. 선내 문화도 시대 흐름에 맞게 변화해야 한다. 개인주의화 되는 것이 뭐가 문제인가? 개인의 사생활을 보호할 수 있어 긍정적이다. 단체로 일할 때는 일하더라도 쉬는 때는 개인의 시간을 보장해줘야 한다.”

“‘개인주의’라는 단어보다는 ‘상대주의(?)’ 다양성을 인정해나가는

과정, 개개인이 다름을 인정하는 방향으로 지속적으로 선내문화가 바뀌어나가야 한다."

"선기관장님들은 선박 구성원들의 고충보다는 회사를 우선시하는 것 같다(예, 스토어 청구비용 대폭 삭감)."

"각종 변화(기술, 세태 등)에 너무 둔감하며, 선내 문화지원비를 개인 쌈짓돈으로 생각하는 분도 있다."

"휴식시간에 찾아서 업무를 시킨다. 당직 근무 후 개인의 사적인 시간이 보장되는 것은 당연한 것이다."

"본인 일만 잘 해나간다면, 문제될게 없다. 개인주의화가 되어가는 것은 선내문화뿐 아니라 사회적인 변화이므로 당연하게(?) 받아들이지만, 아직 시니어들은 개인주의를 이해 못하시는 분들이 많으므로 주니어 사관들의 이해와 노력도 필요하다."

2. 사례를 통해 살펴본 선내 갈등양상

앞서 설명된 문화접촉 공간으로서의 상선의 특징을 바탕으로 이 장에서는 국내 상선에 승선하는 사관들을 대상으로 한 선내문화와 관련한 직무교육을 진행하면서 취합한 선내 다양한 갈등사례들을 소개하고자 한다. 이곳에 담긴 내용은 모두 실제 상선에서 일어난 일화들을 기반으로 하고 있으며, 사례의 문제점 분석과 해결방안은 직무교육에 참가한 상선사관들이 직접 작성한 내용임을 밝혀둔다. 이를 통해 현재 상선에서 실제로 일어나고 있는 인간관계의 갈등양상을 이해하고, 선박의 실무자들이 생각하는 문제의 원인과 해결책을 통해 그들의 관점에서 상선의 문제를 바라볼 수 있으리라 판단된다.

혹시라도 노파심에서 말씀드리지만, 필자는 여기에 소개되는 갈등 사례들로 인해 독자들이 국내 상선의 업무환경에 대한 잘못된 인식을 가지게 되지 않기를 바란다. 선박조직뿐만 아니라 다른 어느 조직이든 사람 사는 곳에는 밝은 부분과 어두운 부분이 공존하기 마련이다. 이 책의 서두에 밝혔듯이 이 책은 나와 다른 타자와의 소통 문제를 상선에서 업무하는 선원들의 모습을 통해 분석하고 있다. 다시 말해, 개인과 개인 간의 갈등과 오해의 상황을 분석하여 보다 바람직한 소통 및 협업의 방법과 개인의 소통역량에 대해 고민하는 것이다. 그러므로 소개하는 사례들은 선박 조직 내 구성원들 간의 갈등과 문제의 상황만을 다루고 있다. 그리고 그곳에서 직접 업무하고 생활하는 선원들의 관점에서 상황을 분석하고 해결방안을 고찰하고자 하였다. 이곳에 실린 내용이 고되고 힘든 업무환경 속에서도 국가 경제를 위해 희생하는 선원들의 어두운 면을 고발하는 것이 절대 아님을 밝혀둔다.

독자 여러분도 다음에 소개되는 22개 개별사례들의 마지막 빈 공간에 자신이 생각하는 해결방안을 직접 적어보면 좋을 것이다.

사례 1 – 신을 믿는가?

선임사관들이 있을 때마다 수많은 질문을 받는다. 그 질문은 대개 "네가 믿는 신이 실제로 존재하느냐?", "과학이 이처럼 발달했는데, 신을 믿는다는 건 어리석은 일인 거 같지 않느냐?", "기도하면서 시간을 보내는 게 아깝지 않느냐?" 등의 질문을 받는다. 이 씨가 이런 질문을 받는 이유는 상관들은 종교가 없는 사람들인데 반해 이씨는 기독교인이기 때문이다. 상관들이 순수한 궁금증으로 이런 질문을 할 수도 있지만, 이씨는 상관들이 자신을 바보취급하고 놀리는 것 같고 매번 볼 때마다 이런 종류의 질문을 받으니 이제는 이들을 볼 때마다 심리적으로 불안해진다.

사례의 문제점

사례 속 선임사관들은 모두 무교이고 이씨만이 유일한 기독교인이다. 상관들은 자신들의 입장에서 종교는 비과학적인데다가 시간을 낭비하는 활동이라고 주장하고 있다. 이것은 자신들의 생각만 옳고 기독교인인 이씨는 올바르지 않다는 식으로 판단을 내리는 철저히 자문화중심주의 입장이다.
이란-이라크, 파키스탄-인도 등의 나라에서는 종교 갈등으로 인해 전쟁으로까지 이어지는 사태가 발생하고 있다. 이처럼 종교적인 문제는 상황에 따라 매우 민감하게 작용할 수 있다. 선임사관들은 물론 농담 삼아 무의식적으로 이러한 질문을 하였지만, 상대방에게는 상당한 심리적 스트레스로 작용하고 있다.

사례의 해결방안

개인 차원

모든 종교가 고유한 의미와 가치를 가진다는 상대주의 입장에서 다른 종교를 이해하고자 노력해야 한다. 관용과 개방적인 태도를 바탕으로 다양한 종교 간의 평화로운 공존을 모색하여 선상 내에서 갈등이 일어나지 않도록 해야 한다. 특히 소수집단에 대한 무의식적 발언이 당사자에게는 크나큰 상처가 될 수 있음을 자각해야 한다.

선사 차원

외국인 선원 혼승 등 선내 환경이 급변하는 상황에서 선내에서 다양한 종교의 공존과 화합을 도모할 수 있는 제도적 장치를 마련해 주어야 할 것으로 보인다. 특히 소수자에 대한 배려와 포용의 자세를 심어줄 수 있는 교육이나 관련 방안을 마련해야 할 것이다.

사례 2 – 한국인 선원 간 계급과 기수에 따른 갈등

배는 5년마다 정기검사를 받아야 하는데 이때 1항사의 역할이 매우 중요하다. 하필 검사를 며칠 앞두고 1항사가 바뀌었는데 선장님이 54기이신데 51기 1항사님이 오셨다. 두 분이 팽팽하게 기 싸움을 하시는 바람에 나머지 선원들이 눈치를 보고 고생을 많이 한 기억이 난다.

계급이 같더라도 있을 수 있는 기수 간의 갈등 - 직급차이에 따른 상하관계 분리.

사례의 문제점

재학시절의 사적인 선·후배 관계를 졸업 후 공적인 업무 영역까지 연장함으로써 발생한 문제이다.

사례의 해결방안

실제 비슷한 사례에서는 서로 조심하는 경우가 대부분이다. 아무리 후배가 선장이라고 하더라도 본인의 고과 등 인사권을 가지고 있는 관계로 상호 간 존대 및 존칭 사용으로 불편하지만, 조심히 지내는 편이다.

개인 차원

선장: 선내 전체 위계질서 및 분위기를 흐리지 않는 선에서 1항사 존중.

1항사: 나이/기수를 떠나서 선장의 지시에 잘 따르고 예의 바르게 행동. 특히 다른 선원이 함께 있을 때 더 조심할 것.

선사 차원

특별한 사건이 발생하지 않은 시점에서 사전 공지 등의 개입은 부적절하다고 봄. 다만 먼저 휴가를 받은 다른 선원들을 통해서 관련 선내 분위기를 파악하고 상황에 따른 적절한 조처(두 명 중 한 명 휴가명령 등)를 해야 함.

사례 3 – 위계와 성희롱

이기사는 평소 업무가 미숙한 삼기사에게 잦은 폭언과 폭행을 일삼는다. 이를 통해 삼기사를 길들이기 위함이었다. 그런데 이러한 길들이기로 만족하지 못한 이기사는 어느 순간부터 폭행이 아니라 곱상하게 생긴 삼기사의 가슴과 성기 등을 만지면서 자신의 성적인 스트레스를 풀기 시작한다. 특히 기관실에서 과업을 진행하는 중에도 삼기사의 몸을 만지는 등 정도가 점점 심해진다. 삼기사는 잦은 추행에 너무도 큰 모욕감과 심리적인 고통에 시달린다. 삼기사는 하선 즉시 해양경찰에 해당 이기사를 신고한다.

사례의 문제점

위계에 의한 가혹행위 및 성추행

관련 고충 처리/수리 시스템 부재 혹은 운영 부실

사례의 해결방안

개인 차원

2기사: 업무 능력과 상관없이 '직장동료'로서 상대방을 존중하는 자세 함양 노력

3기사: 적극적 거부 의사 표현 및 추후를 대비한 관련 증거 수집 외에는 현실적으로 다른 방법이 없을것으로 생각됨. 선내 상급자(선장 및 기관장 등)와 육상 인사 담당자에게 관련 내용을 우선적으로 보고하는 것이 절차상 맞고 그렇게 해야 하지만 그 실효성에 대해서는 개인적으로 회의적임.

선사 차원

선박이라는 폐쇄되고 단절된 근무 및 생활환경을 고려하여 법정 의무교육횟수 이상의 '직장 내 성희롱 예방교육' 및 '직장 내 괴롭힘 예방교육'의 주기적으로 실시해야함.
육상 인사담당부서에 괴롭힘 및 성희롱 관련 고충 처리 담당자 지정을 통한 SOS 핫라인 구축

사례 4 – 선장의 농담

고추가 반찬으로 나온 어느 저녁, 식사 중 분위기를 즐겁게 하기 위해 남녀 사관이 모두 있는 자리에서 선장이 이런 농담을 한다.

'고추를 잘 키우려면 어떻게 해야 하는지 아나? 비키니 입은 여자 사진을 앞에 걸어 놓으면 된다.'

식사자리는 선장의 농담으로 인해 급히 마무리 되었지만, 아무도 이 발언에 문제가 있었다고 말하지 못하고 웃을 수밖에 없었다.

사례의 문제점

선장의 성희롱이나 성평등 의식 인지가 부족함.
남녀 사관 앞에서 뿐만 아니라 남성 사관들만 있는 자리에서도 상호간에 수치심을 유발할 수 있는 대화 주제는 삼가야함.
사례 속 여성 사관의 경우, 이 상황을 심각한 문제로 만들지 않기 위해 웃어넘길 가능성이 높음.
실제 선내 위계 구조 상 상급자에 의해 유발된 부당한 상황에 대해서 하급자가 쉽게 잘못되었다고 언급하거나 지적할 수가 없음.
또한 선내 업무과다로 이러한 문제까지 이슈화하여 문제해결 노력을 할 여유가 없음. 그래서 불쾌한 상황도 그냥 웃고 넘길 수밖에 없음.

문제점: 성희롱, 배려심 부족, 대화 단절, 가장 큰 문제 – 성희롱임을 인식하지 못함. 선내 위계질서로 인해 자기의사를 명확하게 표현하지 못함.

갈등원인: (일반적으로 혹시나 불이익을 당할까봐 하급자가 상급자의 잘못에 대해 지적하지 못하는 분위기) 싫고 좋음에 대한 의사표현이 힘든 선내 위계구조

배경정리: 같이 모여 있을 시간이 적어 서로에 대한 이해가 부족함.

사례의 해결방안

개인차원

사례 속 하급사관들의 입장에서 이 상황을 이슈화하여 해결할 방법이 별로 없음.
가급적 선장의 심기를 불편하게 하지 않는 범위 내에서 하급자가 솔직하게 잘못된 부분을 언급하는 시도는 할 수 있음.
선장 개인의 인식개선 노력이 상당히 중요함.

- 참는다, 피한다, 어렵다
- 해당 농담이 다른 사람들에게는 성희롱으로 인식될 수 있음을 인지해야 함
- 개인적인 면담 등을 통하여 솔직하게 문제제기 하기
- 관련하여 선내 회의 진행
- 선내 불만처리 절차에 따라 진행 (안전위원회 등)
- 간접적으로 1항기사를 통해 하급자들의 문제제기에 대한 의사전달

선사차원

과거 당연한 것으로 여겨졌던 성적인 농담과 같은 관행적인 문화를 현 상황에 맞게 개선시킬 수 있는 제도적 장치나 교육/홍보가 중요함. 필요시 의무교육 실시 등의 조치가 필요함.

- 회사 내 해도 될 농담과 안되는 농담을 사례집 형식으로 제작하여 배포함.
- 교육자료
- Open Reporting

** 실제 업무 현장에는 '음담패설을 즐기는 사람들과 피하는 사람들' 두 부류가 존재함. 상급자의 문제를 지적함으로써 있을 수 있는 불이익 문제.

사례 5 – 갑판장과 필리핀 부원

근무가 끝나가는 17:00경 갑판장(한국인)이 필리핀 부원에게 20-30분 정도 걸리는 간단한 작업을 끝내고 마치자고 제안했다. 필리핀 선원은 이를 단호하게 거절한다. 너무 화가 난 갑판장은 화를 주체하지 못하고 한국어로 쌍욕을 하기 시작했다. '야이 씨발 새끼야…'

필리핀 선원은 너무 화가 났지만 투덜거리며 일을 꾸역꾸역 마쳤고 20분이면 될 작업이 두 사람 간의 실랑이로 18:00에야 끝이 났다. 한국어로 욕을 퍼붓는 갑판장과 초과근무에 불만을 품은 필리핀 선원은 선장을 찾아가 불만을 토로했고 선장은 필리핀 부원에게 인상을 쓰면서 계약서상에 초과근무 조항이 있다고 이야기 한다.

사례의 문제점

하급자가 상급자의 지시에 거부 의사 표시
상급자의 폭언과 강압적 태도
선장은 선원의 불만 토로에 한쪽으로 편향된 가치판단으로 부정적으로 반응함.

갈등원인 및 배경

한국인과 필리핀 선원 간의 문화적 차이
상급자의 지나친 권위의식과 하급자의 지나친 개인주의적 성향
하급자의 비협조적인 업무태도로 작업이 늦게 끝남
- Overtime에 대한 불만
- 스타일의 차이

- 전임자와 후임자의 업무 스타일 차이로 인한 문제
- 문화적인 차이: 한국인들은 다 같이 해서 끝내고, 필리핀인들은 자기 일이 끝나면 쉰다
- 기본적으로 동남아 선원들을 무시하는 경향이 있음 (폭언 등)
- 동남아 부원들의 업무태도나 업무 책임감 등이 상대적으로 떨어지는 편임.

사례의 해결방안

개인차원

상급자의 원활한 의사표현 필요 (언어문제를 배제할 수 없으나, 그럴수록 더욱 조심스러운 의사소통이 필요함.)

하급자는 상급자의 지시가 자신의 입장에서 부당해보이더라도 우선 협조적으로 반응하여 과업을 끝낸 후 공식적으로 문제를 어필하는 자세가 필요할 것으로 보임.

어떠한 경우에도 욕설이나 폭언은 사용해서는 안 됨.

승조원들과의 유대감을 쌓고 동남아 선원에 대한 평등한 시선필요.

선사차원

외국인선원과의 업무방식 등에서 오는 문화적인 차이를 서로 인지하고 극복할 수 있도록 하는 교육 프로그램을 개설하여 정기적으로 교육을 진행할 필요가 있음

- 외국인 부원들에 대한 교육 시행: 문화차이, Overtime 규정에 대한 교육, 업무태도 및 성실성 강조
- 근로 시간에 대한 사례집을 제작하여 배포

사례 6 – 우리 사귀자!

삼항사가 마침 저와 나이가 같았어요. 승선 이후 저에게 일도 잘 가르쳐주고 정말 잘 해주었어요. 그런데 어느 날 같이 당직을 서는데 저한테 남자친구가 있는지 물었어요. 남자친구가 있다고 이야기를 했는데, 그 이후부터 계속 저에게 사귀자고 이야기하는 거에요. 그래서 하루는 단호하게 싫다고 이야기했는데, 그 이후로 저에게 말도 하지 않고 아무것도 도와주지 않았고 다른 동료들에게 저에 대한 험담을 하고 다녔어요.
다행히 그 삼항사가 중간에 내리는 스케줄이라 상황을 모면할 수 있었어요.

사례의 문제점

직급의 우위를 통한 성희롱
위계, 위력에 의한 추행. 이후 허위 소문을 퍼뜨림.
구애를 거절당하자 앙심을 품고 직급의 우위를 이용하여 보복함.
3항사가 실항사에게 호감을 가져 과하게 구애하였으나 거절당한 후 앙심을 품고 보복함.

사례의 해결방안

개인차원

선내 불만고충처리 절차를 통해 해결함.
좋은 실습 고과를 통한 졸업 후 승선을 희망하는 실습생 관점에서, 그리고 아직 사회 경험이 많지 않은 어린 학생의 관점에서 위 상황을 맞이하였을 때 혼자 해결하기란 쉽지 않으리라 생각함. 위와 같은 상황을 방지하기 위하여 개인적으로는 주저하지 말고 주변에 알리고 도움을 요청하는 것이 최선인 듯하며, 위 상황은 개인차원 보다는 선사/학교 차원의 예방 대책 마련이 중요한 것으로 생각됨.

선사차원

주기적인 성희롱 교육 자료 배포 및 교육 필요.
실습생을 위한 학교 차원의 보호/상담 절차도 더 구체적이고 적극적으로 준비되어야 한다고 생각함.

사례 7 – 갑판 vs 기관

승선 첫날 일기사님이 제(실항사)가 같은 학교 후배이기도 하고 앞으로 배에서 어떻게 생활해야 할지에 대해 조언해주고 싶다고 하여 일기사, 삼기사와 함께 식당에서 야식을 먹으며 재미있게 이야기를 나누었습니다.
그 다음날 일항사님이 이 사실을 알고 기관부와 갑판부는 엄연히 다르므로 배에서 전날과 같이 어울리지 말 것이며, 실항사도 엄연히 나중에 사관이 될 것인데 자칫 만만하게 보일 수 있다고 미얀마 부원들과도 가급적이면 일 외에는 어울리지 말라고 하였습니다.

사례의 문제점

1항사의 부서 간(갑판부/기관부) 및 직급 간(사관/부원) 갈등조장 발언
선임사관(1항사)의 잘못된 가치관 또는 편협한 생각을 하급자(실항사)에게 강요
선내에서 보이지 않게 존재하는 기존의 갑판부/기관부 사이의 갈등구조가 1항사의 하급자에 대한 강요로 이어진 것으로 판단됨.
하급자인 실항사 역시 자신의 부서 상급자인 1항사에 대한 배려 없는 행동으로 부서장의 심기를 불편하게 함.

사례의 해결방안

개인차원

우선 부서 간 암묵적으로 존재하는 갈등의 요소나 특정 부서에 대한 편견을 최우선적으로 해소시킬 필요성이 있음: 사례의 경우, 1항사가 기관부에 대해 불만이나 차별적 마음가짐을 가지게 된 원인을 파악하여야 하며, 상대와의 소통부재 및 서로 간의 오해가 있을 경우 바로 바로 직접 소통을 통해서 해결하는 자세가 필요함.
선박의 책임자인 선장은 이러한 보이지 않는 부서 간 또는 직급 간 갈등을 발견할 경우 면담 등을 통해 사태를 명확히 파악하고 갈등을 해소시킬 수 있는 방안을 강구해야 함.

선사차원

바람직한 선내 문화(부서 간 갈등 해소 및 갈등 조장 방지)를 위해 승선 전 선원을 대상으로 교육을 진행해야 함.
선사에서는 유사 사례를 극화된 동영상 또는 PPT자료 등으로 제작하여 선박에 배포하고 이에 대한 선원대상 교육이 진행될 수 있도록 지원하는 것이 바람직함.

사례 8 – 여자친구 문제

인도양을 항해하던 중 갑자기 선내 인터넷 불량으로 인터넷이 작동하지 않았다. 그런데 지속적으로 여자친구와 카톡을 나누며 연락을 취하던 삼기사가 갑자기 여자친구와 연락이 안 된다며 심리적으로 매우 불안해하였다. 문제는 이런 심리적 불안이 과업참여에도 영향을 미쳐 정상적인 업무가 불가능한 상황에 이르렀다.
갑자기 연락이 두절되자 삼기사는 어쩔 줄을 모르고 방안에 들어앉아 안절부절 못하고 있었다.

사례의 문제점

선내 인터넷 문제 – 선박의 특성상 대양 운항 중 기술적인 문제가 발생할 수 있음.
3기사의 육상에 있는 이성친구에 대한 과도한 집착과 공과사의 불명확한 구분으로 사적인 문제가 선내 과업이라는 공적인 문제에까지 영향을 주는 상황임.
아울러 이 사례 속에서 또 다른 문제는 삼기사 주변의 동료 및 선배사관들이 이러한 문제를 개인의 문제로 치부하고 별로 관심을 두지 않고 있음.

갈등원인

육상의 이성친구에 대한 믿음이 상당히 부족함.
인터넷 접속이 불안정한 선내 기술적인 환경문제

사례의 해결방안

개인차원

타선원들과의 교류를 통한 정서적 안정 도모
다른 선원이 개인적인 문제로 힘들어하거나 고민하고 있는 경우, 옆에서 마음의 안정을 찾아주고 격려해줄 수 있는 동료들이 필요하며 이러한 분위기를 조성해주는 선내 인간관계와 업무문화가 형성되어야 함.
어떤 상황에서도 의젓이 대처하고 당당할 수 있는 자기 절제 역량과 자존감은 선원이 갖추어야할 필수 역량임.

선사차원

디지털 네이티브인 신세대 선원들의 성향을 이해하여 운항 중 선내 통신관련 장비들이 잘 작동할 수 있도록 지원할 필요가 있음.
이성문제나 사적인 어려움으로 과업에 영향을 줄 수 있는 선원의 개인적 성향을 파악할 수 있는 장치마련 시급함.

** '누가 먼저 다가가는가?' 실제 어느 선박에서는 여자친구 문제로 한 3항사가 수면제 복용 자살을 시도한 적도 있음. 신세대 선원들의 경우 디지털 의존성향이 높아 육상의 온라인 생활에서 해상의 오프라인 생활로 들어올 경우 일종의 '금단 현상'이 나타나는 경우가 빈번함.

사례 9 – A교육과정 출신 실항사

A교육과정 출신 실항사가 같이 승선 중이던 일항사를 칼로 찔러 큰 부상을 입히고 다음 항구에서 해당 일항사와 실항사가 같이 하선을 하는 일이 발생하였다. 일항사는 평소에 실항사를 해양대 출신이 아니라는 이유만으로 탐탁지 않게 여겼고, 일을 할 때에도 쓸데 없는 일로 폭언을 일삼았다. 폭행 사건이 일어난 당일의 전말은 이렇다.

실항사는 삼항사와 야간당직(20-24시)을 같이 서고 있었고, 다른 항해사관 및 기관사관은 선교 아래 휴게실에서 회식을 하고 있었다. 선장이 실항사에게 당직을 서지 말고 내려와서 안주를 세팅하라고 하였다. 그래서 실항사는 항해당직을 그만두고 내려와서 음식을 세팅하고 있는 도중 일항사가 그 모습을 보았고, 왜 당직을 안 서고 내려와서 음식을 세팅하냐고 폭언을 퍼부었다. 그래서 실항사는 Galley에서 칼을 들고 와 홧김에 일항사를 칼로 찔렀고, 일항사는 큰 부상을 입게 되었다.

사례의 문제점

상급자의 부당한 괴롭힘 및 피해자의 부적절한 대처.

사례의 해결방안

개인 차원

1항사: 출신 학교, 출신 지역 등을 배제한 동일한 공동체 구성원임을 항상 인식.
실항사: 억울하고 화가 나는 심정은 이해하나 위 상황에서는 선장과의 면담이 최선으로 생각됨.

선사 차원

선박 사관, 특히 관리급 사관의 실습생 관리 규정을 보다 체계적으로 설정.
소속 여부를 떠나 같은 선박에 승선하는 one team으로서의 자세를 가지기 위한 승선 전 교육 필요
실습생 오리엔테이션 등의 기회를 통하여 선박의 일반적인 분위기, 마음가짐 및 행동 요령 등을 보다 현실적으로 안내

사례 10 – 노후선박

첫 배를 탄 3항사는 승선 직전 모 선사의 배가 침몰한 사고로 인해 상당히 정신적인 충격을 받았다. 그렇게 첫 승선한 배는 광석 운반선이었다. 그런데 20여 년전 유조선으로 건조되어 광석 운반선으로 용도가 변경되었으며, 얼마 전에는 선미 쪽에 약간의 균열이 발견되어 수리를 받았다는 이야기까지 전해 들었다. 이에 3항사는 너무나 큰 불안감을 느끼며 잠도 제대로 자지 못하고 있었다. 이에 반해 선내 다른 구성원들은 전혀 문제없이 선상 업무와 생활을 하고 있었다.

3항사는 데이워크가 끝나면 부모님께 카톡을 이용해 자신의 불안한 상황을 전달하였으며, 급기야 선장에게 가서 개조 노후선이 아닌 선령이 낮은 배로 전선하고 싶다고 이야기한다.

사례의 문제점

노후선에 승선한 초임 3항사가 선박의 Crack을 발견하여 불안감을 느낌.

갈등원인 - Crack이 발견된 노후선임에도 불구하고 초임 3항사를 제외한 다른 선원들은 아무런 문제의식을 가지지 않음.

배경 - 20년 된 노후선, 발견된 Crack, 평소와 다름없는 선원들, 불안한 3항사

문제점 - 3항사의 경험 부족에 따른 심리적 불안감과 주변 사관들과의 소통부재 및 동료 사관들의 심리 파악

갈등원인 - 20년 이상된 노후선이자 탱커에서 벌크선으로 용도 변경된 사례 및 선미 크랙으로 인해 초임 3항사의 불안 증폭, 전문가(일항사, 선장 등)와의 상담이 아닌 부모님과의 상담으로 불안감 더욱 증폭

사례의 해결방안

개인차원

선장 또는 부서장에게 불안감 호소
선박 적응을 위한 노력
주변 선배 선원들에게 조언 요청
비전문가인 부모님이 아닌 전문가의 조언 경청 필요

선사차원

선박관리 지속 (선급평가, 사관들의 지속적인 관리 요청)
해당 사관과 지속적으로 상담을 진행하여 사태 추이 파악 후 필요시 전선 조치
노후선 위험 수당 신설
승선 전 업무 협의 시 선박 결함 및 자세한 정보 전달 및 승선예정자 성향 파악
전선처리

사례 11 – 음주규정 위반

1항사는 3항사가 그 전날 선내 음주규정을 위반한 사실에 대해 따끔하게 지적하고 익일까지 시말서를 제출할 것을 요청하였다. 그런데 3항사는 음주규정 위반 사실에 대한 구체적인 증거가 있는지 물으며 자신은 규정을 위반한 적이 없다고 하는 것이었다. 전날 3항사의 음주 추태에 대해 다른 구성원들로부터 이야기 들은 1항사는 뉘우치는 감정이나 미안한 내색도 없이 자기주장만 하는 3항사의 모습이 너무도 당황스러웠다.

사례의 문제점

동료 선원들의 구두 전달 사항 외 3항사의 음주 사실에 대한 증거 없음
음주 추태가 사실이라면, 3항사의 음주 추태는 심각한 문제임.
3항사의 발뺌하는 듯한 부정적인 자세와 대응
확실한 증거가 없는 상황에서 시말서를 제출할 것을 요구하는 것에 대해 3항사가 반항하는 것으로 판단됨.

- 사내 음주규정 위반
- 음주규정을 위반한 3항사가 자신의 행위에 대해 증거가 있음에도 인정하지 않고 개선의 의지가 없음.

갈등 원인

- 주류 배급과 시스템의 결함
- 1항사의 훈계 내용은 피훈계자인 3항사에게 상당히 부적절하게

다가와 이에 반발하는 것으로 보임.

- 선장이 선내 음주에 대한 명확한 철학을 가지고 접근하지 못함.

사례의 해결방안

개인차원

소통을 통하여 명확한 음주추태 사실 및 음주 원인 진상 파악 급선무
선내 분위기 조성을 위한 선원 개인의 협조 필요성 강조
선내 Bond Store Open관련 사규정 준수

- 선내 음주관련 제반 규정을 각 선원들이 충분히 인지하여야 하며, 선장이 이와 관련된 교육을 실시해야 함.
- 1항사는 훈계 시 하급자의 잘못에 대한 징계를 시말서에 의존하기 보다는 해당 사건에 대한 예방과 원인에 대해 면밀히 분석하여 사고예방에 주안점을 두고 소통하는 편이 좋을 것으로 보임.

선사차원

명확한 음주 규정 하달 및 규정 위반 시 선내 징계조치 절차 명확화, 주류에 대한 실질적인 관리를 선장이 직접 하도록 조치하고 이를 절대 위임할 수 없도록 함.

사례 12 – 위생점검

사관들이 사는 데크에 문을 잘 잠그고 다니지 않는 것을 안 선장은 주니어 사관들이 일하는 시간에 방에 들어가 방의 청결도를 수시로 점검하였다. 이렇게 수시로 점검을 한 후 10점 만점으로 점수를 매겨 선내 구성원들에게 공개하였다. 뿐만 아니라 선장은 휴식 시간이나 식사 시간에 점검 중 발견한 특이사항에 대해 농담을 하거나 특정 사관에 대한 개인적인 평가를 내리고는 하였다. 이에 대해 사관들의 불만은 날로 커져만 갔다.

사례의 문제점

사적인 공간 공지 없이 불시 점검
지적 사항에 대한 점수화 및 결과에 대해 전 선원들 앞에서 농담투로 망신을 줌.

갈등원인 및 배경

선장의 직위를 이용한 권위적 행동
위생 점검 시 발생한 지적사항과 시정조치에 대한 개인적인 배려부족

- 전체 선원들의 방이 아니라 주니어 사관 방만 점검하는 것은 문제가 있음.
- 점검 점수로 서열화하는 문제
- 특이사항이나 개선점이 있으면 개인적으로 대화하지 않고 일방적으로 다른 사람들에게 공개함 (선장 개인의 감정이나 판단에 지나치게 치우침)

사례의 해결방안

개인차원

선장 본인의 반성과 추후 유사 사례가 발생하지 않도록 주의
선장 이하 승조원들은 선장의 지시에 따라 선내 및 개인 공간 청결 상태 유지

- 공지 후 위생 점검 실시
- 점수가 아닌 지적사항 및 개선점에 대해 개인적으로 조언을 주고 점검 결과를 공개적으로 전달하여 사적 모멸감을 주지 않도록 주의 해야 함.

선사차원

위생점검 시행 시 지침사항 전달 및 위생점검 시행 전 선내 공지를 통해 시행할 수 있도록 권고해야 함.

- 상급자가 하급자의 개인적인 공간을 불시에 점검하는 일이 없도록 위생 점검 실시 전 반드시 사전 공지 하는 것을 규정화하여야 함.
- 이러한 규정이 있거나 매뉴얼이 제작되어 있어도 위반하거나 하는 경우 이에 따른 교육을 강화하는 것도 하나의 방법임.

사례 13 – 독실함

새로 승선한 삼항사는 선내 인수인계 중 하선 예정인 기관장을 만나 인사를 나눈다. 기관장은 삼항사에게 종교가 어떻게 되는지 물었다. 삼항사는 자신은 '종교가 없다'라고 대답하니, 기관장은 '기독교를 꼭 믿어야 한다'면서 '같이 예배 드리면 좋을 텐데'하며 아쉬움을 표시하였다. 교대해준 삼항사에게 자세히 물으니 자신도 무교인데, 기관장님이 매주 주말마다 삼기사와 자신을 불러 예배를 드렸고 식사 시간에도 기도를 하고 밥을 먹었다고 이야기하였다.

사례의 문제점

상급자라는 직위를 이용하여 특정한 종교를 하급자에게 강요함
하급자가 싫어하는지에 대한 이해력 부족
선박의 위계 구조상 상급자의 사적인 요구 역시 거절하기 어려움
상급자의 지시나 강요를 따르지 않을 경우 인사고과 등 업무에 불이익을 받을 수 있다는 두려움 존재

사례의 해결방안

사례 속 삼항사는 기관장의 종교행위 강요를 거절할 수 있는 방법이 사실상 없어 보임.

사례 14 – 마작

선장님은 마작을 너무 좋아하는 분이었다. 마작을 하기 위해서는 최소 4명의 인원이 필요한터라 선장님은 Day Work이 끝난 사관들을 불러 모아 거의 매일 도박을 하게 끔 분위기를 만들어 갔다. 그런데 선장님이 의도한대로 마작판이 진행되지 않으면, 이를 거부하는 사관들에게 업무적으로 일을 가중 시키겠다는 협박도 서슴지 않았다.
그런데 문제는 선장의 마작 경험이 월등히 높아 매번 선장님이 돈을 따는 것이 일반적이었다. 심지어 실항사까지 돈을 잃는 모습을 딱히 여긴 2항사가 도박용 돈을 따로 챙겨주기도 하였다.

사례의 문제점

강요에 의해 참여요구, 선내 최고 관리자인 선장이 직급을 이용하여 하급자에게 자신의 취미생활을 강요.
이로 인해 물질적 정신적 피해 발생 – 매일 시간낭비, 금전적 피해, 강요로 인해 하게 된 마작으로 인한 정신적인 스트레스
심지어 실습항해사까지 참여하여 돈을 잃게 됨.

선장님이 마작을 너무 좋아하여 매일 마작판을 강제로 벌이고 이를 거부하는 선원들에게는 협박도 서슴지 않음. 또한 문제는 선장의 마작 실력이 월등히 높아 다른 게임 참여자들의 돈을 모조리 따가며, 실항사의 돈까지 모두 따가는 상황임.

- 업무 관련된 부담 (피로 가중과 그에 따른 안전문제)
- 본인 의지와 상관없는 강요로 인한 스트레스 발생

사례의 해결방안

선내 최고 관리자인 '선장'의 자질 문제

국적선에서 유일하게 선장과 비교적 대등한 입장에서 상대할 수 있는 기관장(또는 1항기사 중 고참사관)이 대화를 통해 선장에게 대부분의 승조원들이 싫어하는 도박 강요와 게임을 자제할 것을 요청해야함.
공식적으로 선장에게 이러한 고충을 얘기하고 요청하였음에도 불구하고 이러한 요청이 받아들여지지 않을 경우 HSE Meeting(선박안전관리 관련 회의)의 안건으로 상정하여 정식으로 문제를 공식화한다.
선장을 제외한 나머지 구성원들이 합심하여 선장을 매일 올인시켜 흥미를 떨어뜨린다.
선장 개인의 취향이나 성격이 쉽게 바뀌기는 어려울 것으로 보인다. 왜냐하면 해당 선장은 이미 수십 년간 승선 생활 속에서 마작과 도박에 중독되어 있는 상황 일 수 있다. 게다가 직급이 가장 높은 선장과 이 문제를 대화로 해결하기는 상당히 어려울 것으로 사료된다. 따라서 선사차원의 도움이 필요할 것으로 보임.

- 선원들과 선장님 간의 진솔한 대화

선사차원

Open Reporting 제도를 이용하여 회사에 보고 조치 할 수 있도록 하여 선장을 징계 조치해야 함.

이 사례 속 선장의 경우 뿐 아니라 음주, 도박, 게임, 약물 등에 대한 중독성향이 높은 선원들에게는 갱생프로그램을 이수할 수 있도록 하는 제도적 장치를 마련해야 함.

사례 15 – 맥주 한 캔 할까?

3항사가 어느 날 갑자기 찾아오더니 울면서 하선하고 싶다고 했다. 달래면서 이유를 물으니, 술을 원래 안마시고 좋아하지 않는데 1항사가 매일 맥주 한 캔 마시라고 강요해서라고 말한다.
그래서 정말 맥주 한 캔 문제냐고 좀 더 자세히 설명해줄 것을 요청하였다. 3항사는 하기 싫은 것을 억지로 강요하는 이런 것 너무 싫고 기분이 너무 나빠졌다고 하면서 하선하겠다고 고집을 피운다.

사례의 문제점

개인의 취향을 고려하지 않은 상급자의 안일한 행동: 인사권자인 관리급 사관의 강요에 의한 선내 갈등상황 발생
3항사의 경우 선내 구성원 간 갈등상황 해결을 위한 노력 부족

사례의 해결방안

개인 차원

상대적 연장자인 상급자는 세대간의 문화, 인식 차이를 항상 인식하고 이해하려는 노력이 필요. 본인이 좋다고 생각하는 것이 다른 모든 사람에게도 동일할 것이라 생각하는 것을 지양.

보수를 받고 근무를 하는 항해사/기관사로서 '기분이 나쁘다'고 하선을 요구하는 것은 적절하지 않다고 생각됨. 선장과의 면담은 좋은 시도이나 보다 성숙한 자세가 요구됨.

선사 차원

세대별 갈등상황, 인식 차이 등의 교육 자료를 작성, 배포하여 선내 구성원간의 상호 이해 및 갈등 발생 방지.

사례 16 – 방 청소 좀 하지!

평소에 잘 대해주고 친하게 지냈던 실기사에게 방이 하도 지저분해서 방 청소를 하라고 이야기했더니 그때부터 태도가 돌변하기 시작하였다.
그리고 얼마 후 자의 하선을 신청하였는데, 사유가 3기사의 폭언 등 괴롭힘이라고 진술하였다. 하지만 실제 그런 정도의 폭언이나 폭력행위는 발생하지 않았다.

사례의 문제점

갈등상황 발생 시 입체적인 검증의 어려움. 폐쇄된 공간, 적은 승선 인원 등으로 인한 진실 규명의 어려움.

사례의 해결방안

개인 차원

폐쇄된 공간에서의 단체 생활을 하는 승선생활의 특성상, 위생 상태를 지적하고 청소를 요구하는 것 자체는 아무런 문제가 없음. 실제 폭언 및 폭행이 없다는 점을 가정한다면 이는 전적으로 실기사의 개인 자질 문제라고 생각됨. 다른 의견 없음.

선사 차원

선내 폭언 및 폭행 등과 관련된 불만 제기 및 진정이 접수되었을 경우, 동 기간 승선했던 휴가자 등을 통하여 당시 선내 분위기를 가능한 파악할 수 있도록 하며, 선내 관리자급 사관의 의견 및 이전 인사 기록 등도 감안하여 문제를 해결해야 할 것으로 판단됨.

사례 17 – 동문 선후배

항해사는 연속적인 피로가 쌓이지 않도록 하루에 4시간씩 2회 당직을 서는데, 3항사 다음에 2항사가 올라와야 하는데 2항사가 자주 올라오지 않는 것이었다. 그 이유는 2항사가 저녁을 먹은 후부터 1항사와 술을 마시기 시작해서 거의 매일 23시쯤에야 잠을 자기 때문이었다. 이러한 2항사의 태도가 3개월째 고쳐지지 않고 반복되자, 3항사는 2항사가 자신을 만만하게 생각해서 고의로 올라오지 않는다고 생각하게 된다.
이러한 반복된 태도에 화가 난 3항사는 선내 불만고충처리위원인 1항사에게 가서 2항사의 행동에 대해 말해보지만, 1항사는 오히려 2항사를 감싸는 듯한 이야기를 하는 것이었다. 그 이유를 알고 보니 1항사는 2항사와 같은 학교, 같은 동아리 출신이라 매우 가까운 사이였기 때문으로 보였다. 3항사는 동문과 사조직 후배를 챙기는 모습과 이로 인해 자신이 부당한 대우를 받는 것 같아서 너무도 억울하기만 했다.

사례의 문제점

2항사의 잘못된 선내 생활
의사소통 부재로 3항사의 상대방 이해 부족
1항사의 고충처리 위원으로서의 적절한 대처 부족
1항사의 잘못된 선내 생활 (지속적 음주 강요)

갈등원인

전반적인 소통부재로 오해와 불신의 폭이 증대됨
사전에 당직근무 교대 준수를 정중히 요청하였다면, 문제 발생이 감소되었을 가능성도 있음

사례의 해결방안

개인차원

3항사는 2항사에게 근무 철저를 정중히 대화를 통해 요청해야 함.
2항사는 자신의 잘못된 선내 생활(지속적 음주로 인한 과업 소홀)을 바로 잡아야 함.
1항사는 고충처리 위원으로서의 직무에 충실해야 하며, 2항사에게 지속적 음주를 강요하지 않아야 함.
선장은 전체 선내 구성원들의 생활을 지속적으로 모니터링하고 잘못된 관행이나 문화에 대해 강력하게 수정을 요구해야 함.

선사차원

올바른 선내문화를 위한 지침서(영상자료) 제작 및 배포 필요
설문지 등을 통해 지속적으로 본선 인력들의 선내 생활을 모니터링하고 각 선박의 분위기를 점검하며 필요 시 적극적으로 개입할 필요가 있음

사례 18 – 수당분배

중요한 작업을 끝내고 나면, 회사에서 전 선원에게 일정 수당을 인센티브로 나누어주고, 수당이 잘 전달되었는지 확인하기 위해 수령 후 서명한 문서를 요구한다. 3항사 역시 수당을 나눠주기 위해 서명용 문서를 만들어 출력하였다. 3항사가 일이 많아 본인이 직접 돈을 나눠주고 확인을 받기에는 무리가 있어서 타수 A씨를 시켜 나눠주고 서명을 받아오라고 지시했다.
그 다음 날, 3항사는 서명종이에 3명의 서명이 누락된 것을 확인하고, 그들에게 서명을 하라고 요구한다. 하지만 3명의 부원들은 자신들은 돈을 받은 사실이 없다고 얘기하는 것이었다. 이에 3항사는 이들이 돈을 받고도 발뺌한다고 생각했다. 하지만 그들이 완강하게 받은 적이 없다고 하자 3항사는 할 수 없이 자신의 돈으로 다시 수당을 나눠주고 서명을 받을 수 밖에 없었다. 이러한 경험을 하고 난 후, 3항사는 필리핀 부원들은 돈에 관해서 매우 이기적이기 때문에 그들을 절대 믿어서는 안 된다고 생각하게 된다.

사례의 문제점

수당지급 후 서명 누락으로 인한 분쟁 발생

갈등원인 및 배경

수당 지급 시 서명을 받지 않고 추후 서명할 것을 요구하였으나 수당을 수령한 선원이 본인은 돈을 받지 않았다고 주장함.

배경

선장이 3항사에게 수당지급을 지시하였고 3항사가 업무과중으로 타수 A씨에게 동일한 일을 재지시함. 다음날 3명의 서명이 누락된 것이 확인되고 서명을 요구하였으나 받은 사실이 없다고 하여 수당을 재지급하고 서명을 득함.

문제점

선장이 수당을 직접 지급하지 않고 3항사에게 3항사는 타수 A씨에게 위임함
수당 분배의 중요성을 인식하지 못함 (사전예견, 갈등 원인)
정확한 세부 지침을 주지 않음 (예, 지급 즉시 서명득함.)
회사 지침 미준수

사례의 해결방안

개인차원

수당 지급 담당자 외 공증인을 한명 더 참석시켜 수당지급과 동시에 서명할 수 있다면, 이러한 문제를 해결할 수 있을 것이라 생각함.
선장이 수당을 직접 지급하는 것이 바람직함.
수당 분배의 중요성 인식 필요 (선내 분위기)
위임을 할 경우 정확한 세부지침을 가지고 지시해야 함.

선사차원

상기 절차를 공식적으로 매뉴얼화 하여 명문화해주는 것이 좋음.
회사 지침 재정비 (균등분배)
수당분배 지침 회사 매뉴얼 제작

사례 19 – 외국인 사관

이 일화는 어느 필리핀 사관의 이야기이다. 필리핀사관은 자신이 외국인이라서 차별을 받았다고 주장했다. 선박에서는 사관과 부원의 식당이 나눠져 있는데, 필리핀 출신 3항사 P씨는 필리핀 사람이라서 필리핀 부원들이 밥을 먹는 부원식당에서 밥을 먹었다고 했다. 뿐만 아니라 업무 중에도 한국인 사관들은 그들끼리 한국어로 상의한 후 P씨에게 지시를 내려 P씨는 상황을 모르고 일을 하는 것이 굉장히 답답하다고 말했다. 더욱이 한국인 사관들은 자신들끼리만 어울려서 P씨는 자연스럽게 사관 그룹에서 배제된다고 했다. 이러한 상황에서 P씨는 혼자 외국인 사관으로 한국선박에 타서 일을 하는 것이 너무 힘들다고 토로한다.

사례의 문제점

한국인 사관들이 한국어를 사용하여 필리핀 사관이 소외감을 느낌. 또한 한국인 사관들은 P라는 필리핀 사관을 사관으로 인정해주지 않는 분위기.

일반적으로 필리핀 선원을 하대하는 한국 선원들의 경향이 투영되어 이러한 문제가 발생함.

사례의 해결방안

개인차원

타국적의 외국인 사관이 있을 시 공용어인 영어로 의사소통을 하도록 해야 함.
필리핀 선원에 대한 선입견이나 고정관념에서 탈피하여 타문화와 타국가 출신 사관이나 부원 등 모든 계급의 선원들을 존중하여 계급에 맞게 대우를 해주어야 함.

선사차원

다문화 이해 교육을 통해 필리핀 선원에 대한 인식을 바꾸어야 함.
직장 내 따돌림, 왕따 등에 대한 예방교육 및 신고를 장려하는 교육 실시 필요함.

사례 20 – 우파성향

초임 3항사는 운항실력이 미숙해 선장이 많은 시간 선교 당직 근무에 함께 하였다. 이러한 이유로 선장과 비교적 많은 시간 대화를 나누게 된다. 이 대화 시간 동안, 선장은 정치적으로 극단적인 자신의 우파 성향을 말할 뿐만 아니라, 3항사인 김씨에게도 그러한 성향을 강요하는 것이었다. 3항사는 선장이 하는 말의 대부분에 전혀 다른 입장과 견해를 가지고 있었지만, 선장에게 그러한 의견을 말하면 불이익을 당할 거라 생각해서 차마 선장에게 반박하지 못했다. 그런데 선장은 선교 당직 때마다 내내 자신의 정치적 성향을 강요하고 대답이 마음에 들지 않으면, 욕설을 뱉는 것이었다. 이러한 선장 때문에 3항사는 매 당직이 힘들고 고달프기만 했다.

사례의 문제점

선장님이 자신의 정치적 성향을 하급자에게 강요하고 이에 수긍하지 않으면 욕설도 서슴지 않음
위계적 우위를 기반으로 지극히 개인적인 정치성향을 하급자에게 지속적으로 강요하며 괴롭히는 행위

사례의 해결방안

개인차원

상대방의 개인적 성향이나 취향을 존중해야함
정치, 종교, 사적인 주제에 대해 상대가 원치 않을 경우 대화 자체를 자제하고 수긍할 수 있는 배려 문화가 필요

선사차원

선내에서 정치적 성향과 같은 민감한 주제에 대해서는 대화나 토론을 자제하도록 조치하고 홍보해야 함.
지극히 개인적인 성향이나 취향을 하급자나 동료에게 강요하지 않는 선내 문화가 조성되어야 함.

사례 21 – 일항사님, 제발 일어나세요!

2항사는 새벽 4시면 당직시간이 종료되는데, 매일 새벽 6시까지 선교에서 항해당직을 서야만 한다. 다음 당직자가 1항사인데, 2항사 자신의 당직 시간 종료(새벽 4시) 전에 1항사 방으로 전화도 하고, 당직조타수를 시켜 직접 깨우기도 하지만 1항사는 좀처럼 올라올 생각이 없다. 물론 오전/오후 작업시간 동안 본인의 휴식시간을 써가며 바쁘게 일하는 건 알지만 사전 합의 없이 늘 두 시간 씩이나 더 당직을 서려 하니 괜히 더 짜증이 난다. 심지어 6시에 올라와서는 아무 일 없다는 듯이 수고했다며 내려가라고 한다.
차라리 미리 얘기를 해서 부탁한다면 마음의 준비라도 하고 있을 텐데 매일 매일 기약 없는 기다림이 사람을 더 지치게 만든다. 선장님께 말씀드릴까 하다가도 괜히 일만 크게 만드는 거 같아서 망설여진다. 어떨 때는 그냥 1항사님을 깨우지 말고 선장님이 아침에 선교에 올라오실 때까지 내가 당직서고 있는 게 낫지 않을까 생각도 해 본다.

사례의 문제점

1등 항해사가 새벽 당직에 올라오지 않음. 당직 조타수(혹은 같이 당직 중이던 실항사)를 시켜 1항사 방에 가서 직접 깨웠으나 1시간, 2시간이 지나도 선교로 올라오지 않고 계속 잠. 2항사는 1항사의 이런 반복적인 행태에 불만을 가짐.

제한된 공간에서 제한된 인력으로 운항하는 선박에서 상호간에 합의된 당직시간 미준수. 이해 당사자끼리 해결하면 좋으나 문제의 당사자인 상급자가 그러한 의지가 없는 것으로 보임.

사례의 해결방안

개인 차원

상급자는 본인의 주요 업무 중 하나인 당직 근무 시간 엄수. 만약 불가피한 사유로 인하여 당직 업무 수행이 힘들 경우에는 선장(혹은 기관장)에게 보고 후 일시 조정, 혹은 당직자 상호 합의 하에 당직시간 조정.

하급자는 가급적 원만하게 갈등이 해결될 수 있도록 해당 상급자와 대화 시도. 하지만 상호간에 나이 차이가 많이 나거나 기타 사유(학교 선후배 관계 등)로 인하여 원만한 해결이 어려울 경우 선장(혹은 기관장)에게 보고 후 조치.

선사 차원

선내 총 책임자인 선장을 통하여 당직업무 성실 수행을 촉구. 위 사례는 전적으로 선장의 조직 운영 역량에 달린 것으로 판단됨.

사례 22 – 일항사님, 어디계세요?

나(3항사)는 17시 30분 쯤 매일 저녁을 다른 선원들보다 30분 일찍 먹고 선교로 올라가 1항사님 저녁식사를 위해서 일시적으로 대신 항해당직을 수행한다. 1항사의 저녁 당직시간은 16-20시이며, 나는 다음 당직자로 당직시간이 20-24시이다. 1항사님이 다시 올라오시면 내 방에서 한 시간 정도 휴식을 취하다 다시 야간 당직을 올라가려 했지만 1항사님은 좀처럼 올라오실 생각을 하지 않는다. 저녁 식사 때 서로 간에 얘기가 길어지는 경우도 종종 있지만 실항사 말로는 식사 후에 방에서 게임을 하신다는 말도 있다. 괜스레 억울하고 부당하다고 느끼다가도 나는 막내라는 생각에 그냥 참고 당직을 선다.

사례의 문제점

1등 항해사가 저녁 식사 후 다시 선교로 복귀하지 않고 식당에서 20시까지 시간을 보냄. 보통 3등 항해사가 1등 항해사 저녁식사를 위해 본인은 미리 식사를 하고 잠시 대신 당직을 서줌. 3등 항해사는 18:00-20:00까지 1등 항해사의 당직을 대신 서고 추가로 20시부터 본인의 당직을 서게 되어 2시간 + 4시간 총 6시간을 꼼짝없이 당직을 서게 됨.

사례의 해결방안

개인 차원

상급자는 본인의 주요 업무 중 하나인 당직 근무 시간 엄수. 만약 불가피한 사유로 인하여 당직 업무 수행이 힘들 경우에는 선장(혹은 기관장)에게 보고 후 일시 조정, 혹은 당직자 상호 합의 하에 당직시간 조정.
하급자는 가급적 원만하게 갈등이 해결될 수 있도록 해당 상급자와 대화 시도. 하지만 상호간에 나이 차이가 많이 나거나 기타 사유(학교 선후배 관계 등)로 인하여 원만한 해결이 어려울 경우 선장(혹은 기관장)에게 보고 후 조치.

선사 차원

선내 총 책임자인 선장을 통하여 당직업무 성실 수행을 촉구. 위 사례는 전적으로 선장의 조직 운영 역량에 달린 것으로 판단됨.

3. 쪽지편지 '주니어사관 ↔ 시니어사관'

아래 내용은 선내 세대차이 문제를 주제로 사관들을 대상으로 한 직무교육 과정에서 주니어사관(2, 3항기사)과 시니어사관들(선장, 기관장, 1항기사)이 서로에게 하고 싶은 말을 쪽지편지 형식으로 작성하게 하여 받은 내용이다. 개중에는 승선과정에서 쌓였던 서로에 대한 감정을 익명을 이용하여 반어적으로 표현한 내용도 있지만, 전반적으로 서로에 대한 애정과 배려가 많이 묻어나오고 있다. 아울러 선박에서 하선하여 육상에서 휴가기간에 이루어진 교육이라 실제 항해과정에서의 감정으로부터 비교적 자유로워져서 서로에 대한 감정 대립보다는 안쓰러움과 솔직함이 더 배가 되었을 가능성이 있다.

선배사관님께,

"모자란 저를 늘 지도해주셔서 감사합니다."
"건강이 중요합니다. 항상 건강하세요."
"주니어의 모자람을 채워주시고 잘 알려주셔서 감사합니다."
"항상 안전운항에 힘쓰시느라 고생이 많으십니다."
"다들 몸 조심히 승선하세요.^^ 건강이 최고에요...
"항상 유도리있게 생활합시다."
"항상 따뜻하게 대해주셔서 감사합니다."
"많이 알려주시고 편하게 대해주셔서 늘 감사합니다. 선기장님 방에는 욕조 있던데 좋으시겠어요."
"선장님이 시켜주신 운동이 .... 제 체력의 밑거름이고 그 때 흘린 땀이 제 인생의 밑거름입니다."
"행복하게 돈 벌고 안전하게 집에 갑시다. 얼굴 찌푸리면 벌금 1000원."
"선기장님, 항상 잘 이끌어주셔서 감사합니다. 잘 따라갈 수 있도록 하겠습니다."
"교육에 참석하신 선기장님 및 사관님들 휴가 중에 교육받으신다고 수고 많으십니다."
"선기장님들, 가족 같은 선내 분위기 부탁드립니다."
"휴가 중에 먼 곳까지 오셔서 늦은 시간까지 교육 들으신다고 고생이 많으십니다. 오늘까지만 잘 버티면 남은 일정 무난히 지나갈 듯하니 파이팅 바랍니다..."

"끊임없이 쉬지 않고 일을 주시는 선배사관들에게 감사합니다. 언제나 책보다 몸으로 배우라하시는 선배의 사랑에 다이어트도 되고 지식도 쌓이고 몸도 좋아지고 정신건강도 좋아집니다. 감사합니다. 정말."

"배 오래 타지 마세요. 육상에도 길이 있겠죠."

"선내에 많은 선후배 동료 여러분, 일반적인 사회 친구들은 일상적으로 영위할 수 있는 간단한 일상조차 휴가기간에만 즐길 수 있지만, 승선생활의 고됨이 나중에 반드시 좋은 방향으로 보상되니, 즐겁게 생활하시길, 파이팅."

"외로운 승선생활에 고생하십니다. 그래도 즐겁게 생활할 수 있도록 웃으며 살아봅시다! 웃음도 짜증도 모두 바이러스처럼 번져나갑니다.---"

"풍부한 지식과 오랜 경험으로부터 나오는 노하우에 항상 배움을 많이 받습니다."

"고된 승선 생활을 하시느라 고생 많으십니다. 같은 말이라도 곱게 하겠습니다."

"선장님께, 선내의 모든 일을 관장하시고 모든 선원들을 챙기고 보살펴 주셔서 항상 감사합니다."

"오랜 기간 승선하시느라 고생 많으십니다. 앞으로도 후배들에게 귀감이 될 선배님들을 잘 따르도록 하겠습니다. 감사합니다."

후배사관님께,

"후배 사관님들께, 이 세상에서 돈 안들이고 가장 큰 투자효과를 보는 것 중의 하나가 인사하는 것이랍니다. 이왕이면 큰 투자하기 바랍니다. 가능한 한 항상."

"가만히 생각하니 - 내가 너에게 배려가 없었던 것 같구나. / 그동안 내만 생각하고 모든 걸 내 위주로 판단하려 하였구나. / 어찌 보면 네가 내게 많은 이해를 해주었구나. / 이제는 내가 너에게 보답해야 할 시간이 되었나보다. / 얼마 남지 않은 선장 생활 서로를 배려하면서 즐겁게 생활하자꾸나."

"서로의 입장을 이해하고 존중하며 배려하는 선내 분위기를 만들어 갑시다."

"후배님들, 워크숍 교육받느라 수고 많습니다. 선상생활 및 직무에 이번 교육이 꼭 도움이 되길 바랍니다. - 어느 기관장으로부터 -"

"고생이 많습니다. 근래 같이 타 본적은 없지만, 후배들의 도움으로 선무를 잘 이행할 수 있었고 후배님들의 지원이 있어야 나도 선무를 잘할 수 있으니 지원 부탁드리며 건강히 잘 지냅시다."

"늦게까지 업무를 보느라 수고 많으십니다. 항상 노력하는 모습 보기 좋습니다. 본선의 안전운항을 위해서 노력하는 모습 감사합니다."

"항해 당직에 고생이 많습니다. 하지만 시간은 빠르게 지나갑니다. 목표를 빨리 세우시길 바랍니다."

"더운 환경에서 업무 수행에 고생이 많으십니다. 특례 빨리 마치고 자유를 찾길 바랍니다."

"승선 생활 ~ 재미있게 하자. 업무하면서 느끼는 성취감도 많이 크다.^^ 일하거나 궁금하거나 어려운 점 있으면 알려주고 맘 편히 가지면서 승선해. 항상 파이팅!"

"집에서 휴가를 즐겨야할 시간에 멀리 객지까지 와서 교육받느라 지루하고 힘들지요? 피할 수 없다면 즐기세요!"

"Team work을 위해서는 communication이 그 무엇보다 가장 중요하니 항상 서로 소통하는 관계가 되었으면 합니다."

"서로 소통하면서 즐거운 선상생활을 만들자."

"후배사관님, 같이 놀아주셔요. 선장이 심심하면 또라이 된다우, 선장."

"사랑하는 가족과 멀리 떨어져서 먼 바다에서 생활하느라 고생이 많습니다."

"젊고 패기만만한 생활에 한편으로 부럽기도 하고 항상 고마움을 느낍니다."

"후배사관님들, 쉽지 않은 선상 생활에 수고 많으십니다. 항상 건강 잘 챙기시고 계획하는 앞으로의 일들 잘 이루시길 바랍니다. 더불어 업무에도 책임감 있게 집중해 주시길 바래요. 선장."

"주니어 사관들 힘내시길 바랍니다. 젊음을 소중히 여기시길 바랍니다."

"처음이고 적응하느라 많이 힘들고 피곤하지? 지금 이 순간이 너에게 힘든 시간이겠지만, 나중에 돌아보면 추억이 되고 승선생활의 밑거름이 될 수 있는 기회가 될 거야, 파이팅하고 힘내자!"

"안전운항에 불철주야 노력해 주시어서 감사합니다. 여러분 덕분에 저는 행복한 선장입니다. 여러분 사랑합니다."

다음은 쪽지편지와 달리 설문지를 통해 정리한 내용이다. 주니어 사관과 시니어 사관이 각자 상대방에 대해 바라는 점을 솔직하게 적고 있다. 이를 통해 각자가 상대를 바라보는 시각이 분명히 드러나고 있다.

주니어 사관에게 바란다!

"프로정신(투철한 직업관)을 가지고 승선생활 하면 좋겠습니다."
"적극적인 자세로 업무에 참여하고 배우고자 하는 모습을 갖추면 좋겠어요."
"의욕적으로 도전하는 자세가 필요합니다."
"본인 업무에 대해 책임감을 가진 사관이 되어주세요."
"질문, 보고, 매뉴얼 찾기 잘하는 사관이 되어주세요(긍정적, 능동적 자세)."
"본업에 대한 자긍심과 전문직 종사자임을 명심하고, 휴식시간만 챙기려 말고 본인의 업무에 충실하면 좋겠어요."
"개인의 '자유'만 챙길 것이 아니라 본인의 행동과 일에 '책임'을 가져야 해요."
"개인주의가 현실이니 이해는 하지만, 업무적으로는 협업이 필요한데 그때는 자제를 해주세요."
"소심한 성격이라고 상급자가 먼저 다가오길 바라는 자세는 좀 아니죠."

"지시를 이해하지 못했으면, 잘 못 알아들었다고 솔직히 말하세요."
"조금 힘들다고 회피하려고 하지 말고 배운다는 생각으로 임하면 좋겠어요."
"너무 쉽게 포기하고 지친다고 하지 않았으면 좋겠어요."
"매번 업무지시를 할 때나 생활 속에서 이야기를 하면 무조건 거부 또는 무시하는 듯한 태도나 답변은 삼가 주세요.
"승선생활 중 어려움이나 도움이 필요한 경우에는 적극적으로 소통해주세요."
"개인주의를 비난할 수는 없지만, 자신의 즐거운 승선 생활을 위해서는 최소한 다른 선원들과 적극적인 교류를 시도하는 것은 필요해요."
"너무 침실에서만 생활하지 말아주세요."
"배 전체의 안전보다 사익을 우선시 하는 행동은 삼가 주세요."
"대인관계가 원활하지 않아 '동료애'가 사라지는 것이 아쉬워요."
"본인의 직무나 자기발전을 위한 노력은 않고, 해양대 출신이라는 특권의식이 강해서 아쉬워요."
"너무 현실적이고 실리중심이라 솔직히 정이 가지 않아요."

시니어 사관에게 바란다!

"술(도박, 회식 등) 강요하지 마세요."
"술 먹고 회식하면서 소통한다고 하지만 오히려 과업에 지장을 줄 수도 있으니 자제 부탁해요." (가끔 바비큐 파티 정도는 좋아요.)
"아버지나 친구 같은 분, 직무에 있어서는 엄격하지만 잘 챙겨주시는 분이 좋아요." (과업 중 '위계 – 수직', 과업 후 '화목 – 수평')
"정말 존경하고 싶은 모범이 되는 생각과 행동을 보여주는 선기관장님이 되어주세요."
"똑같은 사람인데 직급이 높다는 이유는 함부로 대하지 않았으면 좋겠어요."
"'내 말이 법이야!' 같은 생각은 사라져야 해요."
"보고하면 무작정 화내기 보단 도와주고 가르쳐주시려고 하는 사관님이 좋아요."
"지식이 부족한 부분이 있으시면, 무조건 자신이 맞다고 고집하지 않으면 좋겠어요."
"문제가 발생했을 때, 책임을 아래쪽으로 전가하지 말아주세요."
"과업 후 개인 휴식시간(개인생활)을 보장 및 존중해주세요."
"공적인 영역에서의 지시는 허용하나, 사적인 지시까지는 말아주세요."
"휴식 중 사적인 일 시키지 마세요."
"업무 외 잡무 시키는 것은 노동착취입니다."

"하급자라 무시하면서 overtime 조장하는 문화를 만들지 말아주세요."
"오버타임은 당연한 문화가 아닙니다!"
"상황에 따라 하급자에게 업무를 위임하거나 업무 분담을 요청할 수는 있으나 이것이 지극히 당연한 것이라 생각하지 말아 주세요."
"업무 외적인 생활 영역에서 위계질서를 강요하지 마세요."
"개인이 가진 성향도 고려해주세요."
"신체적, 언어적 폭력행위(욕설, 구타)는 삼가 주세요."
"지나치게 사적인 이야기나 성적인 주제는 이야기 안 했으면 합니다."
"'내가 3항(기)사 때는 말이야…' 이런 꼰대 언어 삼가 주세요."

선내 갈등 요인

앞서 기술한 실제 갈등양상을 바탕으로 국내 상선에서 일어나는 다양한 갈등의 요인들을 외국인 선원과의 갈등과 한국인 선원 간의 갈등 양상을 구분하여 정리하면 다음과 같다.

외국인 선원과의 갈등 양상

- "동남아인" - 고정관념, 선입견 ('지네들끼리 모인다', '못사는 나라라 물건 집어간다', '필리핀 애들에겐 please 빼고 그냥 명령형으로만 지시해야 함', '애들 좀 잘해주면 기어오른다.'… 등)
- 한국선원 - 지극히 자문화중심적(ethnocentric) 관점으로 타국 선원 행동 해석 및 판단 시도
- 동남아 선원들은 선내 약자로서 이러한 상황에 대응함 - 베개 밑 칼을 두고 생활, 경우에 따라서는 집단행동으로 대응: 동료선동 등
- 한국인 선원들의 타국적 선원들에 대한 배려부족 (같은 배 안에서 다른 생활(평행사회): 음식, 계급 차로 인한 차이 - 식사 따로, 회식 따로, 운동 따로 … 등)
- 권력/숫자의 문제 - 사관이 비한국인일 경우, 오히려 한국선원 차별받는 존재로 전락, 외국인 vs 내국인 선원의 숫자와 사관계급 내 특정 국적이 지배적일 경우 권력양상이 달라짐.
- 동남아 선원의 계약 특수성에 대한 이해부족 - 한국사관의 눈에는 한국인만큼 직업의식, 책임감, 희생정신 등이 높다고 생각하지 않음. 타부서의 업무나 타부서 상관의 지시를 받지 않으려 하는 것으로 인식함.
- 모든 문제를 의사소통, 특히 '언어적 요인(verbal factor)'에서 기인하는 것으로 간주하려는 경향이 있음. 특히, 영어 문제로 간주함.

◆ 언어문제 (우리말/외국어 역량 - 발음, 욕설, 목소리 톤 등)
◆ 시간 외 근무 (근무수당, 작업수당 배분 문제), 식사 질 차이, 임금 차별
◆ 식문화 (선호음식 차이, 금기 음식, 부식관리 문제, 식사 매너)
◆ 혼승선 관련 현행 교육 - 대부분 외국인 선원에 대한 한국문화 교육에 치중하는 편, 외국인 선원을 한국 배에 맞게 적응시키는 교육 프로그램 대다수, 하지만 한국선원에 대한 교육의 필요성 인식 부족, 진정한 의미의 승선 전 혼승 팀 빌딩(team building) 교육 필요.

한국인 선원 간의 갈등 양상

◆ 세대차이 (꼰대 vs 비꼰대, 내부고발(Whistle-Blow) 제도로 인한 세대 간 갈등조장, 불과 몇 년 차이 또는 몇 기수차이의 선후배 관계 갈등 빈번)
◆ 공동체 팀 의식 부재 (특히, 젊은 선원 및 외국인 선원과 업무 - 동료나 상급자의 일을 돕거나 희생하는 경우가 드묾)
◆ 직위 / 계급 / 기수 / 취미 / 관심분야 / 종교 차이
◆ (선장 중심의) 수직적 선내 업무구조 (사관들의 권위적 고압적 지시 문화, 상급자에 대한 무조건적 복종, 선장의 자질과 리더십 문제 - 선장의 성향에 따라 선내 문화 좌지우지)
◆ 고립된 생활 (가족/연인과 떨어진 생활, 향수병)
◆ 과중한 업무 (선박 자동화 등으로 인한 승선 인원 감소 - 통신사, 전자기관사)
◆ 인간관계 (공사구분, 평행공존 - 공간분할, 소통부재, 선내 구성원 간 서로 만날 수 있는 기회/시간 부족)
◆ 스트레스 해소처 부족 (게임, 폭력, 음주, 도박, 동영상 등에 노출)
◆ 음주문화 (음주강요, 음주습관 등으로 인한 사고발생)
◆ 다양성 보다 표준화를 강조하는 해상업무의 특성 (굿 시맨십 - 획일적 직업문화)

- ◆ 선사의 현장 상황에 대한 인식 부재 - 관련 개선 노력이나 교육 부족
- ◆ 기술 중심 선원교육의 문제점 - 선내 인간관계 및 선원 업무와 삶의 질과 관련한 관심과 교육이 여전히 부족한 상황이며, 실제로 진행되고 있는 교육들조차 진지한 접근과 내실 있는 내용으로 진행되는지 의문임.

Ⅳ. 행복한 인간관계를 위한 소통역량

1. 단일층위 vs 다층위 기반 소통의 이해

이 책은 다양성이 일반적인 현대 사회에서의 소통의 문제를 상선이라는 특수한 공간에서 업무와 삶을 동시에 영위해야하는 선원들의 모습을 조명함으로써 우리 시대의 행복한 소통과 인간관계의 방안을 모색해보았다. 앞서 선내 갈등의 다양한 사례들에서 살펴보았듯이, 인간관계의 갈등 양상은 어느 조직이나 산업분야를 떠나 단순히 하나의 갈등 요인과 양상을 보이는 것이 아니라 다양한 요소들이 복합적으로 작용하는 모습이었다. 뿐만 아니라 특정 사례 내 갈등의 주체들은 그저 한 개인이 가진 단일 정체성의 층위에서 행동하고 소통하는 것이 아니라 개인의 다양한 정체성과 그로 인해 만들어진 다문화적 층위들이 상대방과의 소통과정에 작용함을 인식할 수 있었다. 따라서 아래 그림에서처럼 단일 층위 기반의 소통양상에 대한 이해와 대처방안으로는 문제해결에 한계가 있다는 것을 알 수 있었다. 즉, 현재 국내 선박에서 일어나는 인간관계의 문제나 선내 조직문화의 이슈를 그저 '외국인 선원 문제', '여성 선원 문제', '세대 갈등 문제'라는 파편적이고 단편적인 접근방식으로는 문제 극복에 도움이 되지 않는다는 깨달음이다.

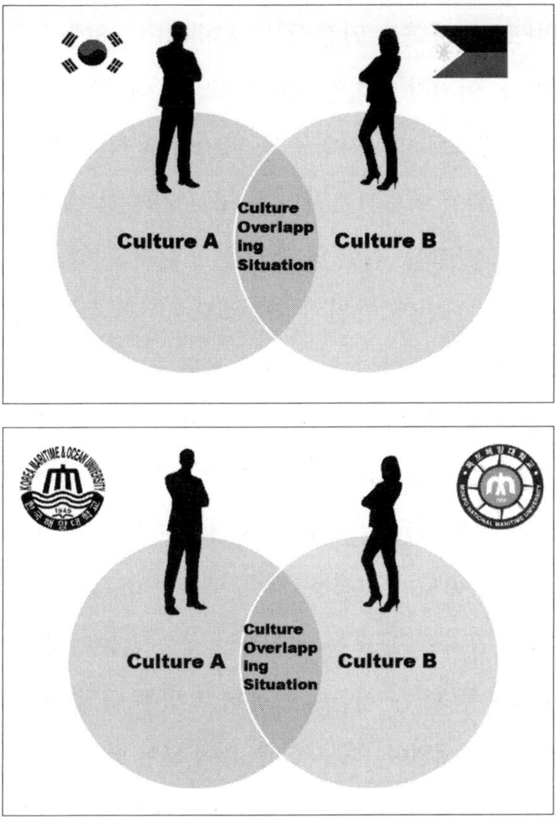

단일층위 기반 커뮤니케이션 도식

독일의 문화학자 클라우스 P. 한젠(Hansen 2011)은 '문화'와 '집단' 개념에 대한 새로운 정의 시도를 통해 초국경과 혼종의 시대 문화 연구에 있어 활용 가능한 이론적 토대를 확립하고 있다. 기존의 문화 개념으로는 설명이 불가능한 글로벌화 과정 속 복잡한 문화현상과 이를 통해 생성되고 있는 초국가적 공간 등의 사회적 변화에 대해 새로운 문화 이해를 바탕으로 설명해내고 있다.

한젠에 따르면, 문화는 인간 '집단 Kollektiv' 내에서 활용분야에 따라 존재한다. 여기서 말하는 '집단' 개념은 작게는 동네 테니스클럽에서부터 직장으로서의 기업조직, 나아가 국적의 법적 근거가 되는 국민국가 단위에 이르기까지 모든 구분 가능한 개인들의 집단을 포함하고 있다. 이러한 '집단'의 개념을 포함하고 있는 문화개념은 특정 사회나 국가에만 국한된 문화능력으로서의 소통역량, 특히 국가 간 상호작용에 필요한 협의의 개념 보다 훨씬 더 많은 층위의 문화들을 포용할 수 있다는 장점이 있다. 한젠의 문화개념의 핵심은 특정 문화 내 존재하는 차이의 문제를 조명하는데 있다. 한젠에 따르면, 다양한 사람들이 만들어내고 참여하고 있는 복잡한 '집단' 속에는 다양함뿐만 아니라 이질성, 차이, 모순까지도 존재한다. 이러한 차이는 결국 개인적인 것 또는 개별적인 것을 만들어내는 기본 토대가 된다. 여기서 '문화'는 개인이 보유하고 있는 다양한 상품 저장고와 같은 의미로 이해된다. 즉, 시험관 속에 넣어 함께 섞은 후 일어날 수 있는 반응을 관찰할 수 있는 화학실험실에 비치된 실험 재료들처럼 개인의 저장고에 비축된 상품들 역시 다른 사람들의 내면세계와의 접촉과정에서 화학 반응을 통해 개별적인 모습으로 발현되는 것이다. 문화 내에 존재하는 다양한 형태의 저장물이란 결국 '문화적 기억'내 존재하는 '의미 비축물'이다. 이 비축물은 개인의 사고와 행동과정에서 실체를 드러내며, 문화에 따라 상이하여 구분될 수 있다. 따라서 개인의 내부에 존재하는 독특한 특징은 다시 그가 속한 문화적 정체성을 담아내고 있는 것이다.

예를 들어 설명해보자. 한국에서 태어나고 자란 개인은 일본 식민

지배에 대한 특수한 기억을 공유하도록 사회화된다. 만약 이러한 사회화과정을 거친 한국인이 유럽에 체류한다고 가정하면, 그는 동북아시아의 역사 속에서 일본이란 존재에 대한 보이지 않는 반감을 표출할 가능성이 높다. 아니면 이와는 정반대로 한국사회가 가진 일본 과거사에 대한 암묵적 반감에 대해 혐오감을 가질 수도 있다. 하지만 이 부류에 속하는 한국인조차 적어도 자국민의 일본에 대한 '보편적' 반감에 대해 이해할 수 있는 능력을 가지고 있음은 부인할 수 없다. 따라서 이런 식으로 한국에서 사회화된 개인이 특정 문화적 기억의 요소들을 완전히 무시해버리는 것 자체가 불가능하듯이, 독일이나 유럽의 역사에 전혀 관심이 없는 한국인에게 유럽 내 독일의 과거사 청산에 대한 논의를 이해시키거나 독일 과거사에 대한 특정 입장을 옹호하도록 주입하는 것 역시 쉽지 않다. 롯데 자이언츠 구단의 광적인 팬은 한국프로야구에서 롯데 구단의 의미, 역사, 감독 및 선수들의 면모, 치어리더들의 특징, 구장전체가 하나의 커다란 노래방이 되는 사직구장 만의 독특한 응원 문화 등에 대해 상세히 알고 있을 것이다. 그에 반해 클래식 음악을 사랑하는 사람은 모차르트, 베토벤, 브람스 등에 대해서는 잘 알지만, 현재 롯데구단의 감독이 누구인지 인기선수는 누구인지에 대해서는 전혀 모를 가능성이 높다. 그럼에도 불구하고 이 클래식 음악 애호가 역시 한국인이라면, 한국프로야구에서 롯데구단은 특이하다는 사실 정도는 알고 있을 가능성이 높다.

예를 통해 살펴보았듯이 차이를 통해 형성된 '집단' 개념에 근거한 '복수집단성 Multi-Collectivity'(Hansen 2011, 155) 개념은 앞선 문화와 관련한 논의에서 해결되어야 했던 ‘문화 내 개인 또는 집단 간의 차이’와 ‘문화 내 집단들 사이를 묶어주는 결속’이라는 모순된 상황을 해결하는데 있어 유용할 것으로 보인다. 다시 말해 사회 내 복수의 특정 집단에 대한 소속감은 자연스럽게 다른 집단의 구성원과 한 개인을 구분시켜주고 있지만, 동시에 각 개인의 다층적 소속감으로 인해 이러한 경계가 흐려진다. 결국 이러한 관계망 중심의 복수집단 소속을 통해 특정 사회의 안정과 결속이 유지될 수 있는 것이다. 그러므로 특정 사회의 문화적 안정성이란 일반적인 가치관이나 규범, 사고방식 등에 의해서 만들어지는 것이 아니라 사회 내 집단들 사이에 존재하는 문화적 차이들이 만들어내는 원심력을 통해 생성되는 것이다. 즉, 집단들 사이에 존재하는 차이가 특정 사회에 소속된 구성원들 사이에 이미 알려져 있는 상황, 바로 그 자체가 ‘정상의 상태 Normality’를 만들어낸다. 한젠에 따르면, 문화가 이러한 정상의 상태를 규정하며, 이 정상 상태가 어떠한 방식으로든 사회와 정치적인 구조를 결속시키고 응집시키는 기능을 한다. 그러므로 문화 내부의 결속은 가치관이나 규범의 통일에서 이루어지는 것이 아니라 사회 내 집단들 간의 차이에 대한 인지정도, 즉 ‘정상의 상태’로부터 생성되는 것이다: ‘우리는 상충되는 입장들을 알고 있고, 우리는 이러한 입장들을 들으면, 우리가 집에 있음을 안다. [...] 그토록 많은 입장들이 존재하고, 이들은 그토록 상충되지만, 결국 일상의 범주 안에서 맴도는 것이다.’ 다시 말해, 사회 내 존재하는 이러한 상충되는 차이의 공존을 ‘공동의 경험 common experience’을 통해 구성원들이 기억하는 것이다.

독일의 이문화학자 슈테파니 라트예(Stefanie Rathje)는 기업조직 내 기업문화의 결속력 역시 동질성에서 만들어지는 것이 아니라 조직 내부에 존재하는 차이를 구성원에게 인지시켜 정상의 상태를 획득함으로써 생성되는 것이라고 역설한다. 특정 기업에 막 입사한 신입사원은 기업 설립자의 설립이념 및 경영철학에서부터 기업이 추구하는 가치, 나아가 이를 바탕으로 구현되는 가시 및 비가시적인 요소들을 익혀나가게 된다. 이러한 구성원들의 공유된 가정들과 함께 조직 내 다양한 하위집단(예, 부서/팀/직책/성/연령별 집단) 내부에 존재하는 특성까지 파악해야 비로소 해당 기업의 구성원으로서 자리매김할 수 있다. 이를 문화 간 상호작용 과정에 접목시켜본다면, 복수 집단에 속한 개인과 개인이 만나는 상호작용 상황 자체는 다양한 층위의 문화들이 만나 상호작용하는 것이며, 이 과정에서 두 사람 간 공동의 층위를 생성하게 되면 서로 이해하고 소통하며 협업할 수 있게 된다. 물론 공동의 층위를 만드는 과정은 상당히 많은 시간과 노력이 수반될 것이며, 경우에 따라서는 공유된 층위의 형성 자체가 오해나 갈등으로 인해 실패할 수도 있다.

이러한 복수집단 정체성을 가진 구성원 간의 문화 간 커뮤니케이션을 도식화하면 아래 그림과 같다. 특정 사회 내 문화적 결속은 구성원들 간의 공유된 문화적 기억을 바탕으로 사회 내 집단 간에 존재하는 '차이에 대한 인지(認知)'로 생성되는 것이다. 따라서 다중 정체성을 가진 개인과 개인 사이의 상호작용, 즉 문화 간 커뮤니케이션 과정은 양자 간에 존재하는 '차이에 대한 무지(無知)'를 중요한 특징으로 한다. 그렇다면 문화 간 커뮤니케이션 과정은 상이한 '집단'

출신 개인 간의 상호작용으로 이해할 수 있으며, 각자의 차이에 대한 인지 부족으로 인해 낯설음을 경험하는 과정이라고 정의할 수 있다. 따라서 문화가 다른 개인 간의 소통과정에 필요한 소통역량은 '문화 간 상호작용 과정에서 행위자 상호 간에 존재하는 다양한 차이에 대한 무지 상황을 인지 상황으로 전환시켜 결핍되어 있는 정상의 상태를 회복하고 결속력을 만들어주는 능력'이라고 정의할 수 있다.

아래 그림에서처럼 선원 개개인이 만나 일정 기간 업무와 생활을 함께 해야 하는 공간 안에서 선내 구성원들이 이해해야 하는 것은 각 개인이 가진 다층적 다문화적 정체성이며, 선원이 갖추어야할 중요한 역량은 선내 구성원들의 다문화적 정체성에 대한 이해와 인정을 바탕으로 한 공동의 문화층위를 만들어갈 수 있는 능력이다. 따라서 선박과 관련된 해운산업의 다양한 주체들은 선박에 대한 공학적 전문지식뿐만 아니라 인간에 대한 이해와 인본주의 가치를 포용할 수 있는 지식과 역량을 길러야 한다. 점점 더 다양화되고 복잡해지고 있는 세계 속에서 직업 활동은 직능수행 역량을 넘어 나와는 다른 사람들을 이해하고 포용하며 나아가 그들과 함께 행복한 시너지를 만들어낼 수 있는 새로운 인재를 요구하고 있다. 그러하기에 인문학적 접근과 질적 분석방법이 바다 위의 작은 사회, 선박을 논함에 있어 필요한 것이다.

이러한 관점에서 문화 간 소통역량은 알려지지 않은 차이를 아는 상태로 만드는 역할을 해야 하는 것이다. 이 과정에서 또 다른 제3의 문화, '중간문화 interculture'가 만들어지게 된다. 여기서 언급하고 있는 '중간문화 interculture'의 개념은 제2언어 습득 과정에서 학습자가

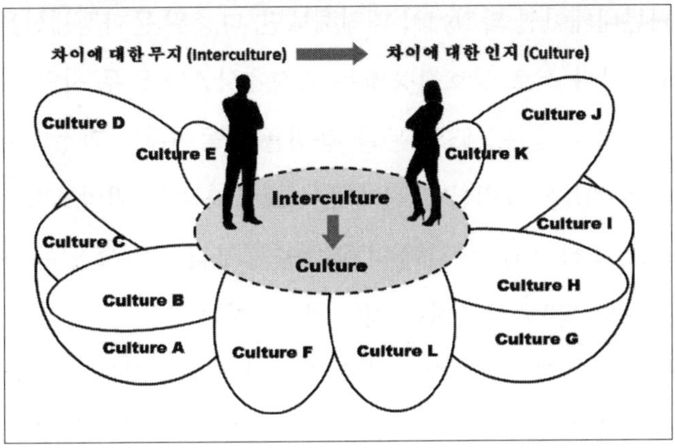

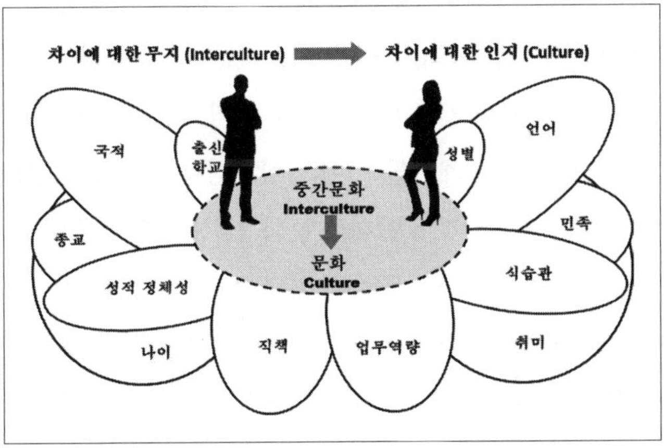

다층위 기반 커뮤니케이션 도식

목표언어에 도달하는 과정에서 구축하는 중간형태의 언어를 지칭하는 '중간어 interlanguage'와 비교하여 설명할 수 있을 것이다. '중간어'란 언어 습득과정에서 학습자의 모국어도, 학습하고 있는 목표언어도 아닌 중간적인 혹은 과도적 형태의 언어이다. 이를 문화 간 접촉과 커뮤니케이션 과정에서 대입해보면, 다층위 문화정체성을 가진 A와 B가 만나 서로 상호작용하는 과정에서 A와 B 두 사람 어느 누구도 공유하지 않는 '제3의 문화' 층위를 만들어내는 과정과 유사하다고 볼 수 있다. 그러한 관점에서 '상호문화'라는 번역보다는 여기도 저기도 속하지 않는 '사이'의 특수성을 부각시킬 수 있는 '중간문화'(또는 '간문화')로 번역하는 것이 바람직하다.

그러므로 문화 간 소통역량은 정상상태로의 회복을 통해 문화 간 상호작용 맥락에 노출된 행위자 간의 결속을 만들어냄으로써 낯설음이 특징인 '중간문화 interculture'를 익숙함이 특징인 '문화 culture'로 변환시켜주는 능력인 것이다. 문화를 다양한 '집단'들이 지닌 차이와 공통점의 총합으로 간주한다면, 문화 간 소통역량을 특정 국가문화만을 내면화한 개인들 사이의 상호작용 과정에 활용되는 소통의 도구로 이해하는 것이 아니라 문화 간 상호작용 맥락에 노출된 행위자 사이에서 이해하고 공유할 수 있는 새로운 층위의 '집단'을 개인이 가진 다중집단성에 추가하는 능력으로 규정할 수 있을 것이다. 다시 말해, 문화 간 커뮤니케이션 상황 속 행위자가 행위자들 사이에 존재하는 차이에 대한 이해를 바탕으로 공유된 체계를 구축하고 시간이 흐름에 따라 그들만의 공유된 문화층위로 발전시켜 나갈 수 있는 역량이 바로 '글로벌 역량'으로서의 문화 간 소통역량이다.

2. 상선사관 문화역량

1990년대 이후로 전 세계적으로 사회 내 다양한 문화정체성을 가진 구성원들 간의 '문화 간 상호작용'이 급격히 증가하면서 정치·경제·사회 다양한 분야에서 '문화 간 소통역량(intercultural competence)'에 대한 논의가 활발히 진행되고 있다. 이주와 이동에 의한 사회 내 다문화 현상 그리고 기업의 글로벌화를 통한 해외인력파견이나 글로벌 기업 간 인수·합병에 따른 협업 등은 현재 이 분야의 중요한 연구주제이기도 하다. 따라서 글로벌 해운산업 분야에서도 역시 선박 구성원의 다국적화와 시대 급변에 따른 시니어와 주니어 선원들 간의 공생이 해상인력 관리에 있어 주요 이슈로 부각되고 있다.

1970년대 독일에서는 취업교육 연구자들에 의해 현대사회 교육을 위한 '핵심역량 key qualifications'[21]에 대한 논의가 활발하게 진행되었다. 용어의 혼동을 피하기 위해 우리말로는 '핵심역량'이라 번역한다. 특히 '핵심역량 key competence'과 '글로벌 역량 global competence'을 문화 소통역량을 포괄하는 상위개념으로 간주하고 구분을 위해 '능력'이 아닌 '역량'으로 번역하였다.

'핵심역량'에 관한 논의는 1970년대 전후(戰後) 산업화가 한창 마무리 되어 가고 있던 시점에 처음 나타나기 시작한 독일사회의 구

21 유럽에서는 'key qualification', 'key competence', 'key competency' 등의 용어가 모두 같은 의미로 사용되고 있으며, 유럽연합에서 나온 문서에는 주로 'key competence'가 많이 사용되고 있다 (유럽연합 교육제도/정책 위원회 Eurydice 2002 보고서 참조).

조적 실업 문제와 관련이 있다. 급격한 기술발전과 경제성장으로 인해 직업관련 전문지식과 자질 역시 시대상황에 발맞춰 빠르게 변화해야만 했다. 더욱이 이러한 상황은 각 직업영역이 요구하는 자질에 대한 예측을 더욱 힘들게 만들었다. 오늘날 한국사회가 고속성장 이후 후기 산업화 단계에 직면하여 맞이하고 있는 상황과 상당히 유사해 보인다. 이러한 시대적 흐름 속에서 당시 독일의 '취업시장 및 직업 연구소(IAB)' 소장이었던 메르텐스는 각 직업분야의 전문지식을 보완하여 직업세계의 급격한 변화에 부응할 수 있는 '핵심역량'에 대한 연구를 추동하게 된다. 즉 메르텐스의 정의에 따르면, '핵심역량'은 결국 변화하는 산업 환경에 신속히 대처할 수 있는 '열쇠(key)' 역할을 하는 것이었다 (Mertens 1974 참조). 이 논의에서 디이터 메르텐스(Mertens 1974, 40)가 만들어낸 '핵심역량'은 다음과 같은 네 가지 능력을 포함하고 있다: 1) 커뮤니케이션 능력, 협동 능력, 갈등해결 능력, 감정이입 능력 등을 포함하는 '사회능력 social competence', 2) 분석력, 창의력, 학습의욕, 수사력 등을 포함하는 '방법능력 method competence', 3) 생산성, 자발성, 융통성, 독립성, 신뢰성, 적응력, 스트레스 저항력 등을 포함하는 '자아능력 self-competence', 4) 앞선 세 가지 능력을 바탕으로 상황에 맞게 행동할 수 있는 '행동능력 action competence'이다.

여기서 'qualification'은 결국 개인이 주어진 구체적인 상황 맥락에 맞게 행동할 수 있는 능력으로 정의되었다. 독일의 경제구조 변화에 따른 '핵심역량' 교육에 관한 논의는 2000년대 초반 유럽연합 차원으로 이어지게 된다. 유럽연합은 지식기반 사회에서 사회 구성원이 갖추어야할 지식, 기술, 자세를 포괄하는 '평생교육을 위한 핵심역량 Key competence for lifelong learning' 권고안(2006/962/EC)을 마련하여 각 회원국의 교육정책과 교육과정에 반영하도록 하고 있다. 여기에 포함된 8가지 핵심역량은 '모국어 커뮤니케이션 능력', '외국어 커뮤니케이션 능력', '수리능력 및 기본 과학기술 능력', '디지털 능력', '학습능력', '문화 간 소통역량을 포함하는 사회능력', '도전정신', '문화인식능력'이다. 이렇듯 독일과 유럽연합 차원에서 이루어지고 있는 '핵심역량'에 대한 교육모델 개발 및 연구는 '문화 간 소통역량'과 밀접히 관련을 맺고 있다. '문화 간 소통역량'은 유럽연합의 시민이 갖추어야 할 기본능력으로 간주되고 있다는 측면에서 시사하는 바가 클 뿐 아니라 경제 및 사회구조가 제조업에서 지식기반 및 서비스 기반 사회로 급격히 변화하고 있는 한국의 대학 및 직업교육에 있어 문화 간 소통역량은 반드시 고려되어야할 요소라고 할 수 있다.

여기서 커뮤니케이션과 직접적으로 연관된 항목은 모국어 커뮤니케이션 능력과 글로벌 역량으로서의 외국어 커뮤니케이션 능력이다. 즉 지역, 국가, 지방 간 경계가 사라지고 교류와 이동이 일상화되어 가고 있는 유럽연합의 경우 구성원의 중요한 사회역량으로 모국어 역량과 외국어 역량을 똑같이 강조하고 있다는 점이 눈에 띈다. 이러한 상황은 다문화·다언어 환경에서 중요시되고 있는 모국어 역량에 입각한 외국어 학습이라는 통합적 커뮤니케이션 역량에 대한 중요성을 부각하고 있는 것으로 볼 수 있다. 아울러 언어역량 뿐만 아니라 타문화에 대한 이해와 감수성을 바탕으로 한 사회능력과 문화인식능력 역시 해사커뮤니케이션 역량 교육에 있어 시사하는 바가 크다고 할 수 있다. 따라서 외국어 커뮤니케이션 역량은 직장, 가정, 여가, 교육, 훈련 등 다양한 사회 내 맥락 속에서 자신의 필요에 따라 생각, 감정, 사실을 구두와 문서 형태로 이해, 표현, 해석할 수 있는 능력과 함께 타문화에 대한 이해 및 문화 간 중재능력를 포괄하고 있다.

그러한 관점에서 상선사관에게 필요한 소통역량은 다음과 같이 정의될 수 있다: '선박 내 다양한 배경과 정체성을 가진 구성원들과 효과적으로 일하고 행복한 생활을 영위하기 위해 상선사관은 우선 자기 개인을 포함한 자문화에 대한 명확한 이해와 성찰을 바탕으로 타문화에 대한 호기심과 관심 그리고 문화감수성을 갖추어야 하며, 이를 통해 선박 내 구성원 사이에 존재하는 다양한 차이를 미리 간파하여 민첩한 판단력과 중재능력을 통해 선내 구성원들의 원활한 소통과 협업을 이끌 수 있어야 한다.'

아울러 구성원 개개인의 다양성에 대한 이해와 존중의 마음가짐으로 상선사관으로서 자신의 행동과 자세를 부단히 관리하고 변화시킬 수 있는 리더가 되어야 할 것이다. 이것이 바로 선내 문화다양성을 차별과 갈등이 아니라 존중과 화합으로 만들어내는 진정한 리더로서 상선사관이 갖추어야 할 기본자세이다.

국경의 해체, 자유로운 인적·물적 자원의 이동을 통한 문화 간 교류, 접촉, 갈등을 경험하고 있는 현재의 사회현실 만큼이나, 해상업무 분야 역시 무인선박 및 자율운항선박 개발 등 항해기술의 급격한 첨단화, 선원의 다국적화 등 다양한 변혁의 시기를 경험하고 있다. 따라서 해기인력의 커뮤니케이션 역량 함양에 있어 유럽연합의 핵심역량 교육은 중요한 시사점을 제공하고 있다. 뿐만 아니라 전 세계 외국어교육의 흐름 역시 '언어능력 중심 외국어교육'에서 언어가 사용되는 사회맥락에 적합한 언어사용을 교수하는 '사회·문화 맥락중심 외국어교육'으로 패러다임이 변하고 있다. 따라서 해사영어 교육은 (예비) 승선사관들에게 교육과정에서 습득한 해기관련 직무지식을 통합하여 선박 내외 업무 및 생활환경 속에서 영어를 활용할 수 있는 방향으로 진행되어야 할 것이다. 2012년 1월 1일자로 발효된 STCW 2010 마닐라 협약이 제시하고 있는 새로운 조항들은 이전의 STCW 1978/1995의 직능 및 기술 중심 교육에서 효과적인 인적자원관리를 위해 필요한 지식과 직무역량 교육을 강조하고 있으며, 언어역량과 관련해서는 '효과적인 커뮤니케이션(effective communication)' 역량을 거듭 강조하고 있다. STCW 2010 마닐라 협약의 개정 코드에 명기된 해사영어 관련 내용(Table A-II/1)을 살펴보면, 승선사관에게 필요한 해사영어 능력을 아래와 같이 명시하고 있다: '승선사관으로서 IMO SMCP를 사용하고 이해할 수 있는 능력을 포함하여 해도와 다른 항해관련 간행물을 사용하고, 선박안전과 운항과 관련된 기상정보 및 메시지를 이해하고, 다른 선박, 해안국 및 VTS 센터와 소통할 수 있고, 다국적 선원을 지휘하며 사관의 임무를 이행할 수 있는데 충분한 영어 지식.'

이를 기반으로 해사영어 역량을 포함한 해상업무 분야에서 요구되는 '해사커뮤니케이션 역량'을 정의해본다면, 해사커뮤니케이션 역량은 '선박-선박, 선박-육지, 선박 내 다양한 해상업무 맥락에서 자신의 필요에 따라 생각, 감정, 입장, 특정자료를 구두 및 문서 형태로 자유롭게 표현/전달하고 이해/해석할 수 있는 능력'으로 정의할 수 있다. 아울러 이러한 언어역량에 덧붙어 자신의 문화에 대한 성찰을 바탕으로 타문화에 대한 이해와 포용력을 가지고 승선사관으로서 다국적 선원들을 중재하고 이끌 수 있는 역량이 반드시 수반되어야 할 것이다. 따라서 해사분야 해기전문인력이 갖추어야할 핵심역량은 다음과 같이 정리될 수 있을 것이다:

해기전문인력 핵심역량

커뮤니케이션 역량

- 모국어 및 외국어 역량을 포괄하는 해사언어능력(글쓰기, 말하기, 듣기)
- 해상 업무 상황에서 사용되는 언어/비언어/준언어/언어 외적 표현에 대한 활용과 이해
- 해상 업무 상황에서 사용되는 상징/기호 인식능력
- 정보 생성/수용 과정에 대한 유추능력
- 공감적 경청과 감정이입능력

문화감수성

- 선내 · 외 구성원 사이에 존재하는 다양한 차이에 대한 인지와 존중
- 선내 · 외 구성원과의 화합 유지

자기관리

- 선상 근무 및 생활에 대한 의욕
- 자기 조절 능력
- 자기 인식 능력
- 해상 업무 내외적 요인으로 발생하는 스트레스에 대한 내성

- 해기 전문지식(항해사/기관사-승선사관이 갖추어야 할 전문 기술지식)

여기서 중요한 것은 지금까지 선원양성 교육기관의 교육과정이 선원 직무 전문지식을 교육하는데 치중한 나머지 그 이외에 필요한 다양한 핵심역량 교육은 등한시 해오지는 않았는지 성찰하는 것이다.

3. 사람중심 선내 조직문화 구현

선내 시너지를 만드는 조직문화 창출

우리는 상이한 사회화 과정을 거친 개인들이 항해를 위해 일정기간 폐쇄된 공간에서 생활과 업무를 동시에 진행하는 상선 공간을 살펴보았다. 결국 행복한 선내 생활이란 선내 구성원들 간의 일련의 갈등과 오해의 과정을 통한 적응의 과정을 기반으로 공동의 문화를 만들어나가는 것임을 확인할 수 있었다. 이러한 새로운 형태의 공동의 문화는 일종의 '시너지 문화(synergistic culture)'라고 말할 수 있다. 선내 구성원 사이에 존재하는 개인별, 집단별, 국가별 차이가 갈등이나 오해의 원인으로만 작용하는 것이 아니라 일련의 적응과정을 거쳐 차이들이 모여 보다 창의적이고 바람직한 선박의 조직문화를 만들어내는 방향으로 나아가는 것이다. 이를 위해서는 다음과 같은 선행조건들이 충족되어야 할 것이다.

첫째, 당연한 것에 대한 문제제기. 다양한 개인과 집단이 서로 협업을 진행하는 공간에서 우리는 구성원들이 가진 문화다양성으로 인해 자신에게는 지금까지 지극히 '당연한(normal)' 것으로 여겨져 왔던 업무실제와 업무과정들에 대해 끊임없이 의문을 제기하게 된다. 매일 일어나는 문화접촉 행위들을 통해 문화상대주의적인(ethnorelative) 관점이 형성되며, 간문화성(interculturality)에 대한 의식적 경험과 성찰을 통해 지금까지 당연한 것이라 여겼던 것들에 대한 의문이 생기게 된다. 즉, 상이한 문화로 구성된 구조 속에서 지금까지의 확실함과 자명함이 의식적으로 문제화되는 갈등의 공간이 만들어지는 것이며, 이 공간은 결국 건설적인 협력을 위해 필요한 간문화성을 위한 커뮤니케이션 공간을 마련해주는 것이다.

둘째, 제3의 길. 상선이라는 특정한 지리적 공간에 제한되어 선박의 구성원들은 매일 업무하고 생활해야 한다. 따라서 가상공간에서의 협업과 달리 상대방이 가진 다른 방식의 업무와 사고에 대해 끊임없이 생각해보는 긍정적인 의미의 '강요'가 발생하게 된다. 특정한 집단이나 특정 한 개인(특히, 선장)에게만 유효한 업무방식이나 회의 진행과 같은 비대칭적인 업무진행은 두 집단(외국인 vs 한국인, 주니어 vs 시니어)의 힘겨루기 과정을 통해 불가능하게 된다. 따라서 새로운 해결책 또는 새로운 방식을 찾아내기 위해 다른 업무방식과의 지속적인 문화 간 충돌이 일어난다. 그 결과 단순히 한 집단이 주도하는 해결책은 반향을 얻지 못하며, 상호 간의 협상과 조정의 과정이 진행된 후 모두가 수용하는 해결책을 찾아내고 실행에 옮기는 것이다.

셋째, 해결책의 다양함. 여러 업무 프로젝트와 일상 업무과정 안에서 다양한 관점과 업무실제가 서로 만남으로써 다양성에 대한 문제를 인식하게 되고 창의적인 해결전략을 찾아나간다. 즉, 어느 순간부터 조직의 구성원들이 문화다양성에 대한 인식을 그저 부정적인 측면이 아닌 새로운 창의적인 전략을 이끌어 낼 수 있는 긍정적인 측면으로 인식하게 된다. 두 집단의 구성원들이 이러한 인식전환을 하게 되는 순간부터 최상의 해결책이 모색될 수 있는 중요한 토대가 형성되는 것이다.

넷째, 문화 간 중재자의 존재. 어느 조직에나 구성원들 사이에서 두 집단이나 개인 사이의 인터페이스(interface) 역할을 하면서 구성원들의 업무를 조력하고 새로운 문화를 형성하는데 기여하는 인물이 존재하기 마련이다. 기성세대와 신세대 사이에 중간자적 역할을 하는 시니어와 주니어 중간급 사관들이 존재할 것이며, 외국인 부원 중 한국의 선내 조직문화에 다른 외국인 선원들보다는 더 익숙한 선원이 존재하기 마련이다. 이들은 일반적으로 두 집단의 상황을 어느 정도 잘 이해하고 타문화에 대한 공감역량과 지식이 뛰어난 구성원들이다. 특히 외국인 부원 중 한국어를 어느 정도 구사할 수 있고 한국 국적의 상선업무 경험이 많고 잘 적응한 외국인 선원을 선발하여 그에게 '중재자'의 역할을 맡기는 것이다. 이들은 우선 두 집단 간의 차이를 인지하고 업무체계를 잘 이해하고 있어 각 집단의 강점을 최대한 이용할 수 있는 역량을 갖추었다.

해기교육의 인문학적 전환

21세기가 요구하는 창의적인 인재는 직무지식과 이론을 습득하여 단순히 실무에 활용하는 능력을 뛰어넘어 수많은 정보와 지식의 홍수 속에서 양질의 지식을 비판적 분석력과 통찰력을 통해 선별해내고, 이를 바탕으로 새로운 지식을 창출할 수 있는 능력을 갖추어야 한다. 인간의 가치에 입각한 기술의 개발과 활용은 인문학과 공학의 창조적 소통과 융합을 의미한다. 선박건조 및 운항과 관련한 기술은 급격히 발전하여 선박은 점점 더 자동화·정밀화 되어가고 있으나, 세월호 사고와 같이 최근 국내외에서 발생한 선박관련 사고(선박침몰, 충돌, 기름유출사고 등)의 원인은 기계 결함보다는 선상에서의 행위자 간 소통 및 상호작용의 문제, 선사 간 과잉경쟁으로 인한 상업적 압력, 안전의식 부재 등 인적요소로 인한 과실이 가장 빈번한 사고원인으로 분석되고 있다. 이에 국내외 해기교육 기관들은 기존의 기술 중심 해기인력 교육의 한계를 인식하고 있다. 즉, 기술 중심에서 인간중심으로의 해기교육 패러다임의 변화이다. 그 결과 국제해사기구를 비롯한 해기교육 전문기관들은 인문학적 소양과 글로벌 역량을 함양할 수 있는 훈련내용으로 해기교육 과정을 수정하고 있다.

일반적으로 항해사는 선장, 1등 항해사, 2등 항해사, 3등 항해사로 구분된다. 선장은 해당 선박 전반에 대한 안전과 인명을 책임지는 최고 권한자이며, 1등 항해사는 주로 갑판부의 총책임을 담당하는 사람으로 선장을 도와 선내 규율을 확립하고 하급 항해사의 업무를 관리하는 책임을 지고 있다. 2등 항해사는 선박 내 각종 계기 등을 관리하고 이를 바탕으로 입항 및 출항 시 각종 상황을 선장에게 보고하는 역할을 수행한다. 3등 항해사는 선박의 지휘실에 해당하는 선교에서 주로 일을 하며, 배 위의 구급, 위생 및 의료 업무, 소화 시설 등을 담당하고 있다. 이처럼 배는 인간과 인간, 인간과 바다, 인간과 기술, 기술과 기술 간의 상호작용으로 움직이는 사회적 공간이다. 따라서 선박의 운항을 책임지는 항해사는 예기치 않은 위기와 위험상황에 직면하여 슬기롭게 대처할 수 있는 리더십과 상황 판단력을 갖추어야 한다. 결국 이러한 고급사관에게 필요한 능력은 선박에 대한 공학적 전문지식 이외 인간에 대한 이해와 인본주의 가치를 포용할 수 있는 역량이다.

선원 4.0 시대 논의

미국 베닝턴 대학(Bennington college) 학장인 리즈 콜먼(Liz Coleman)은 인문학 교육의 부활을 통해 미국 고등교육의 근본적인 개혁을 제안하였다. 그의 연설(Coleman 2009 TED.com 연설 참조)에 따르면, 지난 100여 년간의 대학교육이 '전문가(expert)' 양성이라는 덫에 빠져 모든 교육프로그램을 지나치게 전문화시키게 되면서 더 이상 본래의 폭넓은 적용범위와 사회현실을 전체적인 관점에서 고찰하여 사회참여에 활용하는 능력을 학생들에게 제공하지 못하고 있는 현실을 지적하고 있다. 즉 지금까지의 대학교육이 특정 기술 및 전문분야에 대한 '전문가' 육성에만 전념한 나머지 정작 '교육받은 종합지식인(educated generalist)' 육성을 등한시 하였다는 것이다. 물론 전문가를 양성하는 교육이 기술 및 경제발전을 통해 빛을 본 순간들이 존재하기도 하였지만, '전문가의 이상화(idealization of the expert)', '지식의 파편화(fragmentation of knowledge)', '기술숙련(technical mastery)에 대한 과도한 강조'로 인해 고등교육 밖에서 일어나는 '환경에 대한 위협', '부의 불평등한 분배', '정치의 부패', '지속 가능한 정책의 부재', '에너지 문제' 등의 문제에 직면하여 교육이 아무런 역할을 하지 못하여 왔음을 지적하고 있다. 비단 교육기관뿐만 아니라 경제 주체 중의 하나인 기업들 역시 파편화된 전문지식과 계측 가능한 기술지식을 가진 인력들을 고용하는데 주력하여 왔던 것이 사실이다. 오늘날 기업들이 급격한 환경변화로 인해 직면하고 있는 도전의 문제들이 단순히 기업들의 이러한 전문가 위주의 인력고용 탓으로만 돌릴 수는 없겠지만, 이로 인해 기업경영에서 보이지 않는 중요한 요소인 '인문학적인 요소'에 대한 고려와 성찰이 부족하여 왔던 것은 분명한 사실일 것이다.

중국과 같은 신흥경제국에 빼앗긴 제조업의 명성을 되찾기 위해 산업 생산체계를 ICT 기술과 접목시켜 인간, 기계, 설비, 운송, 제품이 상호 소통하고 협력하여 획기적으로 전환하기 위해 독일정부에서 시작한 '산업 4.0(Industrie 4.0)' 정책은 이제 산업분야 뿐만 아니라 세계 곳곳 사회 모든 영역을 파고들며 새로운 형태의 라이프 스타일을 만들어내고 있다. 하지만 이 논의에서 중요한 것은 인간의 가치와 역할에 대한 논의이다. 결국 '4차 산업혁명' 기반 사회에서 인간은 AI 기반 로봇과 일을 하게 된다. 같은 공간에서 사람과 함께 일하는 로봇은 점점 더 많은 양의 업무를 사람으로부터 빼앗아 갈 것이다. 하지만 총체적인 일을 진두지휘하는 역할은 여전히 사람에게 있다. 따라서 인간에게는 매우 높은 수준의 복잡성, 추상화, 문제해결능력이 요구된다. 인간은 스스로를 조절할 수 있는 실행력과 함께 소통능력, 냉철한 판단능력을 갖춰야 한다. 이제 대학은 단순히 '전공지식 또는 직무지식을 배운 사람'이 아니라 전공지식을 기반으로 '다양한 지식을 이해하고 배울 수 있는 역량과 지적 호기심을 가진 사람'을 길러야 한다. 그러한 관점에서 '산업 4.0'에 이어 논의되고 있는 '노동 4.0(Arbeit 4.0)' 담론이 매우 흥미롭다. 즉, ICT 기술로 가치사슬의 체계가 서로 긴밀히 소통하고, 노동자들은 단순 노동이나 위험 업무를 로봇에 넘겨주게 된다. 그렇다면 이렇게 4차 산업혁명이 추동한 변혁적 업무환경 속에서 살아가고 노동해야하는 인간의 권한과 책임은 무엇이며, 노동권이란 무엇인가, 공정한 임금과 사회안전망 구축은 어떻게 이루어져야하는가, 그리고 디지털 환경에서 개인정보는 어떻게 보호되어야 하는가 등의 논의를 '노동 4.0' 담론으로 진행하고 있다. 결국 기술 중심의 4차 산업혁명 논의에 인간에 대한 논의를 덧붙여 균형을 맞추는 바람직한 시도이며, '산업 4.0'과 '노동 4.0'을 기반으로 '인간중심 사회 4.0(Human-Centered Society 4.0)'을 만들기 위한 노력이다.

이는 우리 산업계뿐만 아니라 자율운항선박과 같은 4차 산업혁명 시대 선박관련 첨단 기술에 대한 논의에도 시사하는 바가 크다. 즉, 자율운항선박과 같은 논의에 있어 '인간'의 문제는 정작 등한시되고 있지 않은지 돌아봐야 할 것이다. 이 책에서 다루어진 국내 상선 안에서의 업무환경과 선박 내 인간관계는 4차 산업혁명 시대가 아니라 여전히 1차 또는 2차 산업혁명 시대의 업무환경을 보이는 것은 아닌지 성찰해보고 국내 해운산업의 4차 산업혁명 논의 역시 기술 중심의 Marine 4.0과 더불어 선원 중심의 Seafarer 4.0 논의도 함께 진행되어야 할 것이다. 이것이 바로 사람중심 행복한 선내 업무와 삶을 모색할 수 있는 방법이다.

에필로그 - 선내 사고 문제에 대한 소고(小考)

최근 몇 년 동안 국내 상선에서 크고 작은 사건·사고로 인해 안타깝게 목숨을 잃는 일들이 발생하였다. 각 사건과 사고 모두 두 번 다시 그러한 일이 발생하지 않도록 하기 위해 면밀한 원인분석과 함께 업계 및 학계의 관련자들이 머리를 맞대고 장기적인 대책마련이 절실히 요구된다. 하지만 우리의 산업계와 교육계 역시 여전히 근시안적인 사고와 단기적 성과에 급급해 정작 코끼리는 보지 못하고 다리만 만지고 있는 것은 아닌지 하는 아쉬운 마음이다. 어느 조직이나 사건·사고는 발생하기 마련이고, 그 원인은 크게 개인적인 요인과 환경적 요인으로 나누어 볼 수 있다. 첫째, 개인적 요인이란 해당 사건과 관련 구성원들의 지극히 개인적인 영역과 관련 있다. 즉, 인격적으로 완성되지 않은 존재, 일반적인 윤리 상식적 선을 벗어나 있는 사람들, 사회 어느 곳에 있든 문제를 일으킬 개연성이 높은 사람들이 문제를 일으키곤 한다. 둘째는 환경적 요인, 즉 시스템의 문제이다. 선박이라는 업무 및 생활공간의 특수성과 관련된 원인들이다. 그리고 이러한 시스템의 문제는 개인적인 영역에 직접적으로 영향을 미친다.

이 두 가지 요인들이 서로 상호작용하여 발생하고 있는 문제들을 지나치게 선박 내 인권이 소홀히 다루어져서 사고들이 일어났다는 식으로 논의가 진행되면서, 선원 인권보호를 목표로 대책을 내놓는 상황이다. 하지만 정작 이러한 논의에서 선박의 특성과 인권에 대한 진정성 있는 고민이 이루어지고 있는지는 의문이다. 다시 말해, 개인적 요인과 환경적 요인은 결국 서로 밀접하게 영향을 미치기 때문에 특정 사고에 대해 한 가지 요인에만 국한된 대처방안을 마련하는 것이 그저 눈앞의 문제 해결을 위한 해결책을 내놓는 격이다.

한국사회에서 승선에 대한 인식, 특히 선원들의 승선에 대한 인식, 나아가 초임사관들의 승선에 대한 인식은 군복무 대체 승선이라는 '의무'로써의 비중이 상당히 크다. 가정, 학교, 해운회사 등 어느 곳에서도 '승선', '선원이라는 직업'이 왜 중요한지에 대한 논의나 교육이 이루어지지 않는다. 여기에는 한국 사회 내 군대에 대한 인식도 큰 역할을 하고 있다. 우리나라 대부분의 젊은이들과 부모들조차도 군복무는 그저 시간 때우기 또는 가능하면 피해야할 무가치한 시간낭비 정도로만 인식하고 있다. 따라서 국내 2개 해양대에 입학하는 남학생들이 항해사와 기관사라는 특수직의 길을 일정기간 이상 의무적으로 가야하는 해사대학에 입학하게 되는 가장 중요한 동기 중 하나가 바로 졸업 후 3년 승선으로 군복무가 대체되는 '승선근무예비역제도'때문이다. 그래서 이러한 입학동기에 비중을 둔 남학생들에게 해사대학 4년 과정의 해기교육은 군복무 대체를 위해 어쩔 수 없이 거쳐야하는 과정일 수밖에 없다. 그리고 학교성적과 토익성적 등 일상적인 우리 사회의 줄 세우기 식 서열에 맞춰 선사에 취업하고 상선사관으로서의 첫 발을 내딛는다.

그런데 문제는 이러한 과정에서 어떤 불행한 사고에 맞닥뜨리게 되면, 그 불행에 대한 원인은 오롯이 국가, 해운회사, 학교 등 이를 관리해야하는 주체들에게 전가된다는 것이다. 즉, 이들 책임 주체의 잘못으로 인해 피해를 입게 된 억울함에 사회에 대한 불만은 고조될 수밖에 없다. 다시 말해, 아무런 가치 없고 의미 없어 보이는 군복무라는 의무를 대신하여 5년간 3년이라는 인생에서 가장 찬란한 시간을 물리적으로도 정신적으로도 답답한(?) 상선이라는 공간에서 보내야 하는 것도 억울한데, 그 와중에 억울한 사고를 경험한다면, 그 분노는 너무나도 억울한 고통으로 다가올 수밖에 없다. 그래서 언론도, 사회의 다른 구성원들도 자식 같은 젊은이들에게 부모처럼 한없는 책임을 가져야할 의무를 가진 국가, 해운회사, 학교에 대한 배신감을 경험하게 된다. 눈에 넣어도 아프지 않은 금쪽같은 자식을 국가가 엄격히 정하여 선정된 승선근무예비역 T/O를 받은 공신력 있는 해운선사에 맡겼는데, 그 자식이 억울한 사고를 당하거나 어떤 피해를 입게 되었다면, 그러한 사고를 바라보는 국민들은 억울함과 배신감에 더 크게 분노한다.

그래서 요즘은 해사대학에 입학하여 승선생활관에서 적응교육을 받는 기간 동안 생활관에서 부모님들이 볼 수 있도록 교육과정을 온라인에 사진을 찍어 올려주기도 하고 생활관 식단이나 훈련 프로그램에 대한 상세한 내용을 직접 전달하기도 한다. 이러한 분위기는 졸업 후 선사에서도 계속된다. 선박관리회사의 해상관리팀 직원들은 자녀가 '카톡을 받지 않는다', '연락이 닿지 않는다' 등을 호소하는 연락을 부모님들로부터 받기도 하고, 심지어 자식을 바다에 보낸 부모님들은 선박 내 음주로 인한 문제가 많이 발생하니 음주자체를 전면 금지시켜달라고 요청하기도 한다.

선박은 엄격한 위계구조 속에서 운항되는 업무공간이다. 위계구조가 명확한 조직 중의 하나인 군대만큼이나 선박 내 구성원 간의 업무와 명령 체계는 상당히 구조적으로 명확하게 구획되어져 있다. 이러한 위계구조 안에서 상급사관이 하급사관이나 부원들에게 내리는 명령이 항상 합리적인가 그리고 상급사관의 불합리한 명령에도 하급사관은 따라야만 하는 것인가 등에 대한 문제는 선박공간 안에서도 상당히 중요한 논쟁거리 일 것이다. 물론 우리는 누구나 이성적으로 합리적인 명령은 따르고 불합리하고 부당한 명령에는 따르지 않는 것이 맞다는 암묵적 교과서적인 윤리지침은 가지고 있다. 하지만 실제 업무와 작업 상황에서 이러한 암묵적 윤리지침이 통용되기를 바라는 것은 이상일 가능성이 높다. 이러한 상황은 정도의 차이는 있겠으나 우리 사회 어느 조직이나 가지고 있는 권위와 위계적 구조가 낳은 특수성인 것이며, 여기서 상급자와 하급자는 조직의 제도적인 틀이 만들어놓은 위계 안에 놓인 행위자일 뿐이다.

예를 들어, 당직 과업이 끝나 선실에서 휴식을 취하고 있는 하급사관에게 상급사관이 같이 컴퓨터 게임을 하자고 연락을 한다. 하급사관은 방에서 혼자 쉬고 싶은 마음이 간절하다. 하지만 이 하급사관은 성격상 쉽게 남에게 싫은 소리를 잘 못한다. 특히 상급자에게는 더욱 그러한 성격이다. 게다가 전화기 반대편의 상급사관은 위계구조상 그의 직계 상사이며 인사고과 평가에 직접적인 영향을 주는 인물이다. 그래서 하급사관은 어쩔 수 없이 그의 '명령(?)'에 따를 수 밖에 없다. 당직을 마치고 쉬어야 하는 사관은 그렇게 쉬지도 못하고 밤이 늦도록 게임을 하다가 새벽녘이 되어서야 선실로 돌아와 잠시 눈을 붙이고 오전 당직에 투입된다. 그렇다면 이런 상급자의 불합리한 지시와 명령으로 인해 누적된 피로로 발생하게 되는 크고 작은 선내 사고와 사건에 대한 책임은 과연 누구에게 있는 것일까?

위계와 명령이 중심인 상명하복의 조직문화가 우선인 선박 내에서 개인은 선박의 안전운항을 위해 어떤 상황에서도 명령과 지시 체계에 복종하도록 훈련되어야 한다(?). 자기 스스로에 대한 자각이 약해지면서, 평소 일상생활 속에서 자신의 행동을 통제하던 개인적인 신념 성격 태도 윤리적인 기준들은 그 의미를 잃어버리고, 상황의 힘에 휩쓸려서 평소에는 하지 않는 행동도 할 수 있게 된다. 즉, 사회에서 자신의 행동을 지배하고 통제해왔던 수많은 신념과 기준들이 그들의 머릿속에서 약해져가는 것이다. 이러한 탈개인화 현상과 불합리한 명령에 대한 복종의 문제는 비단 우리나라 상선공간에서 뿐만 아니라 전 세계 대양을 운항하는 모든 상선들이 공유하는 문제일 것이며, 좀 더 확장해 보면 군대와 같은 엄격한 위계구조를 가진 세계 모든 조직이 직면한 문제이다.

한국사회의 중요한 특징 중의 하나는 조직 내 업무공간 안에서 공적인 직무와 역할만큼이나 사적인 관계 역시 중요하게 작용한다는 것이다. 나의 상사는 내 상사인 동시에 '우리 대학동문 선배', '우리 테니스 클럽 회장님', '우리 해병대 선배'이다. 그래서 공적인 계급과 직급을 가진 업무 공간 안에서도 지극히 사적인 관계와 네트워크가 복잡하게 얽혀있으며, 이러한 사적 관계와 네트워크가 공적인 업무에도 지대한 영향을 미친다. 최근 젊은 세대를 중심으로 변화의 양상을 보이고 있긴 하지만, 한국 사람들은 대개 처음 만나는 사람에게 거리낌 없이 직업, 나이, 결혼유무, 출신지역, 출신학교, 취미 등을 물어본다. 서구 사회에서는 타부 시 될 수 있을 법한 사적인 질문조차 자연스럽게 낯선 사람에게 던지는 한국 사람들의 이러한 습속의 원인은 무엇일까? 앞서 언급한 바와 같이 공적인 공간에서도 사적인 관계가 얽혀 있는 생활환경 속에서 상대방의 사적인 영역에 대한 정보가 부재하게 되면, 그와의 서열을 정리하기도 그와의 교집합을 통한 공감대를 형성하기도 쉽지 않기에 불안해질 수밖에 없다. 이러한 불안감을 불식시키기 위해서는 어떤 식으로든 상대와 나의 관계에 대한 비교적 명확한 실루엣이 그려져야 그와 보다 더 긴밀히 공적인 업무를 함께 할 수 있는 것이다. 인간은 불안하기에 해석을 시도하고 어떤 설명을 통해 안도감을 얻게 된다. 비록 그 설명이 존재하지 않는 것이라도 말이다. 이에 반해 공적인 것과 사적인 것의 명확한 구분과 분리가 일상화된 사회(예, 중북부유럽, 북미 등)에서 직장과 같은 공적인 공간 안에서 형성되는 인간관계는 자신의 업무나 직무와 관련된 관계 속에 존재한다. 그러하기에 이러한 사회의 사람들에게 직장 동료는 동료이지 친구가 되는 경우가 드문 편이다.

선박에서 사건·사고가 발생하면, 이에 대한 해수부, 병무청, 선사 등의 대책이 쏟아져 나오고 문제해결을 시도하지만, 유사한 사건·사고가 다시 발생하고 아무런 변화가 나타나지 않는다면, 임시방편적이고 단기적인 해결책 마련보다는 보다 근원적인 원인에 대한 분석이 진행되고 난 후 장기적인 대책마련이 이루어져야 하는 것은 아닌지 되돌아봐야 할 것이다. 선박 내에서 일어나는 사람과 관련한 사고를 인권문제로 귀결시키기에 앞서 과연 선내 인권문제로 원인을 바라보는 것이 정말로 타당한 해석인지에 대한 성찰이 먼저 이루어져야 한다. 실제로 학교와 선사에서 과거 진행되었던 군대식 해기사 교육방식, 개인의 자유를 지나치게 억압하는 방식의 교육이나 선내 업무 및 생활에 대해 학부모 등 외부에서 지적하는 것에 어쩔 수 없이(?) 대응하여 그 때 그 때 외부의 목소리를 잠재우기 위해서 교육 프로그램이나 업부 지침을 바꾸다보니 지금 해기사 교육의 모습이나 선내에서의 업무와 생활 그리고 인간관계는 점점 해기사 답지 못한 해기사, 상선의 위계적이고 체계적인 분업화된 업무를 저해하는 방향으로 나아가고 있다고 해도 과언이 아니다. 그래서 70, 80년대 해기사 교육을 받은 세대들에게 지금의 해사대학의 해기사 교육은 해사대 답지 못한 것으로 인식될 수밖에 없으며, 20-30년 승선경력의 경험 많은 선장과 기관장들에게 현재의 상선 내 인간관계와 업무형태는 연대감과 단합으로 뭉친 한 배를 탄 가족 같은 동료애보다는 지극히 개인주의화 되고 비인간적인 모습으로 비춰질 수밖에 없는 것이다. 이들 세대들에게 원래 해기사는 강인한 체력과 근성으로 국가 산업을 위해 개인보다는 선박과 화물의 안전을 위해 자기 한 몸 희생할 준비가 되어 있어야 하는 직업이다. 그러니 이들 세대는 대체로 최근 일어난 사건·사고로 인해 현재의 문제를 인권문제, 개인의 자유와 존엄의 문제로 접근하는 것에 회의적일 수밖에 없다. 따라서 바다 위 선박은 인권의 사각지대이니 인권만 바로 세우면 더 이상 이런 문제가 발생하지 않을 것이라는 믿음은 어찌 보면 단편적인 해결책에 불과 한 것이다.

문제의 본질은 우리나라에서 해기사라는 직업의 정체성이 무엇인지, 해운산업이 우리 경제에 있어 얼마나 중요한지, 이 직업세계에 뛰어든 젊은 청년들이 갖추어야할 진정한 해기사 정신이란 무엇인지에 대해 어느 누구도 명확히 말해주지 않는다는데 있다. 지금은 국가경제에 미치는 선원업무의 중요성에 대한 인식 부재와 선원으로서의 자긍심 결핍으로 진정한 의미의 '선원도(Seamanship)'가 부재한 상선사관이 배출되고 있는 것이 현실이다. 결국 이로 인해 발생하는 육체적 심리적 정신적 스트레스, 피로감, 불안이 선내 구성원들과의 인간관계 문제로 변질되고 있다. 현재 해사대학에 지원하고 입학하는 학생들에게 해기사라는 직업세계는 여전히 졸업과 동시에 취업이 거의 보장되고 뿐만 아니라 억지로 갈 수 밖에 없고 시간 낭비일 뿐이라 세간의 평을 받는 병역의 의무로부터 자유로워질 수 있는 미지의 신세계이다. 따라서 해기사 교육과정이 젊은이들에게 그저 단순히 군복무를 대신하는 승선이 아니라 해운분야 전문 인력이 되기 위한 여정이라는 자부심을 고취시켜야 하며, 고취된 자긍심을 바탕으로 참된 해기사 정신을 정립하여야 한다. 즉, 상선사관의 집단적 정체성과 자긍심이 정립되면, 상선사관들에게 있어 전통적인 해기사의 규율과 규범은 당연히 따라야 하는 자랑스러운 것이 될 수 밖에 없다. 그러므로 선박에서 더 이상 불행한 사건이 일어나지 않도록 선원의 자율성과 인권을 강화하는 방안을 마련하는 해결책은 그저 임시변통에 불과하다. 이보다 중요한 것은 참된 해기사의 모습과 행동이 무엇인지 정립하는 것이다. 그러기 위해서는 시간이 걸리더라고 해기사의 명예와 자부심을 확립하고 이에 기반을 두는 해기사 교육 프로그램이 만들어져야 한다. 아울러 그저 군복무 대체나 해사대학에 입하면 특별한 문제만 없으면 되는 해기사가 아니라 투철한 직업관, 강인한 체력, 열정적 학구열을 겸비한 지원자만이 생존할 수 있는 직업세계로 해기사는 거듭나야 한다.

지금은 how가 아니라 why라는 질문이 중요

상대와 내가 '어떻게' 다른지 이로 인해 내가 어떻게 행동하는 것이 맞는 것인지를 이해하는 것도 중요하지만, 보다 더 중요한 것은 상대와 내가 세상을 바라보는 입장이 '왜' 다른지 그리고 내가 상대를 '왜' 특정한 방식으로만 바라보고 해석하는지 이해하는 것이 지속가능한 타인과의 공존을 위한 기본 전제조건일 것이다. 다시 말해서, 특정 대학출신, 특정 계층출신, 특정 종교출신, 특정 국가출신, 특정 세대출신이 내가 속한 출신 정체성의 사람들과 '어떻게' 다른지 그리고 그에 입각하여 어떻게 행동하는 것이 맞는 것인지에 대한 매뉴얼을 만드는 것이 아니라 나는 '왜' 특정 대학출신, 특정 계층출신, 특정 종교출신, 특정 국가출신, 특정 세대출신을 특정한 방식으로 보고 해석하고 판단하고 있는지 알아나갈 때 '자아성찰'에 입각한 행동과 사고방식의 변화를 이끌어낼 수 있는 것이다. 상대를 이해하는 방법은 결국 나를 돌아보는 데서 출발한다. 내가 왜 세상을 상대와 다르게 보게 되었는지에 대한 자아성찰이 타인과의 행복한 공존을 위한 첫 걸음이다.

참고문헌

글래드웰, 말콤(2009), 아웃라이어, 노정태 옮김, 김영사.

기어츠, 클리포드(1998), 문화의 해석, 문옥표 옮김, 까치글방.

김영민(2018), 아침에는 죽음을 생각하는 것이 좋다, 어크로스.

김인숙·남유선(2016), 4차 산업혁명 - 새로운 미래의 물결, 호이테북스.

김정운(2014), 에디톨로지 - 창조는 편집이다, 21세기북스.

김지혜(2019), 선량한 차별주의자, 창비.

니스벳, 리처드(2004), 생각의 지도, 최인철 옮김, 김영사.

레이코프, 조지(2015), 코끼리는 생각하지 마, 나익주 감수·유나영 옮김, 와이즈베리.

미카코, 브래디(2020), 나는 옐로에 화이트에 약간 블루 - 차별과 다양성 사이의 아이들, 김영현 옮김, 다다서재.

버거, 존(2012), 다른 방식으로 보기, 최민 옮김, 열화당.

임태섭 편저(1995), 정, 체면, 연줄 그리고 한국인의 인간관계, 한나래.

임홍택(2018), 90년생이 온다, 웨일북.

정문수·최진철(2013), 다문화를 넘어 상호문화로 - 문화 간 교류와 혼종의 시대 문화다양성 대처를 위한 유럽적 대안 찾기 (서평),「국제지역학논총」, 제6권 2호, pp. 195-211.

진중권(2007), 호모 코레아니쿠스, 웅진지식하우스.

차브리스·사이먼스(2010), 보이지 않는 고릴라, 김명철 옮김, 김영사.

최윤희(2013), 문화 간 커뮤니케이션, 커뮤니케이션북스.

최진기(2012), 인문학의 바다에 빠져라, 스마트북스.

최진철(2012), 유럽지역연구에서 인문학적 기업연구의 활용가능성.「유럽사회문화」, 제9호, pp. 215-235.

최진철(2013), 국가 간 문화비교의 기업현장 활용연구 - 한독 비즈니스 사례를 중심으로,「독일언어문학」, 제61집, pp. 287-312.

최진철(2014), 선상(船上) 문화교섭 연구의 필요성과 방향,「해항도시문화교섭학」, 제11호, pp. 189-218.

최진철(2014), 문화 간 커뮤니케이션 연구의 문화개념과 연구방향,「독일어문학」, 제65집, pp. 207-237.

최진철(2016), 해사문화교섭과 승선사관 해사커뮤니케이션 역량 교육 방향 연구,「해항도시문화교섭학」, 제14호, pp. 261-284.

최진철(2016), 글로벌 핵심역량으로서 문화 간 커뮤니케이션 능력에 대한 새로운 개념 정립 시도,「독일언어문학」, 제71호, pp. 25-50.

최진철(2019), 바다 위의 삶 - 문화교섭 공간으로서의 상선(商船),「해항도시문화교섭학」, 제20호, pp. 237-268.

토머스, 루스벨트(2002), 다양성을 추구하는 조직이 강하다, 채계병 옮김, 이지북.

허영식 외 4명(2014), 한국의 정체성 재정립과 사회통합을 위한 간문화주의와 다양성관리, 박영스토리.

허영식·정창화(2012), 간문화주의를 통한 사회통합과 국가정체성 확립, 이담.

허태균(2019), 대한민국 사춘기 심리학 - 어쩌다 한국인, 중앙books.

홍성민(2011), 피에르 부르디외와 한국사회. 이론과 현실의 비교정치학, 살림.

현재열 편저(2020), 동아시아 해역세계의 인간과 바다 - 배, 선원, 문화교섭, 도서출판 선인.

해양수산부(2019), 2019년 선원통계연보.

Bennett, M. J.(eds.)(1998), Basic Concepts of Intercultural Communication: Selected Readings, Yarmouth: Intercultural Press.

Blackmore, D.(2009), The Seafaring Dictionary: Terms, Idioms and Legends of the Past and Present, Jefferson: McFarland & Co.

Choi, J.(2010), Organisationsethnographie im interkulturellen Kontext - Deutsch-koreanische Projektzusammenarbeit in multinationalen Unternehmen, Münster: Waxmann Verlag.

Eurydice(2002), Key Competencies. A developing concept in general compulsory education, Brussels: The information network on education in Europe.

George, R.(2013), Ninety Percent of Everything: Inside Shipping, the Invisible Industry That Puts Clothes on Your Back, Gas in Your Car, And Food on Your Plate, New York: Picador.

Gudykunst, W. B. and Y. Y. Kim(2003), Communicating with Strangers. An Approach to Intercultural Communication, 4th ed., Boston et al.: McGrawHill.

Goodenough, W. H.(1957), Cultural Anthropology and Linguistics, In: P. L. Garvin(eds.): Report of the Seventh Annual Round Table Meeting on Linguistics and Language Study, Washington: Georgetown University Press, pp. 167-177.

Hall, E. T.(1968), Proxemics, In: Current Anthropology Vol. 9, No. 2/3, pp. 83-108.

Hall, E. T.(1990), The Silent Language, Garden City, New York: Anchor Books.

Hall, E. T.(1992), An Anthropology of Everyday Life: An Autobiography, New York: Doubleday.

Hansen, K. P.(2011), Kultur und Kulturwissenschaft: Eine Einführung, 4. Auflage, Tübingen: A.Francke.

Hofstede, G.(1976), Nationality and Espoused Values of Manager, In: Journal of Applied Psychology Vol. 61, No. 2, pp. 148-155.

Hofstede, G., Hofstede, G. J. and M. Minkov(2010), Cultures and Organizations. Software of The Mind, New York et al.: McGrawHill.

Jandt, F. E.(2017), An Introduction to Intercultural Communication. Identities in a Global Community, Thounsands Oaks: Sage.

Lewis, R. D.(2006), When Cultures Collide - Leading Across Cultures, 3rd ed., Boston·London: Nicholas Brealey.

Mcghee, D.(2008), The End of Multiculturalism? Terrorism, Integration and Human Rights, Buckingham: Open University Press.

Mehrabian, A.(1981), Silent Messages. Implicit Communication of Emotions and Attitudes, Belmont, CA: Wadsworth.

Mertens, D.(1974), Schlüsselqualifikationen. Thesen zur Schulung für eine moderne Gesellschaft, In: Mitteilungen aus der Arbeitsmarkt- und Berufsforschung. 7th year, Nuremberg.

Moosmüller, A and Schönhuth, M.(2009): Intercultural Competence in German Discourse, In: Deardorff, D. K.(eds.), The SAGE Handbook of Intercultural Competence, Thounsands Oaks: Sage.

Pries, L.(2013), Internationale Migration. Soziologische Themen, 4. Aufl., Bielefeld: trascript-Verlag.

Rathje, S.(2004), Unternehmenskultur als Interkultur - Entwicklung und Gestaltung interkultureller Unternehmenskultur am Beispiel deutscher Unternehmen in Thailand, Sternenfels: Wissenschaft & Praxis.

Rathje, S.(2009), Der Kulturbegriff. Ein anwendungsorientierter Vorschlag zur Generalüberholung, In: Moosmüller, A.(eds.): Kulturelle Differenz, Münster: Waxmann Verlag, pp. 83-106.

Rathje, S.(2006), Interkulturelle Kompetenz - Zustand und Zukunft eines umstrittenen Konzepts, In: Zeitschrift für Interkulturellen Fremdsprachenunterricht, Vol. 11, No. 3., pp.1-21.

Reineke, R.-D. and C. Fussinger(eds.)(2001), Interkulturelles Management, Wiesbaden, Gabler.

Rogers, E. M.(1999), Georg Simmel's Concept of the Stranger and Intercultural Communication Research, In: Communication Theory, Vol. 9, No. 1, pp. 58-74.

Sperry, R. W.(1980), Mind-brain interaction: Mentalism, yes; dualism, no, In: Neuroscience, Vol. 5, No. 2, pp. 195-206.

Sampson, H. and M. Zhao(2003), Multilingual Crews: Communication and The Operation of Ships, In: World Englishes 22, pp. 31-43.

Schein, E. H.(2009), The Corporate Culture Survival Guide. New and Revised Edition, San Francisco: Jossey-Bass.

Schulz von Thun, F.(2011), Miteinander reden 1-3: Das "Innere Team" und situationsgerechte Kommunikation: Kommunikation, Person, Situation, Rowohlt-Taschenbuch-Verlag.

Simmel, G.(1908), Exkurs über den Fremden, Soziologie. Untersuchungen über die Formen der Vergesellschaftung, 1. Aufl. Berlin: Duncker & Humblot.

Sumner, W. G.(1906), Folkways: A Study of the Sociological Importance of Usages, Manners, Customs, Mores, and Morals, Boston: Ginn and Company.

Taylor, C.(1991), The Ethics of Authenticity, Cambridge: Harvard University Press.

Taylor, C.(1994), Multiculturalism. Examining the Politics of Recognition, Princeton: Princeton University Press.

Vertovec, S.(2007), Super-Diversity and Its Implications, In: Ethnic and Racial Studies, Vol. 30, No. 6, pp. 1024-1054.